权威·前沿·原创

皮书系列为

“十二五”“十三五”国家重点图书出版规划项目

就业蓝皮书

BLUE BOOK OF EMPLOYMENT

2018年 中国本科生就业报告

CHINESE 4-YEAR COLLEGE GRADUATES' EMPLOYMENT ANNUAL REPORT (2018)

麦可思研究院 / 编著

王伯庆　马　妍 / 主审

社会科学文献出版社
SOCIAL SCIENCES ACADEMIC PRESS (CHINA)

图书在版编目（CIP）数据

2018年中国本科生就业报告 / 麦可思研究院编著
．--北京：社会科学文献出版社，2018.6
（就业蓝皮书）
ISBN 978-7-5201-2778-3

Ⅰ.①2… Ⅱ.①麦… Ⅲ.①本科生-就业-研究报告-中国-2018 Ⅳ.①G647.38

中国版本图书馆CIP数据核字（2018）第103601号

就业蓝皮书
2018年中国本科生就业报告

编　　著 / 麦可思研究院
主　　审 / 王伯庆　马　妍

出 版 人 / 谢寿光
项目统筹 / 桂　芳
责任编辑 / 桂　芳　伍勤灿

出　　版 / 社会科学文献出版社·皮书出版分社（010）59367127
地址：北京市北三环中路甲29号院华龙大厦　邮编：100029
网址：www.ssap.com.cn
发　　行 / 市场营销中心（010）59367081　59367018
印　　装 / 三河市东方印刷有限公司

规　　格 / 开　本：787mm×1092mm　1/16
印　张：17.5　字　数：262千字
版　　次 / 2018年6月第1版　2018年6月第1次印刷
书　　号 / ISBN 978-7-5201-2778-3
定　　价 / 98.00元

皮书序列号 / PSN B-2009-146-1/2

本书如有印装质量问题，请与读者服务中心（010-59367028）联系

就业蓝皮书编辑委员会

前　言

《2018 年中国本科生就业报告》除总报告外包括“应届毕业生就业报告”、“职业发展报告”、“培养质量报告”和“专题分析”这四部分，报告将用数据解读：应届本科毕业生就业质量如何？毕业三年后、十年后在职场发展如何？本科生的社会需求和培养质量如何？如何通过就业结果来发现培养过程中的问题？

“应届毕业生就业报告”主要是基于麦可思对 2017 届大学生毕业半年后的跟踪评价，并与往届同期本科毕业生进行对比。2017 届本科生毕业半年后的就业率为 91.6%，与 2016 届（91.8%）基本持平，近 6 年应届本科毕业生就业整体稳定。该子报告反映应届本科毕业生毕业半年后的就业情况。例如，从就业地区来看，随着中西部地区发展活力的逐渐释放，毕业生的就业下沉到中西部，下沉到二、三线城市，这将持续推动中国地区经济的均衡发展；从就业行业来看，新兴行业的发展为毕业生就业创造了更多机遇。

“职业发展报告”基于麦可思对 2014 届大学生毕业半年后和三年后的两次跟踪评价，对毕业生进行跨期对比；此外，本年度首次增加了 2006 届、2007 届大学生毕业十年后跟踪评价数据，是对同一大学毕业生继毕业半年后、毕业三年后的第三次再跟踪评价，通过更长的时间跨度观察毕业生的发展变化。该子报告反映本科毕业生在职场的发展。例如，农村生源毕业生通过高等教育收获的回报显著，需在部分能力上加强培养。

“培养质量报告”主要反映本科毕业生在校期间的培养情况，并采用麦可思智能助教系统（Mita）的教与学的行为数据，将在校生的课堂行为数据与毕业生的主观评价相结合，为高校管理者提升人才培养质量提供更多的数据视角。该子报告分析了毕业生对母校的总体满意度、教学满意度、教与学的行为分析、能力知识评价、在校素养提升等方面。

本年度的专题分析基于 OBE 理念（Outcomes - Based Education，成果导向教育），分别以工科、医学毕业生的就业结果数据为依据，挖掘培养过程中的问题，并从课程教学、实习实践、职业成熟度教育等方面分析可能改进培养的因素。

本年度报告的特点仍然是以数据和图表来呈现分析结果。读者可以从自己的专业角度对某一数据或图表背后的因果关系进行深度解读。

特别感谢帮助完善本年度报告的高等教育管理者和研究者，在此不一一具名。报告中所有的错误由著者唯一负责。

感谢读者阅读前言与本报告。限于篇幅，报告仅提供部分数据，如需了解更详细的内容，请联系作者（research@ mycos. com）。

麦可思研究院

2018 年 4 月

目　录

Ⅰ　总报告

Ⅱ　分报告一　应届毕业生就业报告

Ⅲ 分报告二 职业发展报告

Ⅳ 分报告三 培养质量报告

Ⅴ　专题分析

图表目录

Ⅰ 总报告

Ⅱ　分报告一　应届毕业生就业报告

Ⅲ　分报告二　职业发展报告

Ⅳ 分报告三 培养质量报告

V 专题分析

总　报　告

B.1
技术报告

一　数据背景介绍

（一）2018年调查数据

1. 调查规模及覆盖面

2018 年度麦可思 - 全国大学毕业生跟踪评价分为以下三类。

（1）2017 届大学生毕业半年后培养质量的跟踪评价，于 2018 年 3 月初完成，全国本科生样本为 15.6 万。覆盖了 1021 个专业，其中本科专业为 365 个；覆盖了全国 30 个省、自治区和直辖市；覆盖了大学毕业生能够从事的 643 个职业，其中本科毕业生从事的职业有 622 个；覆盖了大学毕业生就业的 327 个行业。

（2）麦可思曾对 2014 届大学毕业生进行过毕业半年后培养质量的跟踪

评价（2015 年初完成，全国本科生样本约 12.6 万）①，2017 年底对此全国样本进行了三年后的再次跟踪评价，全国本科生样本约 3.9 万。覆盖了 918 个专业，其中本科专业为 349 个；覆盖了全国 30 个省、自治区和直辖市；覆盖了大学毕业生能够从事的 654 个职业，其中本科毕业生从事的有 601 个职业；覆盖了大学毕业生就业的 333 个行业。

（3）麦可思曾对 2006 届、2007 届大学毕业生进行过毕业半年后、三年后的跟踪评价，2017 年底对此全国同一样本进行了十年后的第三次跟踪评价，全国大学毕业生样本为 4100 个。覆盖了全国 30 个省、自治区和直辖市；覆盖了大学毕业生从事的 375 个职业、266 个行业，旨在通过更长的时间跨度观察毕业生的发展变化。

2. 调查对象

毕业半年后（2017 届）、三年后（2014 届）和十年后（2006 届、2007 届）的普通高校大学毕业生：包括“双一流”院校、非“双一流”本科院校、高职高专院校、本科院校的高职高专部的毕业生，不包括成人高等教育、军事院校和港澳台院校的毕业生。

3. 调查方式

分别向毕业半年后的 2017 届大学毕业生、毕业三年后的 2014 届大学毕业生和毕业十年后的 2006 届、2007 届大学毕业生以电子邮件方式发放答题邀请函、问卷客户端链接，三类调查的问卷不同。答卷人回答问卷，答题时间为 10 ~ 30 分钟。

4. 调查对象分类

2017 届大学生毕业半年后培养质量跟踪评价分为八类群体：

（1）受雇就业，分为受雇全职工作（包括与专业有关和与专业无关）、受雇半职工作两类；

（2）自主创业；

（3）毕业后入伍；

---

① 麦可思研究院编著《2015 年中国本科生就业报告》，社会科学文献出版社，2015。

（4）毕业后立刻在国内或国外读研（针对本科毕业生）；
（5）毕业后读本科（针对高职高专毕业生）；
（6）没有就业和求职，在家准备考研或留学；
（7）没有就业，继续求职；
（8）没有就业，暂不求职并且也不准备求学。

2014 届大学生毕业三年后职业发展跟踪评价分为六类群体：
（1）受雇就业，分为与专业有关工作和与专业无关工作两类；
（2）自主创业；
（3）正在读研（包括“正在读硕士”和“正在读博士”）；
（4）正在读本科（针对高职高专毕业生）；
（5）没有就业，继续求职；
（6）没有就业，暂不求职并且也不准备求学。

2006 届、2007 届大学生毕业十年后跟踪评价分为四类群体：
（1）在职工作；
（2）自主创业；
（3）没有就业；
（4）其他。

5. 调查问题分类

2017 届大学生毕业半年后培养质量跟踪评价的问题分为以下七类：
（1）就业状况；
（2）基本工作能力、核心知识、核心课程；
（3）自主创业；
（4）读研（针对本科毕业生）；
（5）专升本（针对高职高专毕业生）；
（6）校友评价；
（7）社团活动参与情况和素养提升。

2014 届大学生毕业三年后职业发展跟踪评价的问题分为以下七类：
（1）就业状况；

（2）自主创业；

（3）工作稳定性；

（4）职位晋升；

（5）职业能力、职业素养；

（6）培养反馈；

（7）校友评价。

2006 届、2007 届大学生毕业十年后跟踪评价的问题分为以下四类：

（1）就业状况；

（2）职位发展；

（3）职业能力、职业素养；

（4）培养反馈。

（二）教学数据

教与学的行为数据由 Mita 麦可思智能助教系统（http：//mita. mycos. com）采集。数据采集时段为 2017 年 9 月至 2018 年 4 月，目前 Mita 覆盖 750 多所高校、4000 多位老师、16 万多名学生，每天产生上万条课堂行为记录。Mita 实时记录在教与学的过程里所产生的客观行为数据，可以了解老师的教学投入与学生的学习参与，这也与调查产生的数据互为补充。

二　研究概况

（一）研究目标

本调查主要采用麦可思公司自主研发的“麦可思中国高等教育供需追踪系统”（CHEFS）来进行。CHEFS 是“以社会需求信息为依据的就业导向”的评价系统，通过跟踪大学毕业生的社会需求满足、就业质量与读研学术准备的结果，把分析结果反馈给高等教育机构，以帮助高等教育机构按社会需求来改进其招生、专业设置、课程设置、课程内容、教学方式和求职服务，实现以社会需求和培养结果评价为重要依据的高校管理过程控制。

（二）研究目的

1. 了解大学毕业生的就业状态及就业质量，发现满足社会需求方面存在的问题；

2. 了解大学毕业生的自主创业、升学以及未就业的状况；

3. 了解大学毕业生的职业变迁、晋升、薪资增长以及对现状的满意程度；

4. 了解大学毕业生对母校的满意程度以及反馈；

5. 了解高校教师的教学投入与学生的学习参与情况；

6. 了解大学毕业生的能力、知识以及素养的提升情况。

（三）研究样本

本调查需提醒读者注意以下几点：

1. 答题通过电子问卷客户端实现，未被邀请的答题将被视为无效。

2. 本研究对答题和未答题的样本进行了检验，没有发现存在自我选择性样本偏差问题（Self-selection Bias）①。

3. 对于样本中与实际比例的明显差异可能带来的统计误差，本研究采用权数加以修正（即对回收的全国总样本，基于学历、地区、院校类型、专业的实际分布比例进行再抽样）。再抽样后的样本分布与实际分布见表1至表12，大学毕业生的实际分布比例来自中华人民共和国国家统计局网站。

---

① 自我选择性样本偏差问题是指调查中存在某类群体选择答题的概率和其他群体有明显不同。例如，可能存在就业的毕业生更容易选择参与答题，而没有就业的学生可能不愿意参加答题等。

表 1　2017 届各省份本科毕业生样本人数分布与实际人数分布对比*

单位：%

省　份	2017 届本科样本人数比例	2017 届本科毕业生实际人数比例	省　份	2017 届本科样本人数比例	2017 届本科毕业生实际人数比例
安　徽	3.9	3.9	辽　宁	<1.0	4.6
北　京	4.4	3.3	内蒙古	<1.0	1.5
福　建	3.2	3.2	宁　夏	<1.0	0.5
甘　肃	1.9	1.9	青　海	<1.0	0.2
广　东	6.7	6.6	山　东	3.6	6.2
广　西	2.3	2.3	山　西	3.9	2.9
贵　州	1.9	1.8	陕　西	4.4	4.5
海　南	<1.0	0.7	上　海	2.4	2.4
河　北	5.7	4.2	四　川	3.1	4.8
河　南	6.9	6.2	天　津	2.9	2.1
黑龙江	4.1	3.3	西　藏	<1.0	0.1
湖　北	4.6	5.6	新　疆	1.1	1.0
湖　南	4.8	4.3	云　南	3.5	2.6
吉　林	6.0	3.0	浙　江	3.9	3.9
江　苏	6.4	6.4	重　庆	3.6	2.8
江　西	3.3	3.2			

*表中样本人数比例小于 1.0% 的数值均用“<1.0”表示，下同。

数据来源：麦可思－中国 2017 届大学毕业生培养质量跟踪评价；中华人民共和国国家统计局。

表 2　2017 届各经济区域本科毕业生样本人数分布与实际人数分布对比

单位：%

各经济区域	2017 届本科样本人数比例	2017 届本科毕业生实际人数比例
泛渤海湾区域经济体	20.5	20.2
泛长江三角洲区域经济体	20.0	19.8
中原区域经济体	16.3	16.1
泛珠江三角洲区域经济体	12.9	12.8
西南区域经济体	12.0	12.0
东北区域经济体	10.2	10.9
陕甘宁青区域经济体	7.0	7.1
西部生态经济区	1.1	1.1

数据来源：麦可思－中国 2017 届大学毕业生培养质量跟踪评价；中华人民共和国国家统计局。

表 3　2017 届各省份高职高专毕业生样本人数分布与实际人数分布对比

单位：%

省　份	2017 届高职高专样本人数比例	2017 届高职高专毕业生实际人数比例	省　份	2017 届高职高专样本人数比例	2017 届高职高专毕业生实际人数比例
安　徽	5.1	4.7	辽　宁	1.6	2.8
北　京	<1.0	0.9	内蒙古	1.1	1.7
福　建	2.6	2.6	宁　夏	<1.0	0.4
甘　肃	2.3	1.7	青　海	<1.0	0.2
广　东	8.2	8.1	山　东	9.3	8.9
广　西	3.8	3.7	山　西	2.9	2.7
贵　州	2.3	2.2	陕　西	3.2	3.6
海　南	<1.0	0.8	上　海	1.6	1.5
河　北	4.9	4.6	四　川	6.1	6.0
河　南	7.1	7.1	天　津	1.7	1.7
黑龙江	1.8	2.1	西　藏	<1.0	0.1
湖　北	5.6	5.6	新　疆	1.4	1.3
湖　南	4.7	4.8	云　南	2.2	2.1
吉　林	3.0	1.6	浙　江	3.9	3.5
江　苏	6.2	5.7	重　庆	2.7	2.7
江　西	3.1	4.6			

数据来源：麦可思－中国 2017 届大学毕业生培养质量跟踪评价；中华人民共和国国家统计局。

表 4　2017 届各经济区域高职高专毕业生样本人数分布与实际人数分布对比

单位：%

各经济区域	2017 届高职高专样本人数比例	2017 届高职高专毕业生实际人数比例
泛渤海湾区域经济体	20.4	20.5
泛长江三角洲区域经济体	20.0	20.0
中原区域经济体	17.4	17.5
泛珠江三角洲区域经济体	15.4	15.2
西南区域经济体	13.2	13.0
东北区域经济体	6.4	6.5
陕甘宁青区域经济体	5.8	5.9
西部生态经济区	1.4	1.4

数据来源：麦可思－中国 2017 届大学毕业生培养质量跟踪评价；中华人民共和国国家统计局。

表5　2017届各学科门类本科毕业生样本人数分布与实际人数分布对比

单位：%

本科学科门类	2017届本科样本人数比例	2017届本科毕业生实际人数比例
工　学	34.6	33.4
管理学	17.4	18.3
文　学	10.9	9.6
艺术学	9.4	9.6
理　学	7.6	7.3
医　学	7.0	6.3
经济学	5.2	5.8
教育学	3.9	3.7
法　学	2.8	3.6
农　学	<1.0	1.8
历史学	<1.0	0.5
哲　学	<1.0	0.1

数据来源：麦可思－中国2017届大学毕业生培养质量跟踪评价；中华人民共和国国家统计局。

表6　2017届各专业大类高职高专毕业生样本人数分布与实际人数分布对比

单位：%

高职高专专业大类	2017届高职高专样本人数比例	2017届高职高专毕业生实际人数比例
财经大类	21.8	21.6
制造大类	13.9	13.2
土建大类	12.8	12.2
医药卫生大类	10.6	10.8
电子信息大类	9.7	9.3
文化教育大类	6.4	8.9
交通运输大类	5.5	5.3
艺术设计传媒大类	3.5	4.7
旅游大类	2.9	3.3
农林牧渔大类	2.4	1.6
生化与药品大类	2.1	2.0
材料与能源大类	2.0	1.2
轻纺食品大类	1.8	1.5
资源开发与测绘大类	1.5	1.2
水利大类	1.1	0.4
公共事业大类	1.0	1.1
环保、气象与安全大类	<1.0	0.4
法律大类	<1.0	1.0
公安大类	<1.0	0.3

数据来源：麦可思－中国2017届大学毕业生培养质量跟踪评价；中华人民共和国国家统计局。

表7　2014届各省份本科生毕业三年后样本人数分布与实际人数分布对比

单位：%

省　份	2014届本科毕业三年后样本人数比例	2014届本科毕业生实际人数比例	省　份	2014届本科毕业三年后样本人数比例	2014届本科毕业生实际人数比例
安　徽	5.1	3.9	辽　宁	4.8	4.4
北　京	4.4	3.4	内蒙古	<1.0	1.6
福　建	1.1	3.0	宁　夏	<1.0	0.4
甘　肃	1.6	1.9	青　海	<1.0	0.2
广　东	7.6	6.2	山　东	6.2	6.2
广　西	2.6	2.1	山　西	1.1	2.4
贵　州	1.4	1.5	陕　西	4.7	4.4
海　南	<1.0	0.7	上　海	3.4	2.6
河　北	5.7	4.5	四　川	5.3	5.1
河　南	6.2	6.0	天　津	2.7	2.2
黑龙江	4.2	3.5	西　藏	<1.0	0.1
湖　北	5.9	5.8	新　疆	<1.0	1.0
湖　南	4.3	4.4	云　南	2.3	2.2
吉　林	1.7	3.1	浙　江	3.4	4.0
江　苏	9.4	7.2	重　庆	2.8	2.7
江　西	<1.0	3.3			

数据来源：麦可思－中国2014届大学毕业生三年后职业发展跟踪评价；中华人民共和国国家统计局。

表8　2014届各经济区域本科生毕业三年后样本人数分布与实际人数分布对比

单位：%

各经济区域	2014届本科毕业三年后样本人数比例	2014届本科毕业生实际人数比例
泛长江三角洲区域经济体	21.4	20.9
泛渤海湾区域经济体	20.1	20.3
中原区域经济体	16.4	16.2
泛珠江三角洲区域经济体	12.3	12.0
西南区域经济体	11.8	11.6
东北区域经济体	10.7	11.0
陕甘宁青区域经济体	6.9	6.9
西部生态经济区	<1.0	1.1

数据来源：麦可思－中国2014届大学毕业生三年后职业发展跟踪评价；中华人民共和国国家统计局。

表 9 2014 届各省份高职高专生毕业三年后样本人数分布与实际人数分布对比

单位：%

省份	2014 届高职高专毕业三年后样本人数比例	2014 届高职高专毕业生实际人数比例	省份	2014 届高职高专毕业三年后样本人数比例	2014 届高职高专毕业生实际人数比例
安徽	5.3	5.2	辽宁	2.8	3.0
北京	1.1	1.1	内蒙古	1.8	1.8
福建	3.0	2.9	宁夏	<1.0	0.4
甘肃	1.0	1.7	青海	<1.0	0.2
广东	7.6	7.4	山东	7.9	7.9
广西	3.4	3.3	山西	2.8	2.8
贵州	<1.0	1.5	陕西	4.3	3.9
海南	<1.0	0.7	上海	1.5	1.6
河北	6.2	6.1	四川	5.6	5.2
河南	7.7	7.6	天津	1.6	1.6
黑龙江	2.1	2.1	西藏	<1.0	0.1
湖北	5.9	6.1	新疆	1.4	1.2
湖南	4.7	4.7	云南	2.3	2.1
吉林	1.2	1.5	浙江	4.0	3.9
江苏	5.9	6.0	重庆	2.7	2.3
江西	3.9	4.1			

数据来源：麦可思－中国 2014 届大学毕业生三年后职业发展跟踪评价；中华人民共和国国家统计局。

表 10 2014 届各经济区域高职高专毕业生样本人数分布与实际人数分布对比

单位：%

各经济区域	2014 届高职高专毕业三年后样本人数比例	2014 届高职高专毕业生实际人数比例
泛渤海湾区域经济体	21.5	21.3
泛长江三角洲区域经济体	20.6	20.7
中原区域经济体	18.3	18.3
泛珠江三角洲区域经济体	14.7	14.4
西南区域经济体	11.4	11.2
东北区域经济体	6.2	6.6
陕甘宁青区域经济体	5.9	6.1
西部生态经济区	1.4	1.4

数据来源：麦可思－中国 2014 届大学毕业生三年后职业发展跟踪评价；中华人民共和国国家统计局。

表 11　2014 届各学科门类本科毕业生样本人数分布与实际人数分布对比

单位：%

本科学科门类	2014 届本科毕业三年后样本人数比例	2014 届本科毕业生实际人数比例
工　学	32.7	31.4
管理学	17.6	17.2
理　学	11.3	10.2
文　学	11.1	10.7
艺术学	7.2	8.5
医　学	5.5	6.2
经济学	5.3	5.9
法　学	3.5	3.9
教育学	3.3	3.6
农　学	1.8	1.8
历史学	<1.0	0.5
哲　学	<1.0	0.1

数据来源：麦可思－中国 2014 届大学毕业生三年后职业发展跟踪评价；中华人民共和国国家统计局。

表 12　2014 届各专业大类高职高专毕业生样本人数分布与实际人数分布对比

单位：%

高职高专专业大类	2014 届高职高专毕业三年后样本人数比例	2014 届高职高专毕业生实际人数比例
财经大类	21.5	21.2
制造大类	14.0	13.0
土建大类	12.1	11.2
电子信息大类	9.9	9.7
医药卫生大类	8.4	9.6
文化教育大类	7.3	10.6
交通运输大类	4.7	4.4
艺术设计传媒大类	3.5	4.8
旅游大类	3.4	3.3
生化与药品大类	3.0	2.4
材料与能源大类	2.5	1.4
农林牧渔大类	2.0	1.8
轻纺食品大类	1.8	1.7
资源开发与测绘大类	1.8	1.5
公共事业大类	1.6	1.0
水利大类	<1.0	0.4
法律大类	<1.0	1.2
环保、气象与安全大类	<1.0	0.5
公安大类	<1.0	0.3

数据来源：麦可思－中国 2014 届大学毕业生三年后职业发展跟踪评价；中华人民共和国国家统计局。

（四）基本研究框架

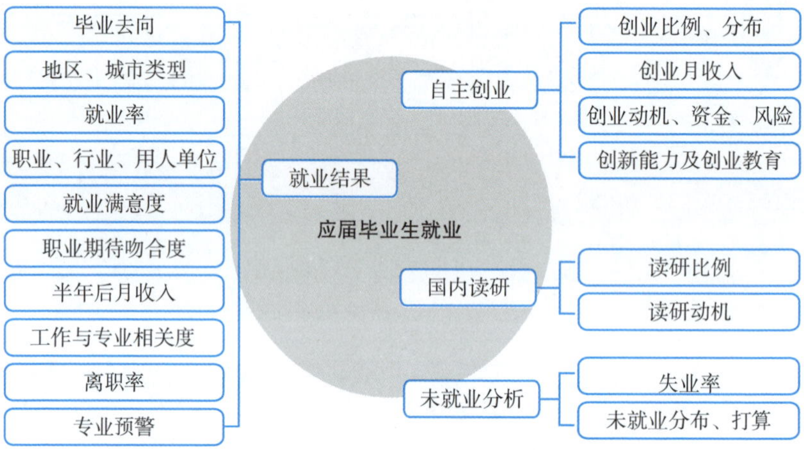

图1 分报告一基本研究框架

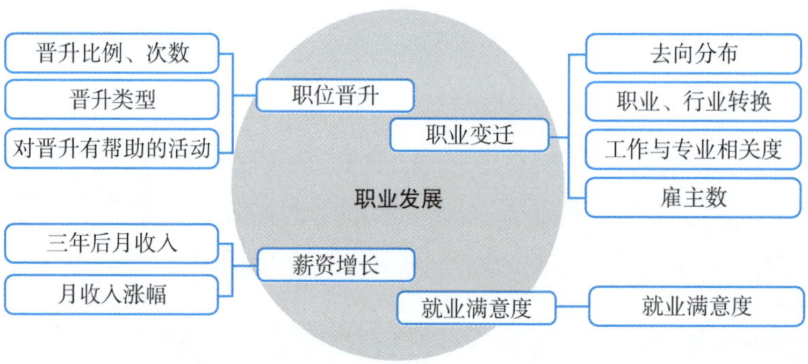

图2 分报告二基本研究框架

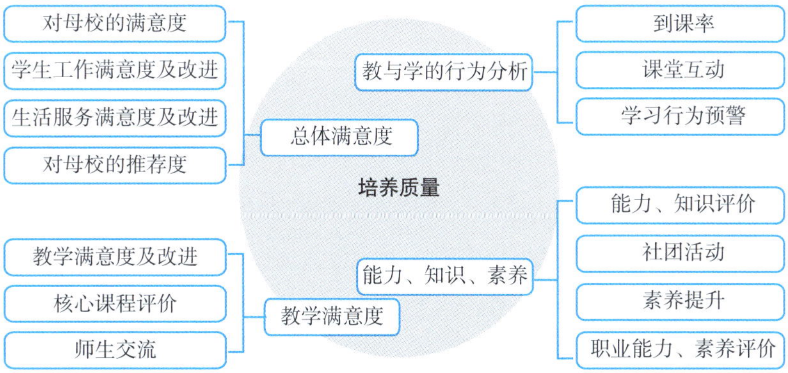

图 3　分报告三基本研究框架

B.2
主要结论

麦可思自2007年开始进行大学毕业生跟踪评价，并从2009年开始根据评价结果每年发布《中国大学生就业报告》（就业蓝皮书），迄今已连续十年出版就业蓝皮书，建立了2006～2017届中国大学毕业生就业数据库。无论是数据的全国覆盖规模，还是时间的持续性，在世界和中国高等教育领域都是独一的，对世界和中国研究大学生就业、培养质量和社会需求有不可替代的作用。

除了对应届生进行毕业半年后就业状况的短期跟踪评价外，麦可思还对同一毕业生样本进行了三年后、十年后的再跟踪评价，这样反馈回来的社会需求从时间跨度上来看更为全面。除了劳动力市场信息外，麦可思还让大学毕业生对在校期间的教学满意度、核心课程、师生互动、知识/能力/素养提升等进行评价，并采用麦可思智能助教系统（Mita）的教与学的行为数据，对培养过程与就业结果进行因果分析，以就业结果数据为依据，挖掘培养过程中的问题，从而为人才培养的持续改进提供参考。

［解读1］就业率整体稳定

2017届[①]本科生毕业半年后的就业率为91.6%，与2016届（91.8%）基本持平，近6年应届本科毕业生就业整体稳定。

从去向分布来看，2017届本科毕业生“受雇全职工作”的比例为73.2%，较2016届（74.0%）下降了0.8个百分点，近8年应届本科毕业生“受雇全职工作”的比例持续下降；“受雇半职工作”的比例（1.2%）

① 解读中提到的往届数据，均出自相应年份的《中国大学生就业报告》（或《中国本科生就业报告》），其中2013～2016届毕业半年后全国本科生样本量分别约为11.4万、12.6万、12.3万、14.7万；2012届、2013届毕业三年后全国本科生样本量分别约为2.2万、2.5万。

与2016届（1.1%）基本持平，“自主创业”的比例（1.9%）与2016届（2.1%）基本持平，这两部分人群的比例近4年基本持稳。

与此同时，“正在国内读研”的比例（14.1%）较2016届（13.4%）上升了0.7个百分点，“正在港澳台及国外读研”的比例（2.3%）较2016届（2.1%）上升了0.2个百分点，连续8年应届本科毕业生读研比例持续上升。可见应届本科毕业生继续读研深造的意愿不断增强，毕业时读研的去向分流率上升，这也促进了就业率的整体稳定。

进一步从不同类型院校来看，“双一流”与非“双一流”本科院校毕业生在读研深造方向的分流均有所增加。“双一流”院校2017届毕业生的非失业率（“双一流”院校有1/3左右的毕业生选择继续深造，根据就业与读研情况计算得出的“非失业率”更能反映其培养结果）为94.8%，与2016届（94.9%）基本持平；“受雇全职工作”的比例（59.1%）较2016届（60.4%）下降了1.3个百分点，正在国内外读研的比例（33.4%）较2016届（32.1%）上升了1.3个百分点。非“双一流”本科院校2017届毕业生的就业率为91.5%，与2016届（91.7%）基本持平；“受雇全职工作”的比例（76.1%）较2016届（76.7%）下降了0.6个百分点，正在国内外读研的比例（12.9%）较2016届（12.2%）上升了0.7个百分点。

从学科门类来看，2017届工学的就业率（93.5%）最高，其后依次是管理学（93.2%）、经济学（91.5%）、医学（91.3%）等。读研深造方面，2017届毕业生读研比例较高的是医学（25.7%）、理学（22.8%）、农学（21.4%），这类专业可在课程设置、职业规划、学术训练等方面对有深造意愿的学生群体给予更多支持。

未就业人群构成方面，越来越多的毕业生在准备读研和留学，而正在找工作的人群逐年减少。数据显示，本科毕业生准备读研和留学的比例从2013届的1.8%上升到了2017届的2.7%，而与此同时，正在找工作的比例从2013届的3.9%下降到了2017届的2.6%；2017届本科毕业生准备升学的比例已超过正在找工作的比例，成为未就业人群的首要构成。针对这一情况，高校管理者需进一步关注学生的读研深造意愿，并完善考研/保研服务工作，指导学生合理规划与备考，从而提升考研的成功率。

［解读2］中西部地区的毕业生就业比例上升幅度大

伴随着城市化进程的深入以及中西部地区的发展，毕业生在中西部地区就业的比例逐渐上升，中西部地区对毕业生的吸纳能力不断增强。数据显示，本科毕业生在东部地区就业的比例从2013届的65.7%下降到了2017届的56.7%，同时在西部、中部地区就业的比例分别从2013届的18.2%、14.2%上升到了2017届的21.5%、17.5%。综合就业城市类型来看，中西部地区的地级及以下城市对毕业生的吸纳程度上升较为明显，毕业生就业于中西部地级及以下城市的比例从2013届的21.0%上升到了2017届的30.5%。

行业需求是促使毕业生流动的重要"拉力"。从本科毕业生在不同地区就业的行业变化差异来看，在东部地区就业的毕业生中，以往就业量较大的建筑业、电子电气仪器设备及电脑制造业对毕业生的吸纳能力均有所减弱，毕业生就业比例分别从2013届的11.0%、8.4%下降到了2017届的7.5%、7.7%。与此同时，在中部地区就业的毕业生中，就业于教育业、医疗和社会护理服务业的比例均较高且呈上升趋势，分别从2013届的19.3%、6.6%上升到了2017届的24.0%、10.2%；在西部地区就业的毕业生中，就业于教育业、建筑业、政府及公共管理的比例均较高且呈上升趋势，分别从2013届的15.0%、9.8%、9.6%上升到了2017届的20.4%、11.2%、10.8%；此外，在上述行业就业的本科毕业生主要集中在相应地区的地级及以下城市（平均半数以上）。可见随着中西部地区发展活力的逐渐释放，毕业生的就业下沉到中西部，下沉到二、三线城市，这将持续推动中国地区经济的均衡发展。

［解读3］高等教育对农村生源毕业生的回报显著，对其职场发展需给予更多关注

农村生源毕业生通过高等教育收获的回报显著。数据显示，2017届本

科农村生源毕业生的月收入为4572元，比2017年农民工月均收入（3485元）[①] 高1087元；而到了毕业三年后收入上的优势将进一步扩大，2014届本科农村生源毕业生三年后（即2017年时）月收入为6702元，比2017年农民工月均收入高3217元。高等教育帮助农村大学生实现代际向上移动得到了体现。

对农村生源毕业生的职场发展仍需给予更多关注。数据显示，2014届本科农村生源毕业生三年内获得职位晋升的比例（55%）低于非农村生源毕业生（57%）；通过数据检验发现，理解与交流能力（包括积极学习、有效的口头沟通等）是影响晋升的关键因素之一，而农村生源毕业生理解与交流能力的满足度（2017届84%）相对偏低（非农村生源毕业生2017届为86%）；通过对2006届、2007届大学生毕业十年后的跟踪评价可知，持续学习能力、协作解决问题能力分别是对毕业生职场发展重要程度最高的职业能力与职业素养（分别有83%、67%的毕业生认为重要）。对此，高校管理者可重点关注农村生源在相关能力素养方面的培养和提升情况，以更好地促进其职场发展。

［解读4］中小学教育对毕业生吸纳程度不断提升，对就业与培养差异需给予关注

本科毕业生就业量最大的行业类是教育业，且就业比例呈现持续上升的趋势，从2013届的10.0%上升到了2017届的14.7%，其中有六成左右集中在中小学教育机构。从就业状况来看，毕业生呈现“就业满意度高、专业相关度高、稳定性强”的特点。数据显示，在中小学教育机构就业的2017届本科毕业生对就业的满意度超过七成（72%），与全国本科平均水平（68%）相比具有优势；工作与所学专业相关的比例接近八成（2017届79%），在主要行业中排名靠前；同时离职率（2017届14%）明显低于全国本科毕业生平均水平（23%），就业稳定性较强。从毕业三年后发展来

① 国家统计局：《中华人民共和国2017年国民经济和社会发展统计公报》，2018-02-28。

看，在中小学教育机构就业的本科毕业生三年内获得职位晋升的比例（2014 届 48%）相对较低（全国本科毕业生平均水平为 56%），这也与教师岗位的专业职称体系有关。

从本科毕业生在不同类型中小学教育机构就业的变化差异来看，民办中小学教育对本科毕业生的吸纳程度逐渐提升，毕业生在民办中小学教育机构就业的比例从 2013 届的 1.6% 上升到了 2017 届的 3.3%，增长超过一倍。当然，民办中小学教育机构从业人员在准入门槛、稳定性以及职称晋升方面与公办机构相比依然存在不足：2017 届在民办机构就业的本科毕业生工作与专业相关度（69%）低于公办机构（86%）较多，离职率（22%）高出公办机构（10%）一倍以上；另外 2014 届在民办机构就业人群三年内在专业职称方面获得晋升的比例（31%）低于公办机构（63%）很多。不过随着国家对民办教育的扶持与规范，毕业生在该领域的就业和发展状况将得到优化。

在课程方面，非师范类院校就业于中小学教育机构的本科毕业生对专业核心课程的重要度（2017 届 82%）、满足度（2017 届 81%）评价均低于师范类院校（分别为 88%、83%）；师范类院校就业于中小学教育机构的毕业生对课堂参与的改进需求（2017 届 36%）高于非师范类院校（2017 届 31%）。

［解读5］创新创业教育需重点加强实践活动

对毕业生的创业效果应从长考量，不能只局限于毕业时的创业人数。数据显示，2014 届本科生毕业半年后自主创业的比例为 2.0%，三年后上升到了 4.1%，可见毕业中期自主创业人数增长明显。当然值得注意的是，毕业半年后自主创业的 2014 届本科毕业生中，有 46.9% 在三年后仍在继续创业，即三年内有超过半数的创业人群退出，创业失败的风险不容忽视。引导学生创新创业，需更好地关注其创新能力的培养和提升。

从创新创业教育的现状来看，2017 届本科毕业生接受比例最高的创新创业教育是创业教学课程（41%），其次是创业辅导活动（36%），而创业实践活动（26%）、创业竞赛活动（15%）的接受比例仍相对较低；与此同时，本科毕业生对实践活动的改进需求较为普遍，2017 届有近六成（56%）认为“创新创业实践类活动不足”。通过数据检验，在各类创新创业教育中，创业实践活动对毕业生创新能力的影响最为显著，2017 届本科接受过创业实践活动的毕业生创新能力满足度（88%）相对较高（本科毕业生平均水平为 84%）。对此，创新创业教育的开展需重点加强相关的实践活动。

［解读6］工科专业在校培养需进一步强化课程教学与实习实践效果

创新驱动发展对工科人才提出了更高要求。但值得注意的是，工科本科毕业生的工作与专业相关度呈现下降趋势，从 2013 届的 73% 下降到了 2017 届的 71%，与非工科专业（从 2013 届的 65% 上升到了 2017 届的 70%）相比优势逐渐缩小；从不同类型院校来看，一流理工科院校[①]工科毕业生的工作与专业相关度（2017 届 76%）明显高于其他本科院校的工科毕业生（2017 届 69%）。这在一定程度上反映出部分院校工科专业人才培养与产业发展要求相比依然存在不匹配的地方，培养过程仍需进一步完善。

通过因果分析发现，课程培养以及实习实践效果是影响工科专业毕业生工作与专业相关度的关键因素，而一流理工科院校与其他本科院校在课程教学与实习实践方面存在明显差异：在课程教学方面，基于麦可思 2016 ~ 2017 年学生成长评价可知，一流理工科院校课程教学内容的实用性更强，且教师对基础性教学更为重视，学生认为课程注重实践与理论结合、注重动手能力培养和教师注重基础性教学行为（包括讲解课程目标、课后答疑）的比例（分别为 86%、84%、87%）均高于其他本科院校（分别为 81%、79%、85%）；在实习实践方面，一流理工科院校实践教学开展、校内工程实践基地建设的效果更为突出（详细内容见本报告专题分析），且与用人单

① 一流理工科院校：指“软科中国最好大学排名”中前 100 位高校中的理工科院校。

位开展产学合作的比例[1]（28%）也高于其他本科院校（24%）。为更好地助力产业升级与发展，工科专业在校培养需进一步强化课程教学与实习实践，对于部分院校更需重点关注工科专业的课程与实习实践效果。

［解读7］人工智能的发展为毕业生就业创造了更多机遇

随着人工智能成为经济发展新引擎，毕业生的就业与发展迎来了更多新的机遇和选择。首先，作为承载人工智能技术发展的主要领域，“媒体、信息及通信产业”对本科毕业生的吸纳程度整体呈上升趋势，毕业生薪资优势明显且职业发展空间不断扩大。具体来看，就业数量方面，毕业生在这类行业就业的比例从 2013 届的 8.7% 上升到了 2017 届的 10.3%；薪资方面，在这类行业就业的毕业生短期（2017 届半年后月收入 5634 元）、中期（2014 届三年后月收入 9019 元）月收入在各行业中均处于领跑地位；职业发展方面，在这类行业就业的毕业生三年内获得职业晋升的比例逐届上升，从 2012 届的 57% 上升到了 2014 届的 61%。

与此同时，随着智能技术在制造、金融、零售等领域的深入应用，毕业生在部分传统行业拥有了更多新的岗位选择。从本科毕业生就业数量较大的行业来看，在制造业、金融业以及零售商业就业的人群从事“互联网开发及应用”与“计算机与数据处理”类职业的比例均呈上升趋势，分别从 2013 届的 6.3%、4.8%、5.4% 上升到了 2017 届的 10.6%、10.5%、15.7%。可见智能制造、新金融、新零售的发展拓宽了毕业生在相关行业的就业空间。随着产业智能化升级的推进，各行业中与信息、智能相关岗位对毕业生的需求可能进一步扩大。

此外，随着教育部印发《高等学校人工智能创新行动计划》，人工智能领域也将逐渐成为高校人才培养与专业建设的热点之一。数据显示，以人工智能为重要分支之一的计算机类专业，毕业生就业数量与质量均呈现较为明显的上升趋势，其中就业率从 2013 届的 92.8% 上升到了 2017 届 95.2%，

① 基于麦可思 2016～2018 年用人单位跟踪评价。

在各专业类中位列前5；月收入从2013届的4107元上升到了2017届的6056元，在各专业类中领跑。与人工智能相关的软件工程、网络工程、通信工程专业是2015至2018年连续四年的本科生就业绿牌专业，信息安全是2017、2018年连续两年的绿牌专业，另外2018年还新增了物联网工程、数字媒体技术专业。高校管理者可以此为参考，更好地改进和完善相关专业的建设。

［解读8］医学专业在校培养需更注重职业成熟度[①]与职业素养的提升

卫生与健康事业的发展面临着全面两孩、社会老龄化等因素带来的挑战，医学人才培养需要持续完善以适应行业发展要求。值得注意的是，医学专业毕业生毕业三年后的就业满意度（2012～2014届分别为60%、63%、65%）与非医学专业平均水平（2012～2014届分别为60%、65%、68%）相比差距逐年扩大，这需要医学专业在培养过程中实施干预和调整。通过因果分析发现，职业成熟度与职业素养是影响医学专业毕业生三年后就业满意度的关键因素，职业成熟度越高，对职业发展路径越清晰，就业满意度会越高；同时因职业的特殊性，良好的职业素养（特别是学习观念和沟通意识）有助于毕业生中期乃至十年后的发展，也有助于就业满意度的提升。

从毕业生就业医院的级别来看，在三级医院就业的毕业生职业目标和规划更为清晰，职业素养满足度更高（详细内容见本报告专题分析）；与之相对应的，毕业生三年后的就业满意度（2014届70%）高于在一级、二级医院就业的毕业生（2014届57%）。另外从主要专业的差异来看，临床医学类专业毕业生三年后的就业满意度为68%，低于护理学类专业毕业生（73%），同时临床医学类专业学生的职业成熟度（80%）也低于护理学类专业（87%）。为更好地服务卫生与健康事业，医学专业在校培养需更注重

① 指学生在职业生涯发展任务上的心理准备程度，从学生的职业规划和目标、职业自信等方面来衡量。

学生职业成熟度与职业素养的提升，其中对于面向基层医疗卫生单位的临床医学类专业学生更需重点关注。

分报告一　应届毕业生就业报告

第一章　就业结果

一　毕业去向

（一）总体毕业去向分布

1. 在2017届大学毕业生中，有78.7%的人毕业半年后受雇全职或半职工作，2.9%的人自主创业，0.4%的人入伍；有10.8%的人升学，其中7.0%正在国内读研，1.1%正在港澳台及国外读研，2.7%正在读本科；有7.2%的人处于失业状态，其中1.4%准备国内外读研，3.4%准备继续寻找工作，还有2.4%放弃了继续求职和求学。

2. 2017届大学生毕业半年后"受雇全职工作"的比例（77.1%）与2016届、2015届（分别为77.3%、77.4%）基本持平；"自主创业"的比例（2.9%）与2016届、2015届（均为3.0%）基本持平；"正在读研/读本"的比例（10.8%）略高于2016届、2015届（分别为10.3%、10.1%）；"无工作，继续寻找工作"的比例（3.4%）略低于2016届、2015届（分别为4.0%、3.9%）。

（二）各类型院校毕业去向分布

1. 2017届本科生毕业半年后"受雇全职工作"的比例（73.2%）略低于2016届、2015届（分别为74.0%、74.2%）；"自主创业"的比例（1.9%）与2016届、2015届（均为2.1%）基本持平；"正在国内外读研"的比例（16.4%）略高于2016届、2015届（分别为15.5%、15.6%）。

2. 2017届"双一流"院校毕业生毕业半年后"受雇全职工作"的比例（59.1%）与2016届、2015届（分别为60.4%、60.8%）相比略有下降；"正在国内外读研"的比例（33.4%）与2016届、2015届（分别为

32.1%、31.7%）相比有所提升，连续三届呈上升趋势。

3.2017届非“双一流”本科院校毕业生毕业半年后“受雇全职工作”的比例（76.1%）与2016届、2015届（分别为76.7%、76.9%）基本持平；“自主创业”的比例（2.1%）与2016届、2015届（均为2.3%）基本持平；“正在国内外读研”的比例（12.9%）略高于2016届、2015届（分别为12.2%、12.3%）。

（三）就业地分布

2017届本科生毕业半年后就业区域主要集中在泛长江三角洲区域（包括上海、江苏、浙江、江西、安徽），占26.1%；泛珠江三角洲区域（包括广东、广西、福建、海南），占20.7%；泛渤海湾区域（包括北京、天津、山东、河北、内蒙古、山西），占20.1%。

（4）就业城市类型

2017届大学生毕业半年后有15%在直辖市就业，27%在副省级城市就业，58%在地级城市及以下就业。其中本科毕业生在直辖市就业的比例比高职高专毕业生高8个百分点（分别为19%和11%）。大学毕业生连续三届就业的城市类型分布比较稳定。

二 就业数量

（一）总体就业率

1.2017届大学生毕业半年后的就业率（91.9%）与2016届、2015届（分别为91.6%、91.7%）基本持平。其中，本科院校2017届毕业生半年后的就业率为91.6%，与2016届（91.8%）基本持平，比2015届（92.2%）略低；高职高专院校2017届毕业生半年后的就业率为92.1%，比2016届、2015届（分别为91.5%、91.2%）略高。从近三届的趋势可以看出，大学毕业生半年后就业率呈现稳定态势。

2.“双一流”院校2017届毕业生半年后的非失业率为94.8%，与2016届、2015届（分别为94.9%、95.1%）基本持平；非“双一流”本科院校2017届毕业生半年后的就业率为91.5%，与2016届（91.7%）基本持平，比2015届（92.0%）略低。

3. 2017 届泛长江三角洲区域经济体本科院校毕业生半年后的就业率最高（94.4%），东北区域经济体最低（88.5%）。

（二）专业分析

1. 2017 届本科毕业生半年后就业率最高的学科门类是工学（93.5%），其次是管理学（93.2%），最低的是法学（85.3%）。从三届的就业率变化趋势可以看出，本科学科门类中的管理学、经济学、艺术学毕业生毕业半年后就业率持续下降。

2. 2017 届本科毕业生半年后就业率排前三位的专业是软件工程（96.7%）、能源与动力工程（95.8%）、电气工程及其自动化（95.6%）。

（三）职业分析

1. 2017 届本科毕业生半年后从事最多的职业类是“中小学教育”，就业比例为 9.5%，其后是“财务/审计/税务/统计”（8.2%）、“行政/后勤”（7.4%）、“金融（银行/基金/证券/期货/理财）”（7.0%）。与 2015 届相比，2017 届本科毕业生就业比例增加较多的职业类为“媒体/出版”（增加了 1.4 个百分点）、“医疗保健/紧急救助”（增加了 1 个百分点）；就业比例降低最多的职业类为“销售”，降低了 1.4 个百分点。

2. 从三届的就业趋势可以看出，在就业比例排名前十位的职业类中，本科毕业生从事“金融（银行/基金/证券/期货/理财）”、“媒体/出版”职业类的比例逐届增加，从事“建筑工程”职业类的比例逐届降低。

（四）行业分析

1. 2017 届本科毕业生半年后就业最多的行业类是“教育业”（14.7%），其次是“媒体、信息及通信产业”（10.3%）。与 2015 届相比，2017 届本科毕业生就业比例增加最多的行业类为“教育业”（增加了 1.1 个百分点）；就业比例降低最多的行业类是“金融（银行/保险/证券）业”，降低了 0.6 个百分点。

2. 从三届的就业趋势可以看出，在就业比例排名前十位的行业类中，本科毕业生在“教育业”、“政府及公共管理”行业类就业的比例逐届增加。

（五）用人单位分析

1. “民营企业/个体”（60%）是2017届大学毕业生就业最多的用人单位类型，本科院校中有53%的毕业生就业于“民营企业/个体”，高职高专院校中有67%的毕业生就业于“民营企业/个体”。

2. 2017届大学毕业生就业比例最高的用人单位规模是300人及以下规模的中小型用人单位（55%），其中本科毕业生这一比例为51%，高职高专毕业生为60%。

三 就业质量

（一）就业满意度

1. 2017届大学毕业生的就业满意度为67%，比2016届（65%）高2个百分点。其中，本科院校2017届毕业生的就业满意度为68%，比2016届（66%）高2个百分点；高职高专院校2017届毕业生的就业满意度为65%，比2016届（63%）高2个百分点。在本科院校中，“双一流”院校2017届毕业生的就业满意度为69%，非“双一流”本科院校2017届毕业生的就业满意度为68%。

2. 2017届本科毕业生对就业现状不满意的主要原因是“收入低”（64%）、“发展空间不够”（54%）。

3. 在2017届本科学科门类中，毕业生毕业半年后就业满意度最高的是教育学（71%），就业满意度最低的是历史学（64%）。

4. 2017届本科毕业生半年后就业满意度最高的职业是“税务专员”（85%），最低的职业是“化学设备操作员和管理员”（47%）。

5. 2017届本科毕业生半年后就业满意度最高的行业是“本科学院和大学”（81%），最低的行业是“塑料用品制造业”、“农药、化肥和其他农业化学制品制造业”（均为52%）。

6. 2017届本科毕业生半年后在“政府机构/科研或其他事业单位”的就业满意度最高（77%），在“民营企业/个体”、“非政府或非营利组织（NGO等）”的就业满意度最低（均为65%）。

7. 2017届本科毕业生半年后在泛渤海湾区域经济体的就业满意度最高

（72%）。

（二）职业期待吻合度

1. 2017 届大学毕业生工作与职业期待的吻合度为 49%，与 2016 届（48%）基本持平。其中，本科和高职高专院校 2017 届毕业生工作与职业期待的吻合度分别为 52%、46%，均与 2016 届（分别为 51%、45%）基本持平。在本科院校中，"双一流"院校 2017 届毕业生工作与职业期待的吻合度为 48%，非"双一流"本科院校 2017 届毕业生工作与职业期待的吻合度为 53%。

2. 2017 届认为工作与职业期待不吻合的本科毕业生中，有 31% 的人认为是"不符合自己的职业发展规划"，其次是"不符合自己的兴趣爱好"（22%）。

3. 在 2017 届本科学科门类中，毕业生半年后职业期待吻合度最高的是教育学（60%），职业期待吻合度最低的是农学（46%）。

（三）薪资分析

1. 2017 届大学毕业生的月收入（4317 元）比 2016 届（3988 元）增长了 329 元，比 2015 届（3726 元）增长了 591 元。其中，本科院校 2017 届毕业生的月收入（4774 元）比 2016 届（4376 元）增长了 398 元，比 2015 届（4042 元）增长了 732 元；高职高专院校 2017 届毕业生的月收入（3860 元）比 2016 届（3599 元）增长了 261 元，比 2015 届（3409 元）增长了 451 元。从近三届的趋势可以看出，大学毕业生半年后月收入呈现上升趋势。在本科院校中，"双一流"院校 2017 届毕业生的月收入（5691 元）比 2016 届（5201 元）增长了 490 元，比 2015 届（4718 元）增长了 973 元；非"双一流"本科院校 2017 届毕业生的月收入（4590 元）比 2016 届（4211 元）增长了 379 元，比 2015 届（3907 元）增长了 683 元，连续三届呈现上升趋势。

2. 2017 届本科毕业生有 12.0% 月收入在 7000 元以上，比 2016 届（10.3%）高 1.7 个百分点；月收入在 2000 元以下的比例为 1.9%，低于 2016 届（2.5%）。

3. 在 2017 届本科学科门类中，毕业生毕业半年后月收入最高的是工学

（5067 元），最低的是历史学（4023 元）。

4. 2017 届本科毕业生半年后月收入最高的职业类是“互联网开发及应用”（6082 元），其次是“计算机与数据处理”（6042 元）。

5. 2017 届本科毕业生半年后月收入最高的行业类为“媒体、信息及通信产业”（5634 元），其次是“运输业”（5567 元）。

6. 2017 届本科毕业生半年后在“中外合资/外资/独资”单位就业的月收入最高（5313 元）；与 2016 届相比，2017 届本科毕业生在各类型用人单位就业的月收入均有所上升。

7. 2017 届本科毕业生在“3000 人以上”规模的大型用人单位就业的月收入最高（5327 元）；与 2016 届相比，2017 届本科毕业生在各规模用人单位就业的月收入均有所上升。

8. 2017 届本科毕业生半年后在泛珠江三角洲区域经济体就业的月收入最高，为 5169 元。

（四）工作与专业相关度

1. 2017 届大学毕业生的工作与专业相关度为 66%，与 2016 届（66%）持平。其中，本科和高职高专院校 2017 届毕业生的工作与专业相关度分别为 71%、62%，均与 2016 届（分别为 70%、62%）基本持平。在本科院校中，“双一流”院校 2017 届毕业生的工作与专业相关度为 73%，非“双一流”本科院校 2017 届毕业生的工作与专业相关度为 70%。

2. 2017 届本科毕业生选择与专业无关工作的主要原因是“专业工作不符合自己的职业期待”（36%），其次是“迫于现实先就业再择业”（22%）。

3. 在 2017 届本科学科门类中，专业相关度最高的是医学（95%），其次是教育学（80%），最低的是农学（57%）。

（五）离职率

1. 2017 届大学毕业生毕业半年内的离职率为 33%，与 2016 届（34%）基本持平。其中，本科和高职高专院校 2017 届毕业生毕业半年内的离职率分别为 23%、42%，与 2016 届（分别为 24%、43%）基本持平。在本科院校中，“双一流”院校 2017 届毕业生毕业半年内的离职率为 13%，非“双一流”本科院校 2017 届毕业生毕业半年内的离职率为 25%。

2. 在 2017 届本科学科门类中，医学半年内的离职率最低（13%），艺术学半年内的离职率最高（32%）。

3. 2017 届本科毕业生半年内离职的人群有 98% 发生过主动离职，主动离职的主要原因是“个人发展空间不够”（48%）、“薪资福利偏低”（42%）。

（六）专业预警

1. 2018 年本科就业红牌专业包括：绘画、化学、美术学、音乐表演、法学、历史学；黄牌专业包括：生物技术、生物工程、应用心理学、广播电视编导、生物科学。以上专业部分与 2017 年的红黄牌专业相同，属于失业量较大，就业率、薪资和就业满意度综合较低的高失业风险型专业，这些专业具有持续性。

2. 2018 年本科就业绿牌专业包括：信息安全、软件工程、网络工程、物联网工程、数字媒体技术、通信工程、数字媒体艺术。以上专业部分与 2017 年的绿牌专业相同，属于失业量较小，就业率、薪资和就业满意度综合较高的需求增长型专业。

3. 出现红、黄牌专业的原因既可能是供大于求，也可能是培养质量达不到岗位需求，而这是导致大学毕业生找不到工作与企业招不到人才的原因之一。专业预警分析可以引导政府和高校主动调整学科专业设置，提高人才培养质量，增强高等教育的人才培养对社会需求的质与量的敏感度和反应性，从而更好地建立与社会需求相适应的专业结构。

第二章　自主创业

（一）自主创业比例

1. 2017 届大学毕业生自主创业的比例为 2.9%，与 2016 届、2015 届（均为 3.0%）基本持平。2017 届高职高专毕业生半年后自主创业的比例（3.8%）高于本科毕业生（1.9%）。从近三届的趋势可以看出，大学毕业生自主创业的比例呈现平稳态势。

2. 2017 届本科毕业生自主创业比例最高的就业经济区域为泛长江三角

洲区域经济体（2.7%）。

（二）创业人群分布

1. 2014 届大学生毕业半年后有 2.9% 的人自主创业（本科为 2.0%，高职高专为 3.8%），三年后有 6.3% 的人自主创业（本科为 4.1%，高职高专为 8.5%），说明有更多的毕业生在毕业三年内选择了自主创业。

2. 毕业半年后自主创业的 2014 届本科毕业生中有 46.9% 的人三年后还在继续自主创业，与 2013 届（46.2%）基本持平；有 49.4% 的人选择了受雇工作，比 2013 届（48.2%）增加了 1.2 个百分点。

（三）创业职业、行业分布

1. 2017 届本科毕业生半年后自主创业主要集中在中小学教育类职业（10.9%）；2014 届本科毕业生三年后自主创业主要集中在销售类职业（11.4%）。

2. 2017 届本科毕业生半年后自主创业主要集中在教育产业（22.7%）；2014 届本科毕业生三年后自主创业主要集中在教育产业（19.3%），其次是零售商业（15.1%）。

（四）自主创业月收入

1. 2017 届本科毕业生半年后自主创业人群的月收入为 5785 元，比 2017 届本科毕业生半年后平均月收入（4774 元）高 1011 元。

2. 2014 届本科毕业生半年后自主创业人群的月收入为 4895 元，三年后为 11354 元，涨幅为 132%，明显高于 2014 届本科毕业生平均水平（半年后为 3773 元、三年后为 7045 元，涨幅为 87%）。

（五）自主创业动机

创业理想是 2017 届本科毕业生自主创业最重要的动力（41%），选择自主创业的毕业生中，绝大多数（86%）属于“机会型创业”①，只有 6%

① 机会型创业指的是为了抓住和充分利用市场机会而进行的创业，生存型创业指的是创业者因找不到合适的工作而进行的创业。该理论由全球创业观察（Global Entrepreneurship Monitor）2001 年报告首次提出。其中，机会型创业包括：理想就是成为创业者、有好的创业项目、受他人邀请加入创业、未来收入好；生存型创业包括：未找到合适的工作。

属于“生存型创业”。

（六）自主创业资金来源

2017 届本科毕业生自主创业的资金主要依靠父母/亲友投资或借贷和个人积蓄（76%），而来自政府资助（4%）、商业性风险投资（3%）的比例均较小。

（七）自主创业风险

2017 届本科毕业生自主创业的主要风险因素为缺乏企业管理经验（27%），其次是缺少资金、市场推广困难（均为 25%）。

（八）创新能力

2017 届大学毕业生毕业时的创新能力水平为 56%（本科为 57%，高职高专为 54%），毕业生创新能力的满足度为 84%（本科、高职高专均为 84%）。

（九）创业教育

1. 2017 届本科自主创业的毕业生认为对创业最有帮助的活动为“假期实习/课外兼职”（46%）。

2. 2017 届本科毕业生接受母校提供的创新创业教育主要是创业教学课程、创业辅导活动（分别为 41%、36%），其有效性分别为 55%、61%。

3. 2017 届本科毕业生认为创新创业教育最需要改进的地方是“创新创业实践类活动不足”（56%），其后是“创新创业教育课程缺乏”（45%）、“教学方法不适用于创新创业教育”（39%）。

第三章 国内读研

（一）读研的比例

1. 2017 届本科毕业生国内读研的比例为 14.1%，比 2016 届（13.4%）高 0.7 个百分点，比 2015 届（13.5%）高 0.6 个百分点。其中，“双一流”院校 2017 届毕业生国内读研的比例为 28.5%，非“双一流”本科院校 2017 届毕业生国内读研的比例为 11.2%。

2. 在 2017 届读研的本科毕业生中，有 27% 转换了专业。其中，“双一流”本科院校为22%，非“双一流”本科院校为28%。

3. 在2017届本科学科门类中，毕业生读研比例最高的是医学（25.7%），最低的是艺术学（5.8%）；读研转换专业比例最低的是医学（14%），最高的是管理学（45%）。

（二）读研的动机

2017届本科毕业生读研的主要动机是就业前景好（55%）和职业发展需要（51%）。读研人群选择研究生院校时最关注的因素是所学专业的声誉（38%）和学校的牌子（23%）。

第四章　未就业分析

（一）失业率

1. 2017届大学生毕业半年后的失业率（8.1%）与2016届、2015届（分别为8.4%、8.3%）基本持平。其中，本科院校2017届毕业生的失业率（8.4%）与2016届（8.2%）基本持平，比2015届（7.8%）略高；高职高专院校2017届毕业生的失业率（7.9%）比2016届、2015届（分别8.5%、8.8%）略低。从近三届的趋势可以看出，大学毕业生半年后失业率呈现平稳态势。

2. 2017届本科失业率最高的专业为绘画（17.3%），其次为法学（14.7%）。

（二）未就业人群分布

在2017届大学毕业生的未就业人群中，大多数毕业生还在继续找工作。本科院校处于未就业状态的毕业生（7.0%）中有24%为“待定族”（不求学不求职），高职高专院校处于未就业状态的毕业生（7.5%）中有43%为“待定族”。

（三）未就业人群打算

在2017届本科院校毕业半年后的“待定族”中，有41%的毕业生在准备公务员考试，有7%的毕业生准备创业。在高职高专院校毕业半年后的“待定族”中，有14%的毕业生准备创业，有13%的毕业生在准备公务员考试。

分报告二　职业发展报告

第一章　职位晋升

（一）职位晋升比例和次数

1. 2014 届大学生毕业三年内有 58% 的人获得职位晋升，与 2013 届（57%）基本持平。其中，本科这一比例为 56%，略高于 2013 届（54%）；高职高专这一比例为 61%，与 2013 届（60%）基本持平。

2. 2014 届大学生毕业三年内平均获得职位晋升 1.0 次，略高于 2013 届（0.9 次）。其中，本科为 0.9 次，略高于 2013 届（0.8 次）；高职高专毕业生为 1.0 次，与 2013 届（1.0 次）持平。2014 届本科毕业生三年内有 34% 获得过 1 次晋升，有 7% 获得过 3 次及以上的晋升。

3. 2014 届本科经济学、管理学门类毕业生三年内获得职位晋升的比例最高（均为 59%），经济学门类的毕业生三年内获得职位晋升的次数也最多（1.0 次），医学门类获得职位晋升的比例最低（38%）、晋升的次数最少（0.5 次）。

4. 2014 届本科从事“经营管理”职业类的毕业生三年内获得职位晋升的比例最高（83%）、晋升的次数最多（1.7 次），其次是“房地产经营”（78%）；从事“公安/检察/法院/经济执法”职业类的毕业生三年内获得职位晋升的比例最低（33%）、晋升的次数最少（0.4 次）。

5. 2014 届本科在“住宿和饮食业”就业的毕业生三年内获得职位晋升的比例最高（76%）、晋升的次数最多（1.4 次），其次是“房地产开发销售租赁及其他租赁业”（70%）；在“政府及公共管理”就业的毕业生三年内获得职位晋升的比例最低（34%）、晋升的次数最少（0.4 次）。

（二）职位晋升的类型

1. 2014 届本科毕业生职位晋升的类型主要是薪资的增加（76%）、工作职责的增加（69%）。

2. 2006 届、2007 届大学毕业生十年后有 58% 从事管理岗，有 42% 从事技术岗；从职务来看，有 9% 处于高管层，有 51% 处于中管层。大学毕业生毕业十年后已普遍成为职场“中坚”力量。

（三）对职位晋升有帮助的活动与因素

1. 2014 届本科毕业生认为对职位晋升有帮助的大学活动主要是课下自学的知识和技能（含培训）（43%）、课上所学的知识和技能（42%）。

2. 2006 届、2007 届大学毕业生认为对职位晋升有帮助的因素主要是工作表现（79%）、工作经验（71%）。

第二章　薪资增长

（一）总体月收入与涨幅

1. 2014 届大学生毕业三年后平均月收入为 6341 元（本科为 7045 元，高职高专为 5636 元）。2014 届毕业生半年后的月收入为 3487 元（本科为 3773 元，高职高专为 3200 元），三年来月收入增长了 2854 元，涨幅为 82%。其中，本科增长了 3272 元，涨幅为 87%；高职高专增长了 2436 元，涨幅为 76%。

2. 2014 届本科毕业生三年后有 21.7% 的人月收入达到了 10000 元及以上，有 2.9% 的人月收入在 3000 元以下。

3. 2014 届本科生毕业三年后学历提升为硕士的比例为 17.3%，高职高专生毕业三年后学历提升为本科的比例为 31.0%。2014 届大学毕业生在毕业三年后学历提升人群的月收入为 6260 元，略低于学历一直未提升人群的月收入（6377 元）。其中，本科毕业三年后学历为硕士人群的月收入为 7004 元，学历仍然为本科人群的月收入为 7057 元，高职高专毕业三年后学历为本科人群的月收入为 5516 元，学历仍然为高职高专人群的月收入为 5696 元。提升学历人群可能因毕业时间短还不能体现学历提升带来的更大的教育回报。

（二）主要专业的月收入与涨幅

2014 届本科学科门类中三年后月收入最高的是工学，为 7652 元，高出该学科门类半年后月收入（3940 元）3712 元；三年后月收入最低的是教育学（5814 元），高出该学科门类半年后月收入（3492 元）2322 元。

（三）主要职业的月收入与涨幅

2014 届本科毕业生三年后从事“互联网开发及应用”职业类的月收入最高，为 9850 元，高出半年后从事该职业类的本科毕业生月收入（4582 元）5268 元；三年后月收入最低的是从事“幼儿与学前教育”职业类的本科毕业生，为 5333 元，高出半年后从事该职业类的本科毕业生月收入（3083 元）2250 元。

（四）主要行业的月收入与涨幅

2014 届本科生毕业三年后在“媒体、信息及通信产业”就业的月收入最高，为 9019 元，高出半年后在该行业类就业的毕业生月收入（4304 元）4715 元；三年后月收入最低的是就业于“行政、商业和环境保护辅助业”的本科毕业生，为 5787 元，高出半年后在该行业类就业的毕业生月收入（3349 元）2438 元。

（五）各用人单位类型的月收入与涨幅

1. 2014 届本科毕业生三年后在“中外合资/外资/独资”单位就业的月收入（7965 元）最高；另外，在“民营企业/个体”就业的三年后月收入涨幅最大，为 109%。

2. 2014 届本科毕业生三年后在 3000 人以上规模的大型用人单位就业的月收入最高（8077 元）。

（六）各经济区域的月收入与涨幅

2014 届本科毕业生三年后在泛珠江三角洲区域经济体就业的月收入最高（7952 元），增长了 3791 元，涨幅为 91%；在东北区域经济体就业的本科毕业生三年后月收入最低（5901 元），增长了 2638 元，涨幅为 81%。

第三章　职业变迁

（一）去向分布

2014 届大学生毕业三年后有 85.5% 受雇工作（本科为 86.4%，高职高专为84.7%），6.3%的人自主创业（本科为4.1%，高职高专为8.5%），3.7%的人正在读研（本科为6.8%，高职高专为0.6%），1.9%的人“无工作，继续寻找工作”（本科为1.3%，高职高专为2.4%），还有2.4%的人无工作，且既没有求职也没有求学（本科为1.4%，高职高专为3.5%），有0.3%的高职高专毕业生正在读本科。

（二）职业转换

1. 有40%的2014届大学生毕业三年内转换了职业（本科为31%，高职高专为49%），与2013届三年内该指标（40%）持平。

2. 在2014届本科各学科门类中，艺术学门类的毕业生三年内的职业转换率最高（39%），其次是文学、农学（均为37%），医学门类的职业转换率最低（11%）。

3. 在2014届本科毕业生三年内转换过的职业类中，被转入最多的是“中小学教育”（8.1%），其次是“行政/后勤”、“销售”、“互联网开发及应用”（均为7.4%）。

（三）行业转换

1. 有43%的2014届大学生在毕业三年内转换了行业（本科为35%，高职高专为51%），与2013届三年内该指标（44%）基本持平。

2. 在2014届本科各学科门类中，艺术学、管理学门类的毕业生三年内的行业转换率最高（均为41%），其次是文学（40%），医学门类的行业转换率最低（16%）。

3. 2014届本科毕业生三年内转换行业中被转入最多的行业类是“媒体、信息及通信产业”（11.4%），其次是“教育业”和“政府及公共管理”（均为10.4%）。

（四）工作与专业相关度

1. 2014届大学生毕业三年后的工作与专业相关度为61%，比2014届半年后（66%）低5个百分点，与2013届三年后（61%）持平。其中，本科三年后的工作与专业相关度为65%，比半年后（69%）低4个百分点；高职高专三年后的工作与专业相关度为56%，比半年后（62%）低6个百分点。

2. 在本科学科门类中，三年后工作与专业相关度最高的是医学（93%），其次是教育学（70%），农学门类三年后的工作与专业相关度最低（56%）。

（五）雇主数

1. 2014 届大学毕业生毕业三年内平均为 2.2 个雇主工作过，与 2013 届三年内（2.2 个）持平。其中本科毕业生的平均雇主数为 2.0 个，低于高职高专毕业生的平均雇主数（2.4 个）。

2. 2014 届本科戏剧与影视学类、设计学类毕业生三年内的平均雇主数最多（均为 2.4 个），临床医学类和护理学类毕业生三年内的平均雇主数最少（均为 1.3 个）。

3. 有 40% 的本科毕业生三年内仅为 1 个雇主工作过，33% 有 2 个雇主，7% 有 4 个及以上雇主。

第四章　就业满意度

（一）总体就业满意度

2014 届大学生毕业三年后的就业满意度为 66%，即在就业的毕业生中，有 66% 对自己的就业现状表示满意（本科为 68%，高职高专为 64%），比 2013 届该指标（63%）增长了 3 个百分点。

（二）主要专业的就业满意度

2014 届本科毕业生三年后就业满意度最高的学科门类是法学、文学（均为 71%），就业满意度最低的学科门类是医学、工学（均为 65%）。

（三）主要职业的就业满意度

2014 届本科毕业生三年后就业满意度最高的职业类是“经营管理”（79%），就业满意度最低的职业类是“矿山/石油”（47%）。

（四）主要行业的就业满意度

2014 届本科毕业生三年后就业满意度最高的行业类是“教育业”（76%），就业满意度最低的行业类是“初级金属制造业”（50%）。

（五）各用人单位类型的就业满意度

2014 届本科毕业生三年后就业满意度最高的用人单位类型是“政府机构/科研或其他事业单位”（76%），就业满意度最低的用人单位类型是“民营企业/个体”和“国有企业”（均为 65%）。

分报告三　培养质量报告

第一章　总体满意度

（一）对母校总体满意度

1. 2017 届大学毕业生对母校的总体满意度为 92%，比 2016 届（90%）高 2 个百分点，比 2015 届（89%）高 3 个百分点。其中，本科院校总体满意度为 93%，比 2016 届、2015 届（均为 91%）高 2 个百分点；高职高专院校总体满意度为 90%，与 2016 届（89%）基本持平，比 2015 届（88%）高 2 个百分点。从近三届的趋势可以看出，大学毕业生对母校的总体满意度呈现上升趋势。

2. “双一流”院校 2017 届毕业生对母校的总体满意度为 94%，与 2016 届、2015 届（均为 93%）基本持平；非“双一流”本科院校 2017 届毕业生对母校的总体满意度为 93%，比 2016 届（91%）高 2 个百分点，比 2015 届（90%）高 3 个百分点。

3. 泛长江三角洲区域经济体的 2017 届本科毕业生对母校的总体满意度最高（94%）。

4. 2017 届大学毕业生对母校学生工作的满意度为 86%，比 2016 届（84%）高 2 个百分点。其中，本科、高职高专院校 2017 届毕业生对母校学生工作的满意度均为 86%，比 2016 届（均为 84%）均高 2 个百分点。在本科院校中，“双一流”院校、非“双一流”本科院校毕业生对母校的学生工作满意度均为 86%。

5. 2017 届本科毕业生认为母校的学生工作需要改进的地方是“与辅导

员或班主任接触时间太少”（50%），其后是“解决学生问题不及时”（37%）、“学生社团活动组织不够好”（33%）。

6. 2017 届大学毕业生对母校生活服务的满意度为 87%，比 2016 届（85%）高 2 个百分点。其中，本科院校 2017 届毕业生对母校生活服务的满意度为 88%，比 2016 届（86%）高 2 个百分点；高职高专院校 2017 届毕业生对母校的生活服务满意度为 86%，比 2016 届（84%）高 2 个百分点。在本科院校中，“双一流”院校毕业生对母校的生活服务满意度为 87%，非“双一流”本科院校为 88%。

7. 2017 届本科毕业生认为母校的生活服务需要改进的地方是“食堂饭菜质量及服务不够好”（37%），其后是“学校医院或医务室服务不够好”（35%）、“宿舍服务不够好”（35%）、“学校洗浴服务不够好”（32%）。

（二）对母校的推荐度

1. 2017 届大学毕业生对母校的推荐度为 66%，与 2016 届、2015 届（分别为 66%、65%）基本持平。其中，本科院校毕业生对母校的推荐度为 69%，与 2016 届（68%）基本持平，比 2015 届（67%）高 2 个百分点；高职高专院校为 64%，与 2016 届、2015 届（分别为 64%、63%）基本持平。从近三届的趋势可以看出，大学毕业生对母校的推荐度保持基本稳定。

2. “双一流”院校 2017 届毕业生对母校的推荐度为 76%，与 2016 届、2015 届（均为 75%）基本持平；非“双一流”本科院校 2017 届毕业生对母校的推荐度为 67%，与 2016 届（66%）基本持平，比 2015 届（65%）高 2 个百分点，连续三届呈现上升趋势。

第二章　教学满意度

（一）教学满意度

2017 届大学毕业生对母校教学的满意度为 89%，与 2016 届（88%）基本持平。其中，本科院校 2017 届毕业生对母校教学的满意度为 88%，与 2016 届（87%）基本持平；高职高专院校 2017 届毕业生对母校的教学满意度为 90%，与 2016 届（89%）基本持平。在本科院校中，“双一流”院校、非“双一流”本科院校毕业生对母校的教学满意度分别为 88%、89%。

（二）教学需改进的方面

1. 2017 届本科毕业生认为母校的教学最需要改进的地方为“实习和实践环节不够”（64%），其次为“无法调动学生学习兴趣”（46%）。

2. 2017 届本科毕业生中读研的人群认为母校本科学术准备最需要改进的地方是“研究方法”（53%），其后是“学术批判性思维能力”（52%）、“专业基础课程知识”（45%）、“文献检索与总结能力”（45%）。

（三）核心课程评价

1. 2017 届毕业生的核心课程重要度评价为 82%，其中，本科为 81%，高职高专为 82%。在本科院校中，“双一流”院校毕业生的核心课程重要度评价为 80%，非“双一流”本科院校为 81%。

2. 2017 届毕业生的核心课程满足度评价为 74%，其中，本科为 73%，高职高专为 75%。在本科院校中，“双一流”院校和非“双一流”本科院校毕业生的核心课程满足度评价均为 73%。

3. 在 2017 届本科各学科门类中，医学核心课程的重要度评价（94%）最高，其满足度为 75%。

（四）师生交流频度

1. 2017 届有 53% 的毕业生与任课教师“每周至少一次”或“每月至少一次”课下交流。其中，本科毕业生中有 23% 与任课教师“每周至少一次”课下交流，低于高职高专毕业生（35%）。在本科院校中，“双一流”院校这一比例（每周至少一次）为 16%，非“双一流”本科院校为 24%。

2. 在 2017 届本科各学科门类中，与任课教师“每周至少一次”或“每月至少一次”课下交流程度最高的是艺术学（67%），最低的是医学（31%）。

第三章　教与学的行为分析

（一）到课率

1. 大学在校生到课率为 91%。其中，本科院校、高职高专院校到课率持平（均为91%）。在本科院校中，“双一流”院校到课率为91%，非“双一流”本科院校到课率为90%。

2. 本科院校在校生周一的到课率最高（92%），其余四天均在90%左右；高职高专院校在校生周一至周五的到课率保持在90%或91%。在本科院校中，“双一流”院校在校生周一、周三的到课率（均为92%）最高，周五的到课率（88%）最低；非“双一流”本科院校在校生周一到课率（92%）最高，周四到课率（89%）最低。

3. 大学在校生早课到课率较高（本科93%，高职高专92%），晚课到课率较低（本科84%，高职高专88%）。在本科院校中，“双一流”院校、非“双一流”本科院校在校生早课到课率均较高（分别为94%、93%），晚课到课率均较低（分别为87%、83%）。

（二）课堂互动

1. 有32%的高校教师每次上课都提问，有11%的高校教师经常提问，有11%的高校教师偶尔提问，还有46%的高校教师从不提问；本科院校教师提问的频率低于高职高专院校教师。在本科院校中，“双一流”院校教师提问的频率略高于非“双一流”本科院校教师。

2. 有7%的高校教师每次上课都测验，有9%的高校教师经常测验，有15%的高校教师偶尔测验，还有69%的高校教师从不测验；本科院校教师课堂发起测验的频率与高职高专院校教师基本持平。在本科院校中，“双一流”院校教师课堂发起测验的频率低于非“双一流”本科院校教师。

3. 大学在校生课堂测验的参与率为84%，答案的正确率为67%；本科院校在校生的参与率和正确率均高于高职高专院校在校生。在本科院校中，“双一流”院校在校生课堂测验的参与率和正确率均高于非“双一流”本科院校在校生。

（三）学习行为预警

有3.4%的大学在校生因为旷课收到预警（本科3.4%，高职高专3.3%），有5.8%的大学在校生因为不参与课堂测验收到预警（本科4.8%，高职高专 6.7%），有 1.7% 的大学在校生因为不交作业收到预警（本科 1.3%，高职高专 2.1%）。

第四章　能力、知识和素养提升

（一）基本工作能力评价

2017 届大学毕业生毕业时的基本工作能力水平为 55%（其中本科为 57%，高职高专为 54%），基本工作能力满足度为 84%。2017 届本科毕业生在理解交流能力中最重要的是积极聆听、积极学习（重要度均为 72%），其满足度分别为 88%、85%；科学思维能力中最重要的是科学分析能力（重要度为 68%），其满足度为 83%；管理能力中最重要的是谈判技能（重要度为 74%），其满足度为 81%；应用分析能力中最重要的是疑难排解能力（重要度为 73%），其满足度为 80%；动手能力中最重要的是电脑编程能力（重要度为 80%），其满足度为 70%。

（二）核心知识评价

2017 届大学毕业生毕业时掌握的核心知识水平为 52%（其中本科为 52%，高职高专为 51%），核心知识满足度为 84%。2017 届本科毕业生最重要的核心知识是心理学知识（重要度为 63%），其满足度为 84%。

（二）社团活动评价

2017 届本科毕业生在校期间参与度最高的社团活动为“公益类”（32%），其次为“体育户外类”（19%）；有 21% 的本科毕业生没有参加任何社团活动。在对参加的各类社团活动进行评价时，2017 届本科毕业生满意度最高的活动为“公益类”（88%）。

（四）在校素养提升

1. 2017 届本科工程类专业毕业生认为在校期间大学对自己素养提升较高的方面为“团队合作”（66%）、“人生的乐观态度”（64%）、“积极努力、追求上进”（64%）；此外，还有 3% 的本科工程类专业毕业生认为大学对素养的提升没有任何帮助。

2. 2017 届本科艺术类专业毕业生认为在校期间大学对自己素养提升较

高的方面为“艺术修养”（78%）、“人生的乐观态度”（61%）、“积极努力、追求上进”（60%）；此外，还有3%的本科艺术类专业毕业生认为大学对素养的提升没有任何帮助。

3. 2017届本科医学专业毕业生认为在校期间大学对自己素养提升较高的方面为“积极努力、追求上进”（65%）、“人生的乐观态度”（62%）、“职业道德”（58%）；此外，还有2%的本科医学专业毕业生认为大学对素养的提升没有任何帮助。

4. 2017届本科其他类专业毕业生认为在校期间大学对自己素养提升较高的方面为“积极努力、追求上进”（64%）、“人生的乐观态度”（63%）、“包容精神”（55%）、“关注社会”（51%）；此外，还有3%的本科其他类专业毕业生认为大学对素养的提升没有任何帮助。

（五）职业能力评价

2014届本科毕业生三年后认为职场中持续学习能力最重要（89%）；另外2006届、2007届大学毕业生十年后认为最重要的职业能力依然是持续学习能力（83%）。可见持续学习能力对毕业生职场发展的重要程度较高。

（六）职业素养评价

2014届本科毕业生三年后认为职场中压力承受能力、环境适应能力最重要（均为80%），其后是协作解决问题能力（79%）、信息获取和选择能力（73%）；另外2006届、2007届大学毕业生十年后认为最重要的职业素养是协作解决问题能力（67%）。可见随着职业生涯的发展，协作解决问题能力的重要程度进一步显现。

分报告一 应届毕业生就业报告

B.3
第一章
就业结果

一 毕业去向

（一）总体毕业去向分布

大学毕业生：本科院校、高职高专院校的毕业生。

毕业半年后：2017 届毕业生毕业第二年（即 2018 年）的 1 月左右。麦可思在此时展开跟踪评价，收集数据。此时毕业生的就业状况趋于稳定，有工作经历的毕业生也能够评估工作对自己知识、能力的要求水平。

毕业去向分布：麦可思将中国本科毕业生的毕业状况分为十类：受雇全

职工作；受雇半职工作；自主创业；毕业后入伍；正在国内读研；正在港澳台地区及国外读研；无工作，准备国内读研；无工作，准备到港澳台地区及国外读研；无工作，继续寻找工作；无工作，其他。同理将中国高职高专毕业生的毕业状况分为七类：受雇全职工作；受雇半职工作；自主创业；毕业后入伍；毕业后读本科；无工作，继续寻找工作；无工作，其他。其中，受雇全职工作指平均每周工作 32 小时或以上。受雇半职工作指平均每周工作 20 小时到 31 小时。

已就业人群：包括“受雇全职工作”、“受雇半职工作”、“自主创业”、“毕业后入伍”四类人群。

图 1－1－1 是 2017 届大学生毕业半年后的去向分布。可以看出，在 2017 届大学毕业生中，有 78.7% 的人毕业半年后受雇全职或半职工作，2.9% 的人自主创业，0.4% 的人入伍；有 10.8% 的人升学，其中 7.0% 正在国内读研，1.1% 正在港澳台及国外读研，2.7% 正在读本科；有 7.2% 的人处于失业状态，其中 1.4% 准备国内外读研，3.4% 准备继续寻找工作，还有 2.4% 放弃了继续求职和求学。

图 1－1－2 是 2015～2017 届大学生毕业半年后的去向分布变化。可以看出，2017 届大学生毕业半年后“受雇全职工作”的比例（77.1%）与 2016 届、2015 届（分别为 77.3%、77.4%）基本持平；“自主创业”的比例（2.9%）与 2016 届、2015 届（均为 3.0%）基本持平；“正在读研/读本”的比例（10.8%）略高于 2016 届、2015 届（分别为 10.3%、10.1%）；“无工作，继续寻找工作”的比例（3.4%）略低于 2016 届、2015 届（分别为 4.0%、3.9%）。

（二）各类型院校毕业去向分布

院校类型：本报告分析中，本科院校类型划分为“双一流”院校和非“双一流”本科院校。其中“双一流”院校包含一流大学建设高校 42 所、一流学科建设高校 95 所，非“双一流”本科院校包含除“双一流”院校以外的其他本科院校。

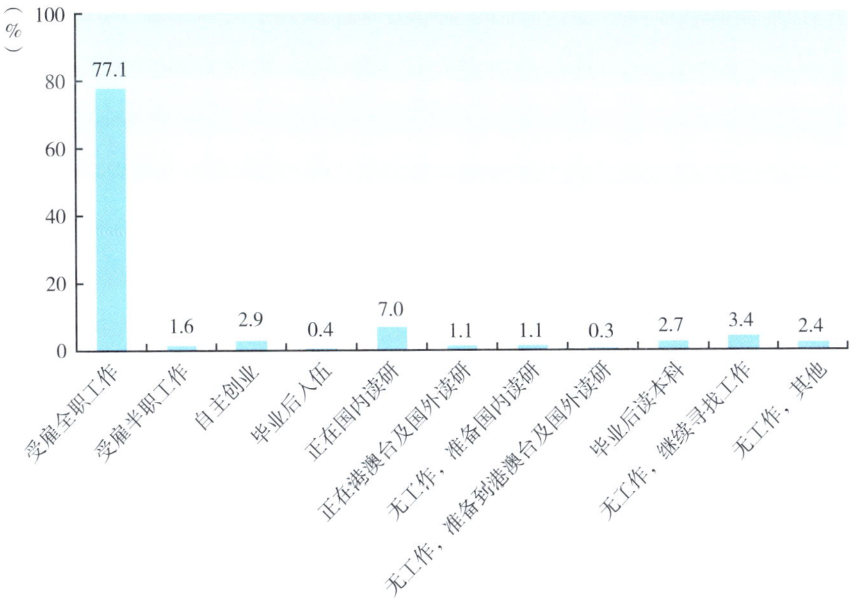

图 1-1-1　2017 届大学生毕业半年后的去向分布

数据来源：麦可思 - 中国 2017 届大学毕业生培养质量跟踪评价。

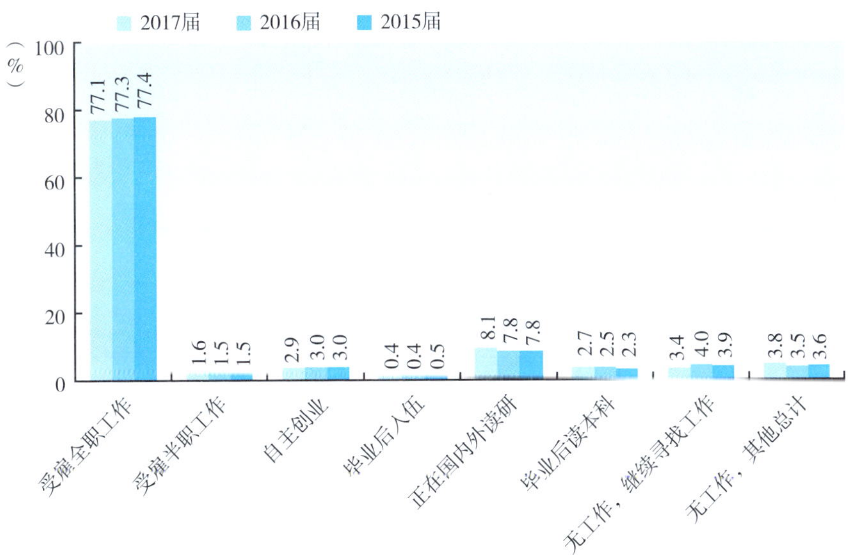

图 1-1-2　2015～2017 届大学生毕业半年后的去向分布变化

数据来源：麦可思 - 中国 2015～2017 届大学毕业生培养质量跟踪评价。

图 1－1－3 是 2015～2017 届本科院校毕业生半年后的去向分布变化。可以看出，2017 届本科生毕业半年后“受雇全职工作”的比例（73.2%）略低于 2016 届、2015 届（分别为 74.0%、74.2%）；“自主创业”的比例（1.9%）与 2016 届、2015 届（均为 2.1%）基本持平；“正在国内外读研”的比例（16.4%）略高于 2016 届、2015 届（分别为 15.5%、15.6%）。

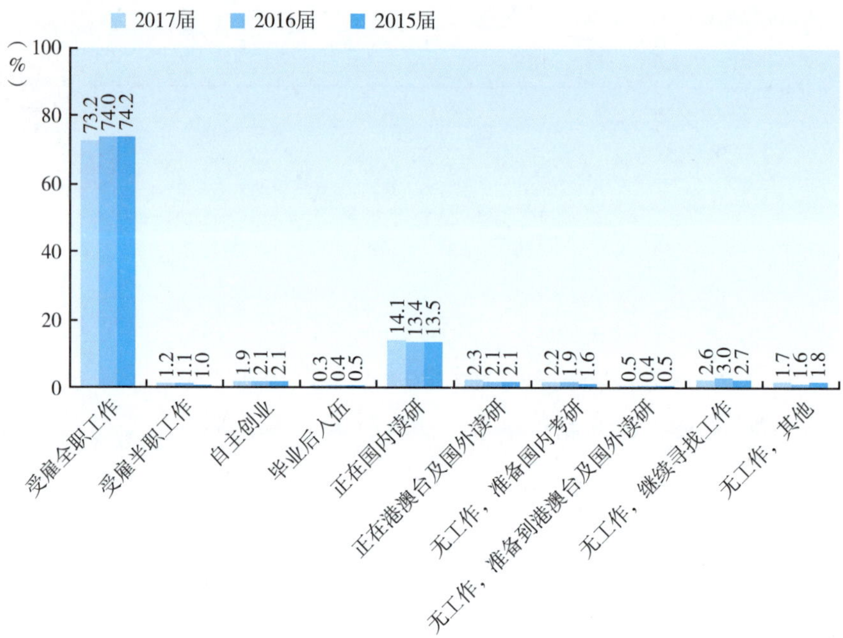

图 1－1－3　2015～2017 届本科院校学生毕业半年后的去向分布变化

数据来源：麦可思－中国 2015～2017 届大学毕业生培养质量跟踪评价。

图 1－1－4 是 2015～2017 届“双一流”院校毕业生半年后的去向分布变化。可以看出，2017 届“双一流”院校毕业生毕业半年后“受雇全职工作”的比例（59.1%）与 2016 届、2015 届（分别为 60.4%、60.8%）相比略有下降；“正在国内外读研”的比例（33.4%）与 2016 届、2015 届（分别为 32.1%、31.7%）相比有所提升，连续三届呈上升趋势。

图 1－1－5 是 2015～2017 届非“双一流”本科院校毕业生半年后的去向分布变化。可以看出，2017 届非“双一流”本科院校毕业生毕业半年后

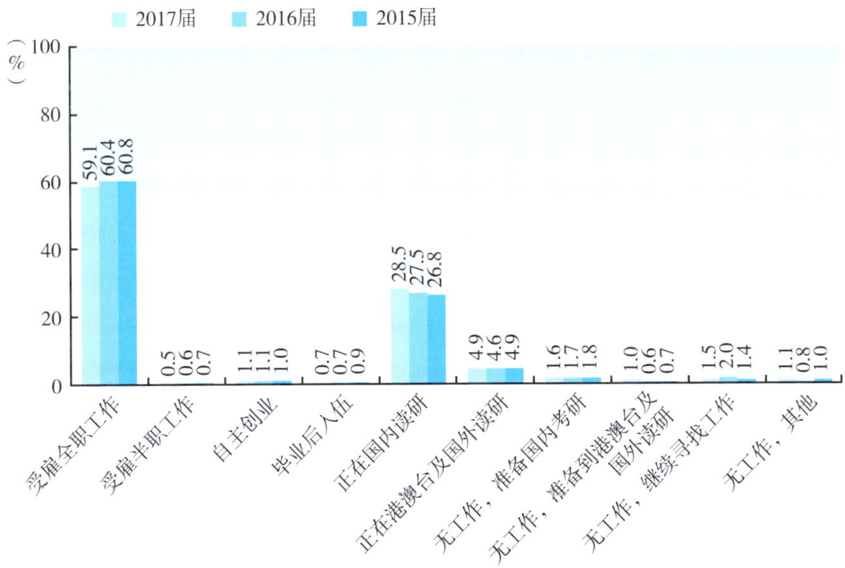

图1－1－4　2015～2017届“双一流”院校学生毕业半年后的去向分布变化

数据来源：麦可思－中国2015～2017届大学毕业生培养质量跟踪评价。

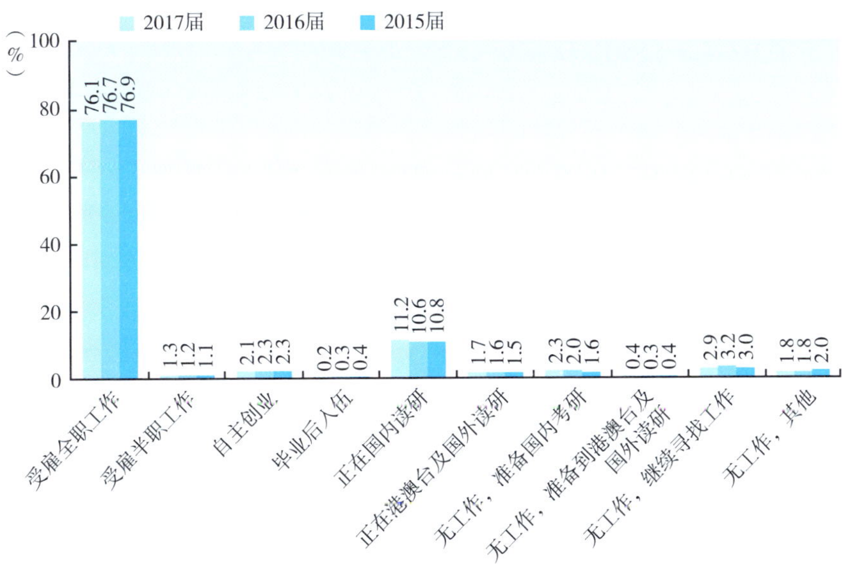

图1－1－5　2015～2017届非“双一流”本科院校学生毕业半年后的去向分布变化

数据来源：麦可思－中国2015～2017届大学毕业生培养质量跟踪评价。

“受雇全职工作”的比例（76.1%）与2016届、2015届（分别为76.7%、76.9%）基本持平；“自主创业”的比例（2.1%）与2016届、2015届（均为2.3%）基本持平；“正在国内外读研”的比例（12.9%）略高于2016届、2015届（分别为12.2%、12.3%）。

（三）就业地分布

就业地：指大学毕业生的就业所在地区。

经济区域：本研究把中国内地31个省、自治区和直辖市分为八个经济体系区域。

a. 东北区域经济体：包括黑龙江、吉林、辽宁；

b. 泛渤海湾区域经济体：包括北京、天津、山东、河北、内蒙古、山西；

c. 陕甘宁青区域经济体：包括陕西、甘肃、宁夏、青海；

d. 中原区域经济体：包括河南、湖北、湖南；

e. 泛长江三角洲区域经济体：包括上海、江苏、浙江、江西、安徽；

f. 泛珠江三角洲区域经济体：包括广东、广西、福建、海南；

g. 西南区域经济体：包括重庆、四川、贵州、云南；

h. 西部生态经济区：包括西藏、新疆。

图1-1-6是2017届本科毕业生就业地的分布。可以看出，2017届本科生毕业半年后就业区域主要集中在泛长江三角洲区域（包括上海、江苏、浙江、江西、安徽），占26.1%；泛珠江三角洲区域（包括广东、广西、福建、海南），占20.7%；泛渤海湾区域（包括北京、天津、山东、河北、内蒙古、山西），占20.1%。

（四）就业城市类型

城市类型：本研究按行政级别把中国内地城市分为以下三种类型。

a. 直辖市：包括北京、上海、天津、重庆。

b. 副省级城市：包括哈尔滨、长春、沈阳、大连、济南、青岛、南京、杭州、宁波、厦门、广州、深圳、武汉、成都、西安15个城市。部分省会

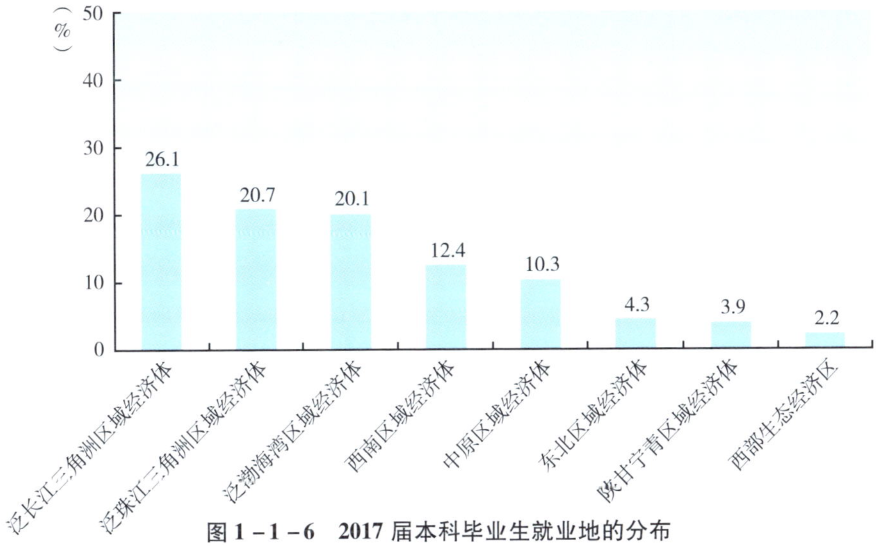

图 1－1－6　2017 届本科毕业生就业地的分布

数据来源：麦可思－中国 2017 届大学毕业生培养质量跟踪评价。

城市不属于副省级城市。

c. 地级城市及以下：如绵阳、保定、苏州等，也包括省会城市如福州、银川等以及地级市下属的县、乡等。

图 1－1－7 是 2017 届大学毕业生就业城市类型分布。可以看出，2017 届大学生毕业半年后有 15% 在直辖市就业，27% 在副省级城市就业，58%

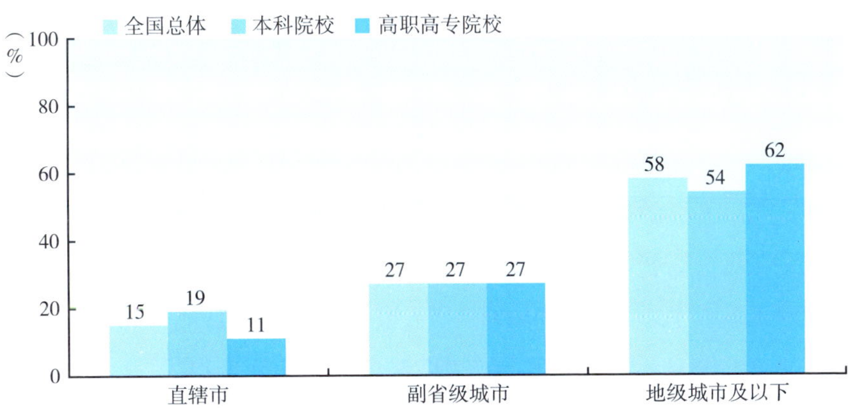

图 1－1－7　2017 届大学毕业生就业城市类型分布

数据来源：麦可思－中国 2017 届大学毕业生培养质量跟踪评价。

在地级城市及以下就业。其中本科毕业生在直辖市就业的比例比高职高专毕业生高8个百分点（分别为19%和11%）。

图1-1-8是2015~2017届大学毕业生就业城市类型分布变化。可以看出，大学毕业生连续三届就业的城市类型分布比较稳定。

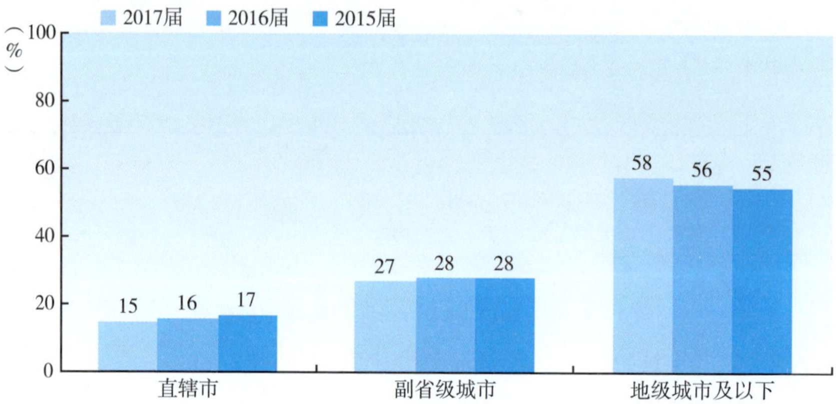

图1-1-8 2015~2017届大学毕业生就业城市类型分布变化

数据来源：麦可思-中国2015~2017届大学毕业生培养质量跟踪评价。

二 就业数量

（一）总体就业率

就业率：本科毕业生的就业率=已就业本科毕业生数/需就业的总本科毕业生数；需要注意的是，按劳动经济学的就业率定义，已就业人数不包括国内外读研人数，需就业的总毕业生数也不包括国内外读研的人数；政府教育机构统计的就业率通常包括国内外读研人数，也就是本报告中的非失业率。

高职高专毕业生的就业率=已就业高职高专毕业生数/需就业的总高职高专毕业生数；其中，已就业人数不包括读本科人数，需就业的总毕业生数也不包括读本科人数。

非失业率：非失业率是以全体大学毕业生为计算基数，把就业和正在国内外读研的人群都算为非失业，主要可以用来评估“双一流”院校的毕业生状况。就业率的计算对“双一流”院校不科学，因为计算就业率时分子分母同时剔除读研人数，造成读研的毕业生越多，就业率就越低。所以非失业率才是评估“双一流”院校的科学指标。非失业率 = （已就业毕业生数 + 正在读研与留学毕业生数）/毕业生总数。

图 1－1－9 是 2015～2017 届大学生毕业半年后的就业率变化趋势。可以看出，2017 届大学生毕业半年后的就业率（91.9%）与 2016 届、2015 届（分别为 91.6%、91.7%）基本持平。其中，本科院校 2017 届毕业生半年后的就业率为 91.6%，与 2016 届（91.8%）基本持平，比 2015 届（92.2%）略低；高职高专院校 2017 届毕业生半年后的就业率为 92.1%，比 2016 届、2015 届（分别为 91.5%、91.2%）略高。从近三届的趋势可以看出，大学毕业生半年后就业率呈现稳定态势。

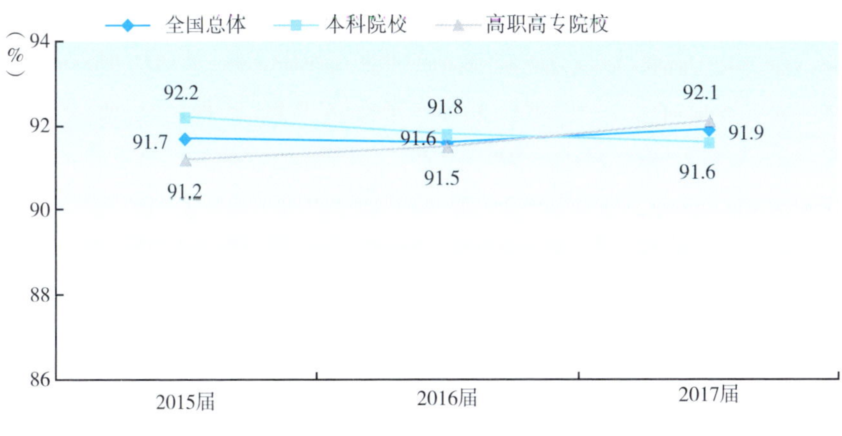

图 1－1－9　2015～2017 届大学生毕业半年后的就业率变化趋势

数据来源：麦可思－中国 2015～2017 届大学毕业生培养质量跟踪评价。

图 1－1－10 是 2015～2017 届本科毕业生半年后的就业率/非失业率变化趋势。可以看出，“双一流”院校 2017 届毕业生半年后的非失业率为 94.8%，与 2016 届、2015 届（分别为 94.9%、95.1%）基本持平；非“双

一流”本科院校 2017 届毕业生半年后的就业率为 91.5%，与 2016 届（91.7%）基本持平，比 2015 届（92.0%）略低。

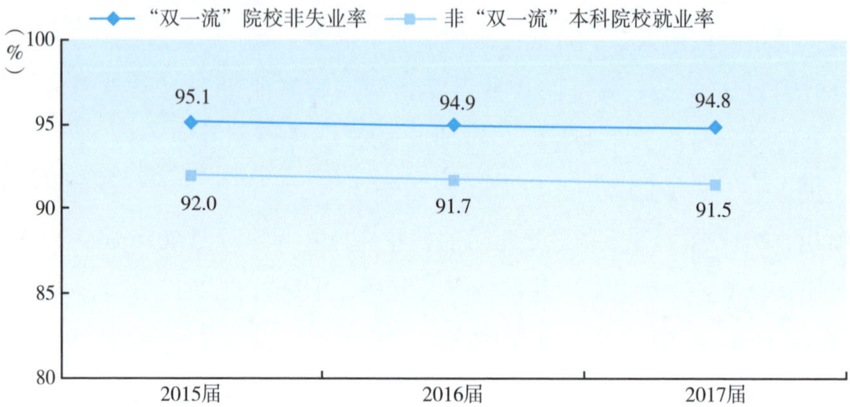

图 1-1-10　2015～2017 届本科生毕业半年后的就业率/非失业率变化趋势

数据来源：麦可思-中国 2015～2017 届大学毕业生培养质量跟踪评价。

表 1-1-1 是 2015～2017 届各经济区域本科毕业生半年后的就业率变化趋势。可以看出，2017 届泛长江三角洲区域经济体本科院校毕业生半年后的就业率最高（94.4%），东北区域经济体最低（88.5%）。

表 1-1-1　2015～2017 届各经济区域本科生毕业半年后的就业率变化趋势*

单位：%

经济区域	本科院校毕业生毕业半年后的就业率		
	2017 届	2016 届	2015 届
泛长江三角洲区域经济体	94.4	94.3	94.1
泛珠江三角洲区域经济体	93.4	93.5	93.7
中原区域经济体	92.1	92.0	91.8
西南区域经济体	91.2	91.4	92.0
泛渤海湾区域经济体	90.3	90.8	91.4
陕甘宁青区域经济体	90.1	90.3	90.7
东北区域经济体	88.5	89.2	89.8
全国本科	**91.6**	**91.8**	**92.2**

*西部生态经济区因为样本较少，没有包括在内。

数据来源：麦可思-中国 2015～2017 届大学毕业生培养质量跟踪评价。

（二）专业分析

学科门类： 按照教育部的专业目录以及学校新增的专业，本次跟踪评价覆盖了本科院校所开设的学科门类 12 个。

专业类： 按照教育部的专业目录以及学校新增的专业，本次跟踪评价覆盖了本科院校所开设的专业类 91 个。

专业： 按照教育部的专业目录以及学校新增的专业，本次跟踪评价覆盖了本科院校所开设的专业 365 个。

表 1－1－2 是 2015～2017 届本科各学科门类毕业生毕业半年后的就业率变化趋势。可以看出，2017 届本科生毕业半年后就业率最高的学科门类是工学（93.5%），其次是管理学（93.2%），最低的是法学（85.3%）。从三届的就业率变化趋势可以看出，本科学科门类中的管理学、经济学、艺术学毕业生毕业半年后就业率持续下降。

表 1－1－2　2015～2017 届本科各学科门类学生毕业半年后的就业率变化趋势＊

单位：%

本科学科门类名称	2017 届	2016 届	2015 届
工　学	93.5	93.5	93.6
管理学	93.2	93.6	94.0
经济学	91.5	91.7	92.3
医　学	91.3	90.8	91.5
教育学	91.0	91.2	90.5
农　学	90.9	91.0	91.0
理　学	90.5	90.9	90.7
文　学	90.2	90.1	90.4
艺术学	88.1	88.8	89.9
历史学	86.3	86.1	86.4
法　学	85.3	84.9	86.9
全国本科	**91.6**	**91.8**	**92.2**

＊个别学科门类因为样本较少，没有包括在内。

数据来源：麦可思－中国 2015～2017 届大学毕业生培养质量跟踪评价。

表 1－1－3 是 2015～2017 届本科主要专业类学生毕业半年后的就业率变化趋势。可以看出，2017 届本科生毕业半年后就业率最高的专业类是电气类（95.6%），最低的是法学类（85.3%）。

表 1－1－3　2015～2017 届本科主要专业类学生毕业半年后的就业率变化趋势＊

单位：%

本科专业类名称	2017 届	2016 届	2015 届
电气类	95.6	95.5	96.4
能源动力类	95.4	95.2	94.9
物流管理与工程类	95.2	95.3	96.6
计算机类	95.2	94.6	94.9
护理学类	95.1	95.4	95.5
电子商务类	94.7	94.6	94.7
管理科学与工程类	94.7	94.9	94.7
交通运输类	94.0	93.9	93.7
医学技术类	94.0	94.0	93.7
地理科学类	93.9	93.1	94.0
机械类	93.8	93.6	92.4
测绘类	93.8	93.9	92.9
自动化类	93.6	93.4	94.2
工业工程类	93.3	93.6	92.8
安全科学与工程类	93.1	94.3	93.8
新闻传播学类	93.0	93.5	91.6
电子信息类	92.9	92.7	92.4
土木类	92.8	93.0	92.9
工商管理类	92.7	93.1	94.1
旅游管理类	92.7	92.8	93.7
药学类	92.5	91.4	92.0
环境科学与工程类	92.5	92.0	92.3
数学类	92.5	92.2	92.0
轻工类	92.4	92.2	92.0
教育学类	92.2	91.4	92.5
设计学类	92.2	92.5	92.7
化工与制药类	91.9	91.6	91.8
统计学类	91.8	92.2	91.9

续表

本科专业类名称	2017 届	2016 届	2015 届
财政学类	91.7	92.0	92.5
公共管理类	91.6	91.7	91.0
金融学类	91.5	90.7	89.4
经济与贸易类	91.2	91.1	90.1
食品科学与工程类	91.2	91.8	93.0
经济学类	90.9	91.1	91.7
仪器类	90.9	90.8	91.0
化学类	90.8	91.3	90.4
纺织类	90.6	90.7	90.8
建筑类	90.5	90.2	91.1
材料类	90.3	90.2	91.3
外国语言文学类	90.2	90.8	92.0
体育学类	90.1	91.4	89.2
生物工程类	90.1	88.9	88.7
中国语言文学类	89.7	89.6	90.2
社会学类	89.5	89.0	91.5
戏剧与影视学类	89.1	89.5	90.1
矿业类	89.1	89.8	91.6
临床医学类	88.8	89.3	90.1
心理学类	88.5	87.7	88.2
生物科学类	88.2	88.1	88.6
音乐与舞蹈学类	88.1	89.2	89.4
马克思主义理论类	87.6	87.1	88.5
物理学类	87.5	88.2	86.8
历史学类	86.3	86.1	89.9
地质类	86.0	86.4	87.4
美术学类	85.6	85.9	87.3
法学类	85.3	86.1	88.1
全国本科	**91.6**	**91.8**	**92.2**

*个别专业类因为样本较少，没有包括在内。

数据来源：麦可思－中国 2015～2017 届大学毕业生培养质量跟踪评价。

表1－1－4　2017届本科生毕业半年后就业量最大的前50位专业的就业率变化趋势

单位：%

本科就业量最大的前50位专业名称	2017届	2016届	2015届
软件工程	96.7	96.5	96.2
电气工程及其自动化	95.6	95.5	96.4
物流管理	95.4	95.3	96.6
信息管理与信息系统	95.4	95.4	95.4
护理学	95.1	95.4	95.5
工程管理	95.1	95.9	95.1
电子商务	94.7	94.6	94.7
机械电子工程	94.4	95.3	94.5
财务管理	94.2	93.5	95.3
市场营销	94.1	94.6	95.4
通信工程	94.1	93.8	93.0
小学教育	94.0	93.0	95.1
计算机科学与技术	93.9	93.9	94.5
自动化	93.5	93.4	94.2
人力资源管理	93.5	93.9	95.6
广告学	93.5	93.7	93.3
网络工程	93.5	93.3	93.9
电子信息工程	93.1	92.6	91.7
旅游管理	93.0	92.8	93.7
土木工程	92.8	92.7	92.6
信息与计算科学	92.7	92.9	93.2
机械设计制造及其自动化	92.6	92.9	92.3
材料成型及控制工程	92.5	92.5	91.9
工商管理	92.3	92.6	92.8
学前教育	92.1	92.6	92.5
应用化学	91.9	91.8	92.3
数学与应用数学	91.8	91.4	91.6
商务英语	91.8	91.7	90.9

续表

本科就业量最大的前50位专业名称	2017届	2016届	2015届
会计学	91.7	91.8	92.5
公共事业管理	91.6	91.6	92.0
汉语言文学	91.6	91.1	91.7
金融学	91.5	90.7	89.4
英语	91.5	90.9	91.5
化学工程与工艺	91.4	91.1	91.2
国际经济与贸易	91.2	91.1	90.1
日语	91.0	91.4	94.3
音乐学	90.6	90.4	91.8
动画	90.6	90.8	89.1
经济学	90.5	90.0	89.8
体育教育	90.2	92.5	91.0
新闻学	90.1	90.8	91.1
播音与主持艺术	89.7	89.7	92.5
美术学	89.7	89.3	90.3
化学	89.1	89.6	87.9
生物科学	88.8	88.1	88.8
临床医学	88.4	88.6	89.4
广播电视编导	87.7	88.6	90.2
思想政治教育	87.6	88.3	89.2
音乐表演	85.6	85.5	84.5
法学	85.3	85.8	87.9
全国本科	**91.6**	**91.8**	**92.2**

数据来源：麦可思－中国2015～2017届大学毕业生培养质量跟踪评价。

表1－1－5是2017届本科生毕业半年后就业率排前50位的主要专业。可以看出，2017届本科生毕业半年后就业率排前三位的专业是软件工程（96.7%）、能源与动力工程（95.8%）、电气工程及其自动化（95.6%）。

表1-1-5 2017届本科生毕业半年后就业率排前50位的主要专业*

单位：%

本科就业率排前50位的专业名称	就业率	本科就业率排前50位的专业名称	就业率
软件工程	96.7	测绘工程	93.8
能源与动力工程	95.8	车辆工程	93.8
电气工程及其自动化	95.6	汽车服务工程	93.7
物流管理	95.4	交通工程	93.7
信息管理与信息系统	95.4	制药工程	93.7
护理学	95.1	物联网工程	93.6
工程管理	95.1	医学检验技术	93.6
预防医学	95.1	自动化	93.5
园林	94.9	人力资源管理	93.5
数字媒体技术	94.9	广告学	93.5
数字媒体艺术	94.8	网络工程	93.5
电子商务	94.7	地理信息科学	93.4
地理科学	94.7	食品科学与工程	93.4
交通运输	94.5	电子科学与技术	93.4
机械电子工程	94.4	国际商务	93.3
康复治疗学	94.3	工业工程	93.3
财务管理	94.2	安全工程	93.1
市场营销	94.1	电子信息工程	93.1
人文地理与城乡规划	94.1	旅游管理	93.0
通信工程	94.1	药学	92.9
小学教育	94.0	俄语	92.9
给排水科学与工程	93.9	信息工程	92.9
物流工程	93.9	环境科学	92.9
计算机科学与技术	93.9	土木工程	92.8
信息安全	93.9	过程装备与控制工程	92.8
全国本科	**91.6**	**全国本科**	**91.6**

*毕业生规模过小的专业不包括在此排序中。

数据来源：麦可思-中国2017届大学毕业生培养质量跟踪评价。

（三）职业分析

职业：根据麦可思中国职业分类体系，本次跟踪评价覆盖了本科毕业生能够从事的622个职业。

本节各表中的“就业比例”=在某类职业中就业的毕业生人数/全国同届次毕业生就业总数。

表1-1-6是2015~2017届本科毕业生从事的主要职业类排名。可以看出，2017届本科生毕业半年后从事最多的职业类是“中小学教育”，就业比例为9.5%，其后是“财务/审计/税务/统计”（8.2%）、“行政/后勤”（7.4%）、“金融（银行/基金/证券/期货/理财）”（7.0%）。与2015届相比，2017届本科毕业生就业比例增加较多的职业类为“媒体/出版”（增加了1.4个百分点）、“医疗保健/紧急救助”（增加了1个百分点）；就业比例降低最多的职业类为“销售”，降低了1.4个百分点。

从三届的就业趋势中可以看出，在就业比例排名前十位的职业类中，本科毕业生从事“金融（银行/基金/证券/期货/理财）”、“媒体/出版”职业类的比例逐届增加，从事“建筑工程”职业类的比例逐届降低。

表1-1-6 2015~2017届本科毕业生从事的主要职业类排名*

单位：%

本科毕业生从事的职业类名称	就业比例			
	2017届	2016届	2015届	2017-2015届**
中小学教育	9.5	8.7	8.7	0.8
财务/审计/税务/统计	8.2	8.9	8.4	-0.2
行政/后勤	7.4	7.6	7.3	0.1
金融(银行/基金/证券/期货/理财)	7.0	6.8	6.1	0.9
计算机与数据处理	5.8	6.4	5.1	0.7
互联网开发及应用	5.7	5.0	5.2	0.5
医疗保健/紧急救助	5.7	4.2	4.7	1.0
建筑工程	5.3	5.5	6.0	-0.7
销售	5.3	6.7	6.7	-1.4
媒体/出版	4.2	3.3	2.8	1.4

续表

本科毕业生从事的职业类名称	就业比例			
	2017 届	2016 届	2015 届	2017 -2015 届 **
电气/电子(不包括计算机)	3.6	3.4	3.8	-0.2
美术/设计/创意	2.5	2.5	2.6	-0.1
机械/仪器仪表	2.4	2.4	2.8	-0.4
人力资源	2.3	2.2	2.5	-0.2
生产/运营	1.9	2.0	2.1	-0.2
高等教育/职业培训	1.5	1.7	2.3	-0.8
幼儿与学前教育	1.4	1.4	0.9	0.5
生物/化工	1.3	1.2	1.3	0.0
保险	1.2	1.4	1.2	0.0
电力/能源	1.2	1.9	1.5	-0.3
机动车机械/电子	1.2	1.2	1.3	-0.1
表演艺术/影视	1.2	1.0	1.1	0.1
交通运输/邮电	1.1	1.4	1.0	0.1
房地产经营	1.0	1.1	1.0	0.0
公安/检察/法院/经济执法	1.0	1.1	1.5	-0.5
经营管理	1.0	1.0	0.9	0.1
酒店/旅游/会展	1.0	0.9	0.8	0.2
物流/采购	0.9	1.1	1.1	-0.2
工业安全与质量	0.8	0.8	0.9	-0.1
餐饮/娱乐	0.8	0.8	0.9	-0.1
文化/体育	0.8	0.6	0.4	0.4
研究人员	0.6	0.5	0.6	0.0
社区工作者	0.6	0.6	0.7	-0.1
环境保护	0.6	0.6	0.8	-0.2
测绘	0.6	0.5	0.7	-0.1
翻译	0.6	0.6	0.8	-0.2
律师/律政调查员	0.6	0.5	0.7	-0.1
航空机械/电子	0.4	0.6	0.2	0.2
公共关系	0.4	0.4	0.6	-0.2
农/林/牧/渔类	0.4	0.5	0.6	-0.2
矿山/石油	0.3	0.3	0.4	-0.1
美容/健身	0.3	0.2	0.2	0.1
服装/纺织/皮革	0.3	0.3	0.5	-0.2
冶金材料	0.1	0.2	0.2	-0.1
船舶机械	0.1	0.1	0.2	-0.1
家用/办公电器维修	0.1	0.1	0.1	0.0

* 表中显示数字均保留一位小数，因为四舍五入进位，加起来可能不等于 100%。

** “2017 ~2015 届” 表示以 2017 届的就业比例减去 2015 届的就业比例。下同。

数据来源：麦可思 - 中国 2015 ~2017 届大学毕业生培养质量跟踪评价。

表 1-1-7 2017 届本科毕业生就业量最大的前 50 位职业

单位：%

本科毕业生就业量最大的前 50 位职业名称	就业比例
文员	4.3
会计	4.3
小学教师	3.8
银行柜员	2.8
初中教师	2.7
计算机程序员	2.6
互联网开发师	2.2
电子商务专员	2.1
行政秘书和行政助理	2.0
出纳员	1.9
平面设计	1.6
高中教师	1.6
护士	1.5
建筑技术员	1.2
审计员	1.1
其他销售代表、服务商	1.0
室内设计师	0.9
预算师	0.9
电子工程师	0.9
房地产经纪人	0.8
其他教师和讲员	0.8
幼儿教师	0.8
人力资源助理	0.8
计算机软件应用工程师	0.8
编辑	0.8
税务专员	0.7
化学技术员	0.6
电气工程师	0.6
土木建筑工程技术员	0.6
翻译员	0.6
销售经理	0.6
机械工程师	0.6
招聘专职人员	0.5

续表

本科毕业生就业量最大的前50位职业名称	就业比例
市场专员	0.5
其他种类的人力资源、培训和劳资关系专职人员	0.5
计算机系统软件工程师	0.5
其他工程技术员(除绘图员)	0.5
客服专员	0.5
采购员	0.5
医学及临床实验的技术员	0.5
电厂操作员	0.5
土木工程师	0.5
施工工程师	0.5
内科医师	0.5
其他从事教育、培训和图书馆工作的人员	0.5
法律职员	0.4
金融服务销售商	0.4
测绘员	0.4
其他工程师	0.4
个人理财顾问	0.4

数据来源：麦可思－中国2017届大学毕业生培养质量跟踪评价。

（四）行业分析

行业：根据麦可思中国行业分类体系，本次跟踪评价覆盖了本科毕业生就业的327个行业。

本节各图表中的“就业比例”＝在某类行业中就业的毕业生人数/全国同届次毕业生就业总数。

表1－1－8是2015～2017届本科毕业生就业的主要行业类排名。可以看出，2017届本科生毕业半年后就业最多的行业类是“教育业”（14.7%），其次是“媒体、信息及通信产业”（10.3%）。与2015届相比，2017届本科毕业生就业比例增加最多的行业类为“教育业”（增加了1.1个百分点）；就业比例降低最多的行业类是“金融（银行/保险/证券）业”，

降低了0.6个百分点。

从三届的就业趋势可以看出，在就业比例排名前十位的行业类中，本科毕业生在“教育业”、“政府及公共管理”行业类就业的比例逐届增加。

表1-1-8 2015~2017届本科毕业生就业的主要行业类排名*

单位：%

本科毕业生就业的行业类名称	就业比例			
	2017届	2016届	2015届	2017-2015届
教育业	14.7	13.7	13.6	1.1
媒体、信息及通信产业	10.3	10.3	10.5	-0.2
金融(银行/保险/证券)业	9.0	10.0	9.6	-0.6
建筑业	8.4	8.6	8.2	0.2
医疗和社会护理服务业	6.3	5.1	5.7	0.6
政府及公共管理	5.9	5.6	5.3	0.6
电子电气仪器设备及电脑制造业	5.9	5.8	6.2	-0.3
各类专业设计与咨询服务业	5.4	5.3	5.5	-0.1
零售商业	4.1	4.1	3.8	0.3
化学品、化工、塑胶业	2.8	2.7	2.7	0.1
机械五金制造业	2.7	2.9	3.0	-0.3
房地产开发销售租赁及其他租赁业	2.5	2.4	2.4	0.1
交通工具制造业	2.4	2.6	2.6	-0.2
艺术、娱乐和休闲业	2.1	1.9	1.5	0.6
行政、商业和环境保护辅助业	2.0	2.0	2.5	-0.5
运输业	2.0	2.3	1.5	0.5
家具、医疗设备及其他制成品业	2.0	1.9	2.0	0.0
其他服务业(除行政服务)	1.8	1.6	1.8	0.0
水电煤气公用事业	1.8	2.6	2.3	-0.5
住宿和饮食业	1.4	1.4	1.4	0.0
纺织皮革及成品加工业	1.1	1.0	1.2	-0.1
食品、烟草、加工业	1.1	1.4	1.4	-0.3
批发商业	0.9	1.0	1.0	-0.1
邮递、物流及仓储业	0.9	1.1	1.1	-0.2

续表

本科毕业生就业的行业类名称	就业比例			
	2017 届	2016 届	2015 届	2017 - 2015 届
农业、林业、渔业和畜牧业	0.7	0.8	1.0	-0.3
初级金属制造业	0.5	0.6	0.6	-0.1
矿业	0.5	0.4	0.7	-0.2
玻璃黏土、石灰水泥制品业	0.4	0.3	0.3	0.1
木品和纸品业	0.3	0.2	0.3	0.0
宗教协会群众组织	0.2	0.2	0.2	0.0

*表中显示数字均保留一位小数，因为四舍五入进位，加起来可能不等于100%。

数据来源：麦可思－中国2015～2017届大学毕业生培养质量跟踪评价。

表1－1－9　2017届本科毕业生就业量最大的前50位行业

单位：%

本科毕业生就业量最大的前50位行业名称	就业比例	本科毕业生就业量最大的前50位行业名称	就业比例
中小学教育机构	8.8	房地产开发业	1.2
其他金融投资业	3.0	汽车制造业	1.2
软件开发业	2.8	其他娱乐和休闲产业	1.1
全科住院医院(包括门诊)	2.8	保险机构	1.0
互联网运营与网络搜索引擎业	2.8	通信设备制造业	1.0
高速公路、街道及桥梁建筑业	2.1	非住宅建筑施工业	1.0
储蓄信用中介	2.0	建筑装修业	1.0
教育辅助服务业	1.7	计算机系统设计服务业	1.0
其他各级党政机关	1.6	电气设备制造业	1.0
住宅建筑施工业	1.5	其他公共管理服务组织	0.9
发电、输电业	1.5	中国人民银行、保监会和证监会	0.9
其他学院和培训机构	1.4	其他信息服务业	0.9
其他个人服务业	1.3	药品和医药制造业	0.9
公共卫生服务机构(含疾控中心等)	1.3	广告及相关服务业	0.8
半导体和其他电子元件制造业	1.3	航空运输服务业	0.8
幼儿园与学前教育机构	1.3	司法、执法部门(公检法)	0.8
建筑基础、结构、楼房外观承建业	1.3	专科住院医院(包括门诊)	0.8
会计、审计与税务服务业	1.2	保险代理、经销、其他保险相关业	0.7

续表

本科毕业生就业量最大的前50位行业名称	就业比例	本科毕业生就业量最大的前50位行业名称	就业比例
计算机及外围设备制造业	0.7	汽车零件制造业	0.7
百货零售业	0.7	其他医疗健康服务业	0.6
医疗设备及用品制造业	0.7	中等职业教育机构	0.6
物流仓储业	0.7	电影与影视产业	0.6
各级党政领导机构及人大、政协	0.7	其他化工产品制造业	0.6
建筑、工程及相关咨询服务业	0.7	其他制造业	0.6
其他电气设备及元器件生产业	0.7	综合性餐饮业	0.5

数据来源：麦可思－中国2017届大学毕业生培养质量跟踪评价。

（五）用人单位分析

图1－1－11是2017届大学毕业生就业的用人单位类型分布。可以看出，"民营企业/个体"（60%）是2017届大学毕业生就业最多的用人单位类型，本科院校中有53%的毕业生就业于"民营企业/个体"，高职高专院校中有67%的毕业生就业于"民营企业/个体"。

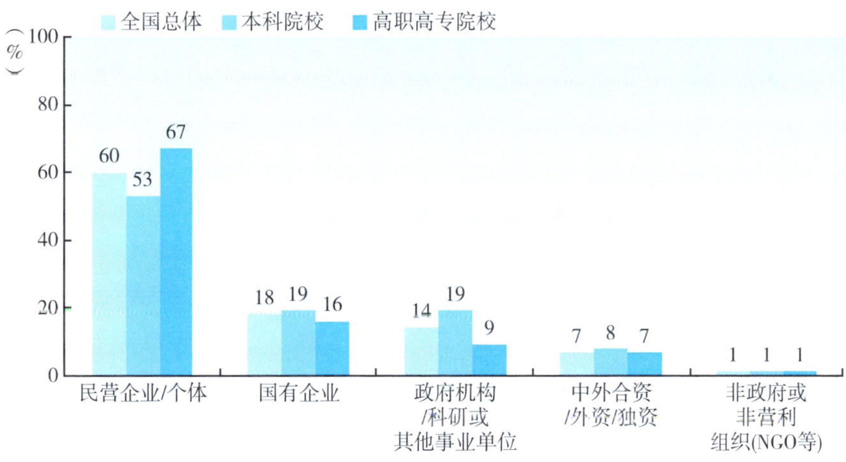

图1－1－11　2017届大学毕业生就业的用人单位类型分布

数据来源：麦可思－中国2017届大学毕业生培养质量跟踪评价。

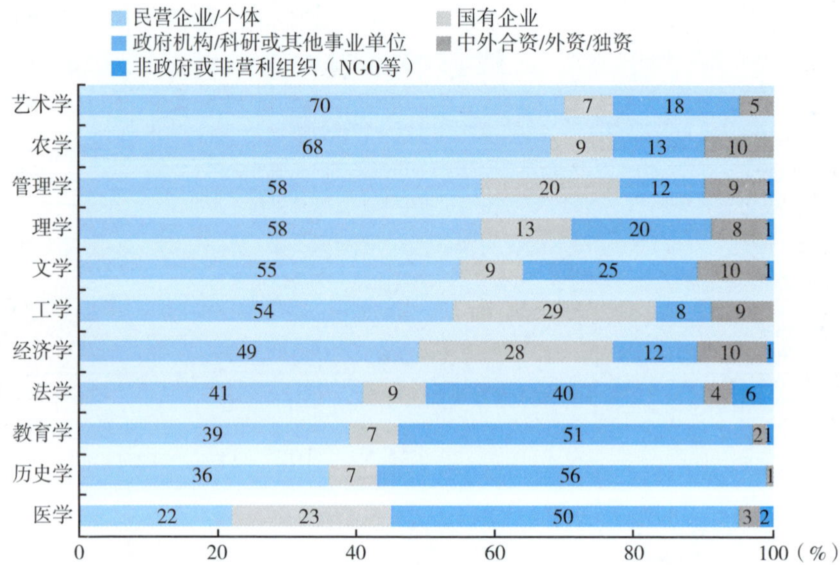

图 1-1-12　2017 届本科各学科门类的用人单位类型分布＊

＊个别学科门类因为样本较少，没有包括在内。

数据来源：麦可思-中国 2017 届大学毕业生培养质量跟踪评价。

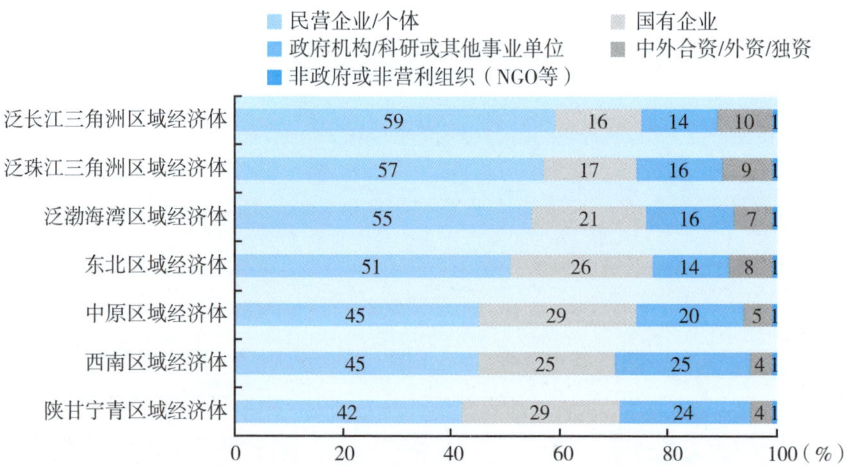

图 1-1-13　2017 届本科毕业生在各经济区域的用人单位类型分布＊

＊西部生态经济区因为样本较少，没有包括在内。

数据来源：麦可思-中国 2017 届大学毕业生培养质量跟踪评价。

图 1－1－14 是 2017 届大学毕业生就业的用人单位规模分布。可以看出，2017 届大学毕业生就业比例最高的用人单位规模是 300 人及以下规模的中小型用人单位（55%），其中本科毕业生这一比例为 51%，高职高专毕业生为 60%。

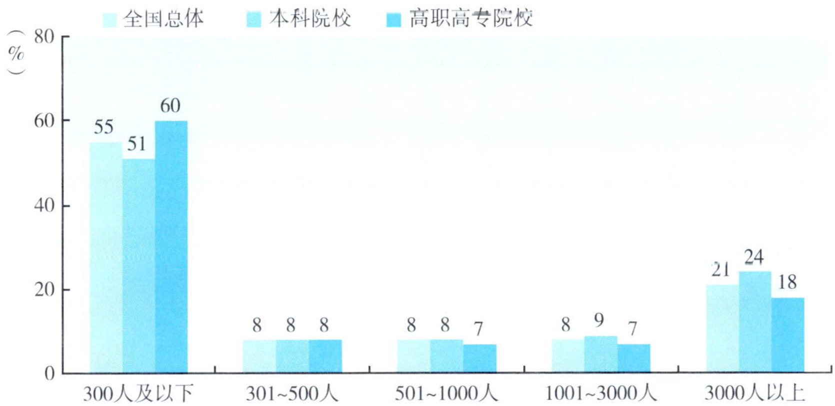

图 1－1－14　2017 届大学毕业生就业的用人单位规模分布

数据来源：麦可思－中国 2017 届大学毕业生培养质量跟踪评价。

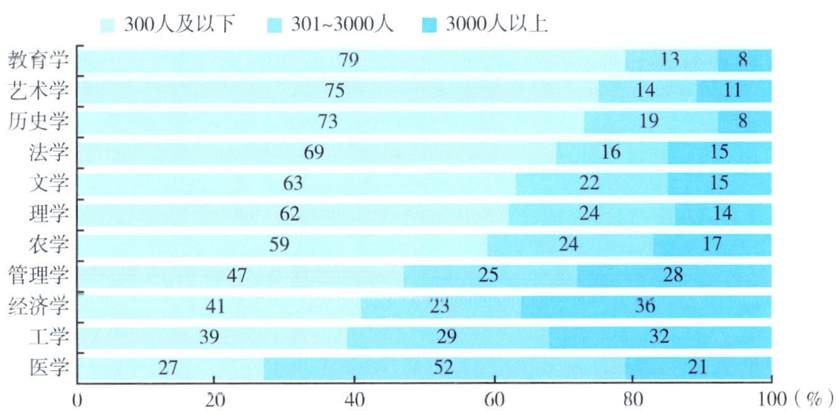

图 1－1－15　2017 届本科各学科门类的用人单位规模分布＊

＊个别学科门类因为样本较少，没有包括在内。

数据来源：麦可思－中国 2017 届大学毕业生培养质量跟踪评价。

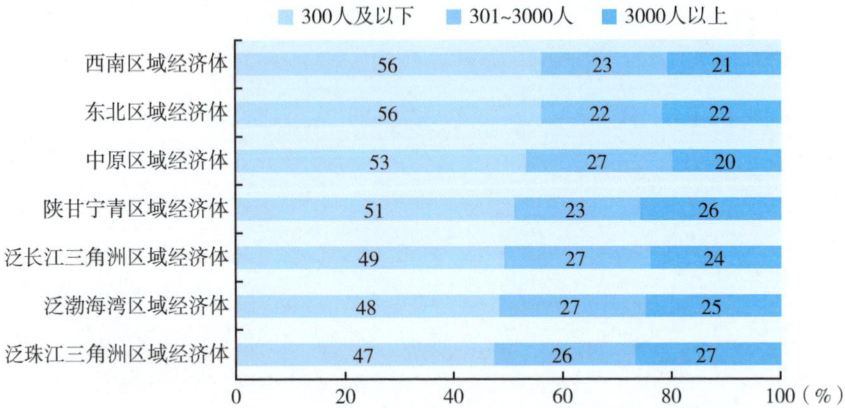

图 1－1－16　2017 届本科生在各经济区域的用人单位规模分布*

＊西部生态经济区因为样本较少，没有包括在内。

数据来源：麦可思－中国 2017 届大学毕业生培养质量跟踪评价。

三　就业质量

（一）就业满意度

1. 总体就业满意度

就业满意度：由就业的毕业生对自己目前的就业现状进行主观判断，选项有“很满意”、“满意”、“不满意”、“很不满意”、“无法评估”共五项。其中，选择“满意”或“很满意”的人属于对就业现状满意，选择“不满意”或“很不满意”的人属于对就业现状不满意。

图 1－1－17 是 2016 届、2017 届大学生毕业半年后的就业满意度。可以看出，2017 届大学毕业生的就业满意度为 67%，比 2016 届（65%）高 2 个百分点。其中，本科院校 2017 届毕业生的就业满意度为 68%，比 2016 届（66%）高 2 个百分点；高职高专院校 2017 届毕业生的就业满意度为 65%，比 2016 届（63%）高 2 个百分点。

在本科院校中，“双一流”院校 2017 届毕业生的就业满意度为 69%，非“双一流”本科院校 2017 届毕业生的就业满意度为 68%。

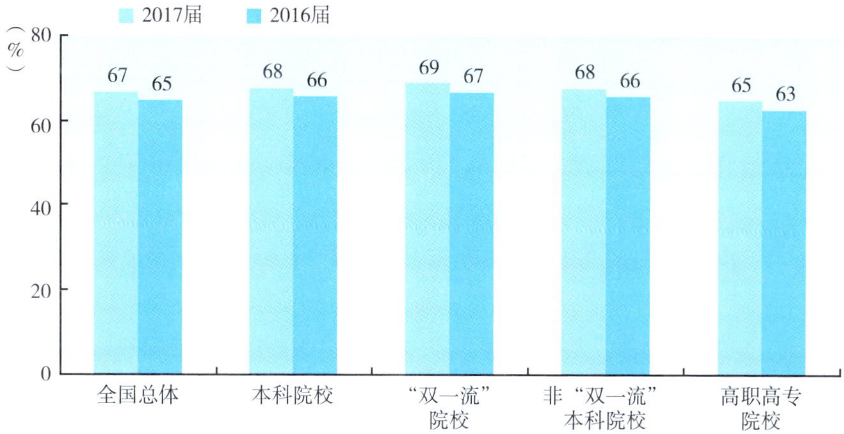

图 1－1－17　2016 届、2017 届大学生毕业半年后的就业满意度

数据来源：麦可思－中国 2016 届、2017 届大学毕业生培养质量跟踪评价。

2. 对就业现状不满意的原因

图 1－1－18 是 2016 届、2017 届本科毕业生对就业现状不满意的原因。可以看出，2017 届本科毕业生对就业现状不满意的主要原因是“收入低”（64%）、“发展空间不够”（54%）。

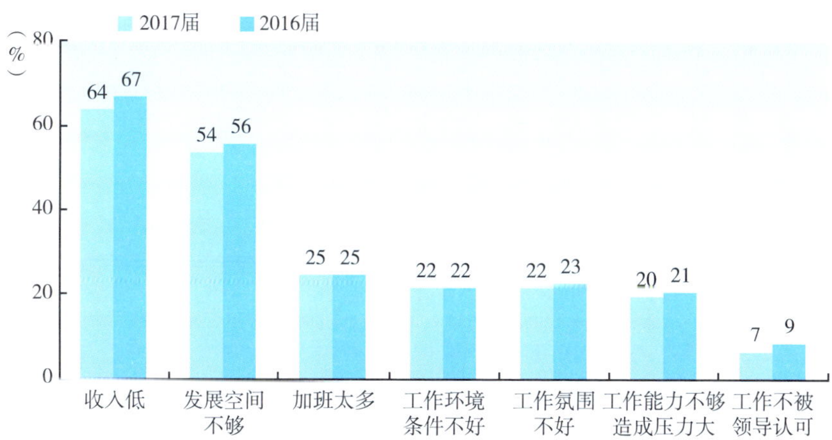

图 1－1－18　2016 届、2017 届本科毕业生对就业现状不满意的原因（多选）

数据来源：麦可思－中国 2016 届、2017 届大学毕业生培养质量跟踪评价。

3. 主要专业的就业满意度

表 1－1－10 是 2016 届、2017 届本科各学科门类毕业生毕业半年后的就业满意度。可以看出，在 2017 届本科学科门类中，毕业生毕业半年后就业满意度最高的是教育学（71%），就业满意度最低的是历史学（64%）。

表 1－1－10　2016 届、2017 届本科各学科门类毕业生毕业半年后的就业满意度*

单位：%

本科学科门类名称	2017 届	2016 届	本科学科门类名称	2017 届	2016 届
教育学	71	70	理　学	68	66
医　学	70	68	工　学	67	65
文　学	70	66	管理学	67	66
艺术学	70	67	农　学	65	64
法　学	69	67	历史学	64	63
经济学	68	66	**全国本科**	**68**	**66**

* 个别学科门类因为样本较少，没有包括在内。

数据来源：麦可思－中国 2016 届、2017 届大学毕业生培养质量跟踪评价。

表 1－1－11　2017 届本科生毕业半年后就业满意度排前 30 位的主要专业*

单位：%

本科专业名称	就业满意度	本科专业名称	就业满意度
信息安全	80	学前教育	72
软件工程	75	教育学	72
计算机科学与技术	74	材料物理	72
音乐学	74	通信工程	72
体育教育	74	物理学	72
医学影像学	74	舞蹈学	71
小学教育	73	编辑出版学	71
数字媒体艺术	73	审计学	71
俄语	73	地理信息科学	71
数学与应用数学	73	信息与计算科学	71
物联网工程	73	信息管理与信息系统	70
播音与主持艺术	73	护理学	70
法语	73	金融学	70
商务英语	72	保险学	70
汉语言文学	72	金融工程	70
全国本科	**68**	**全国本科**	**68**

* 毕业生规模过小的专业不包括在此排序中。

数据来源：麦可思－中国 2017 届大学毕业生培养质量跟踪评价。

4. 主要职业的就业满意度

表1－1－12 和表1－1－13 分别是2017 届本科生毕业半年后就业满意度最高/最低的前十位职业。可以看出，2017 届本科生毕业半年后就业满意度最高的职业是“税务专员”（85%），最低的职业是“化学设备操作员和管理员”（47%）。

表1－1－12　2017 届本科生毕业半年后就业满意度最高的前十位职业*

单位：%

本科毕业生就业满意度最高的前十位职业名称	就业满意度	本科毕业生就业满意度最高的前十位职业名称	就业满意度
税务专员	85	审计员	78
游戏策划	81	总经理和日常主管	77
管理咨询师	80	行政经理	77
互联网开发师	79	计算机系统软件工程师	77
网络设计师	78	健身教练和健身操指导员	77
全国本科	**68**	**全国本科**	**68**

* 毕业生规模过小的职业不包括在此排序中。
数据来源：麦可思－中国2017 届大学毕业生培养质量跟踪评价。

表1－1－13　2017 届本科生毕业半年后就业满意度最低的前十位职业*

单位：%

本科毕业生就业满意度最低的前十位职业名称	就业满意度	本科毕业生就业满意度最低的前十位职业名称	就业满意度
化学设备操作员和管理员	47	工业机械技术员	55
化工厂系统操作员	49	推销员	55
机械绘图员	50	营业员	56
机械技术员	50	测量技术员	56
工业工程技术员	52	客服专员	57
全国本科	**68**	**全国本科**	**68**

* 毕业生规模过小的职业不包括在此排序中。
数据来源：麦可思－中国2017 届大学毕业生培养质量跟踪评价。

5. 主要行业的就业满意度

表1－1－14 和表1－1－15 分别是2017 届本科生毕业半年后就业满意

度最高/最低的前十位行业。可以看出，2017 届本科生毕业半年后就业满意度最高的行业是“本科学院和大学”（81%），最低的行业是“塑料用品制造业”、“农药、化肥和其他农业化学制品制造业”（均为 52%）。

表 1－1－14　2017 届本科生毕业半年后就业满意度最高的前十位行业*

单位：%

本科毕业生就业满意度最高的前十位行业名称	就业满意度
本科学院和大学	81
各级党政领导机构及人大、政协	79
航空运输服务业	79
软件开发业	78
司法、执法部门(公检法)	76
中国人民银行、保监会和证监会	76
其他各级党政机关	76
经济发展改革管理部门	76
发电、输电业	76
会计、审计与税务服务业	75
全国本科	**68**

*毕业生规模过小的行业不包括在此排序中。

数据来源：麦可思－中国 2017 届大学毕业生培养质量跟踪评价。

表 1－1－15　2017 届本科生毕业半年后就业满意度最低的前十位行业*

单位：%

本科毕业生就业满意度最低的前十位行业名称	就业满意度
塑料用品制造业	52
农药、化肥和其他农业化学制品制造业	52
其他金属制品制造业	54
其他通用机械设备制造业	56
五金用品制造业	56
金属加工成套设备制造业	56
有色金属(铝除外)生产和加工业	57
石油及煤制品制造业	57
房地产租赁业	58
其他化工产品制造业	58
全国本科	**68**

*毕业生规模过小的行业不包括在此排序中。

数据来源：麦可思－中国 2017 届大学毕业生培养质量跟踪评价。

6. 各用人单位类型的就业满意度

图 1－1－19 是 2016 届、2017 届本科生毕业半年后在各类型用人单位的就业满意度。可以看出，2017 届本科生毕业半年后在“政府机构/科研或其他事业单位”的就业满意度最高（77%），在“民营企业/个体”、“非政府或非营利组织（NGO 等）”的就业满意度最低（均为 65%）。

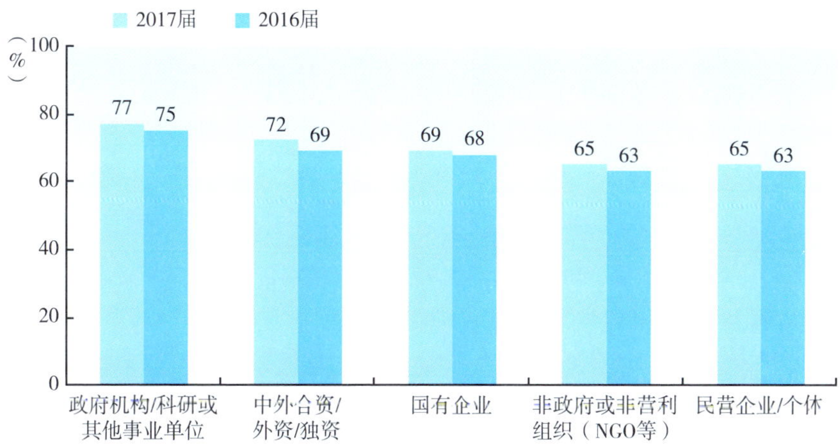

图 1－1－19　2016 届、2017 届本科生毕业半年后在各类型用人单位的就业满意度

数据来源：麦可思－中国 2016 届、2017 届大学毕业生培养质量跟踪评价。

7. 各经济区域的就业满意度

图 1－1－20 是 2016 届、2017 届本科生毕业半年后在各经济区域的就业满意度。可以看出，2017 届本科生毕业半年后在泛渤海湾区域经济体的就业满意度最高（72%）。

（二）职业期待吻合度

1. 总体职业期待吻合度

职业期待吻合度：是指毕业生的工作与职业期待吻合的人数百分比。

图 1－1－21 是 2016 届、2017 届大学毕业生工作与职业期待的吻合度。可以看出，2017 届大学毕业生工作与职业期待的吻合度为 49%，与 2016 届

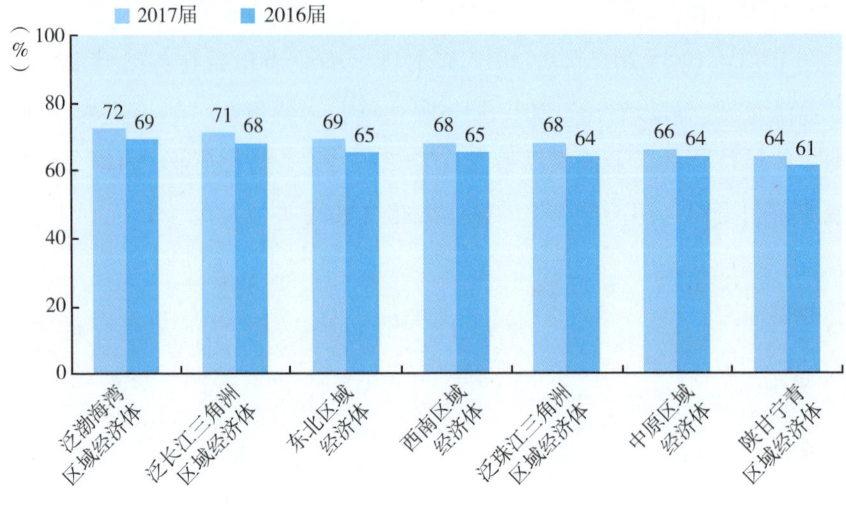

图1-1-20　2016届、2017届本科生毕业半年后在各经济区域的就业满意度＊

＊西部生态经济区因为样本较少，没有包括在内。

数据来源：麦可思-中国2016届、2017届大学毕业生培养质量跟踪评价。

（48%）基本持平。其中，本科和高职高专院校2017届毕业生工作与职业期待的吻合度分别为52%、46%，均与2016届（分别为51%、45%）基本持平。

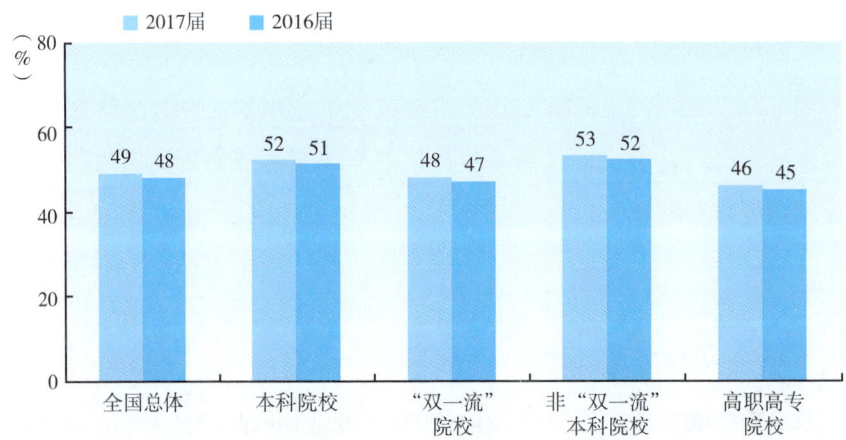

图1-1-21　2016届、2017届大学毕业生工作与职业期待吻合度

数据来源：麦可思-中国2016届、2017届大学毕业生培养质量跟踪评价。

在本科院校中，“双一流”院校 2017 届毕业生工作与职业期待的吻合度为 48%，非“双一流”本科院校 2017 届毕业生工作与职业期待的吻合度为 53%。

2. 职业期待不吻合的原因

图 1-1-22 是 2016 届、2017 届本科毕业生目前的工作与职业期待不吻合的原因分布。可以看出，2017 届认为工作与职业期待不吻合的本科毕业生中，有 31% 的人认为是“不符合自己的职业发展规划”，其次是“不符合自己的兴趣爱好”（22%）。

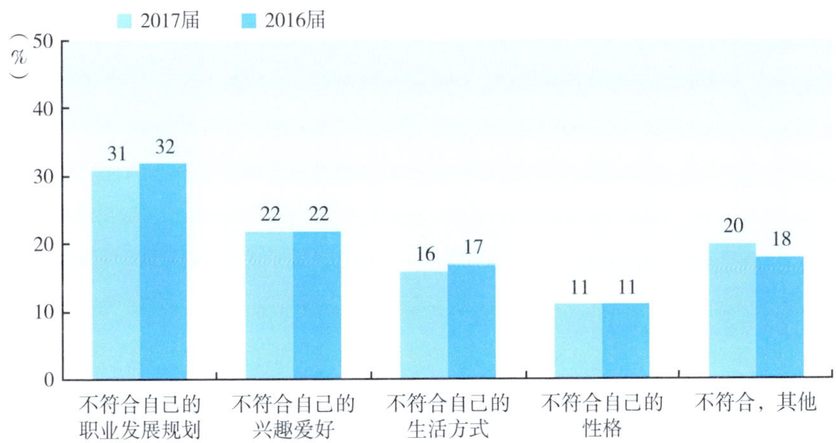

图 1-1-22　2016 届、2017 届本科毕业生目前的工作与职业期待不吻合的原因分布

数据来源：麦可思－中国 2016 届、2017 届大学毕业生培养质量跟踪评价。

3. 主要专业的职业期待吻合度

表 1-1-16 是 2016 届、2017 届本科各学科门类学生毕业半年后的职业期待吻合度。可以看出，在 2017 届本科学科门类中，毕业生半年后职业期待吻合度最高的是教育学（60%），职业期待吻合度最低的是农学（46%）。

表 1-1-16　2016 届、2017 届本科各学科门类学生毕业半年后的职业期待吻合度*

单位：%

本科学科门类名称	2017 届	2016 届	本科学科门类名称	2017 届	2016 届
教 育 学	60	59	文　　学	54	55
医　　学	59	59	历 史 学	54	52
法　　学	56	55	工　　学	50	49
理　　学	55	51	管 理 学	50	48
艺 术 学	55	55	农　　学	46	46
经 济 学	54	53	**全国本科**	**52**	**51**

*个别学科门类因为样本较少，没有包括在内。

数据来源：麦可思－中国 2016 届、2017 届大学毕业生培养质量跟踪评价。

4. 主要职业的职业期待吻合度

表 1-1-17　2017 届本科毕业生从事的主要职业类的职业期待吻合度*

单位：%

本科职业类名称	职业期待吻合度
美容/健身	68
律师/律政调查员	68
中小学教育	65
表演艺术/影视	65
互联网开发及应用	61
公安/检察/法院/经济执法	61
计算机与数据处理	61
高等教育/职业培训	61
医疗保健/紧急救助	59
研究人员	57
幼儿与学前教育	57
美术/设计/创意	56
文化/体育	56
翻译	56
财务/审计/税务/统计	55
媒体/出版	55
人力资源	54
航空机械/电子	53

续表

本科职业类名称	职业期待吻合度
交通运输/邮电	53
公共关系	52
经营管理	51
机动车机械/电子	51
环境保护	49
金融(银行/基金/证券/期货/理财)	48
电气/电子(不包括计算机)	48
农/林/牧/渔类	48
电力/能源	46
房地产经营	46
建筑工程	45
酒店/旅游/会展	44
销售	43
行政/后勤	42
生产/运营	42
矿山/石油	41
服装/纺织/皮革	40
保险	40
测绘	39
生物/化工	39
社区工作者	39
机械/仪器仪表	38
工业安全与质量	37
物流/采购	37
餐饮/娱乐	36
全国本科	**52**

* 个别职业类因为样本较少，没有包括在内。
数据来源：麦可思　中国 2017 届大学毕业生培养质量跟踪评价。

（三）薪资分析

1. 总体月收入

月收入：指工资、奖金、业绩提成、现金福利补贴等所有的月度现金收入。

毕业半年后的平均月收入：指毕业生毕业半年后实际每月工作收入的平均值。

图1-1-23是2015~2017届大学生毕业半年后的月收入变化趋势。可以看出，2017届大学毕业生的月收入（4317元）比2016届（3988元）增长了329元，比2015届（3726元）增长了591元。其中，本科院校2017届毕业生的月收入（4774元）比2016届（4376元）增长了398元，比2015届（4042元）增长了732元；高职高专院校2017届毕业生的月收入（3860元）比2016届（3599元）增长了261元，比2015届（3409元）增长了451元。从近三届的趋势可以看出，大学生毕业半年后月收入呈现上升趋势。

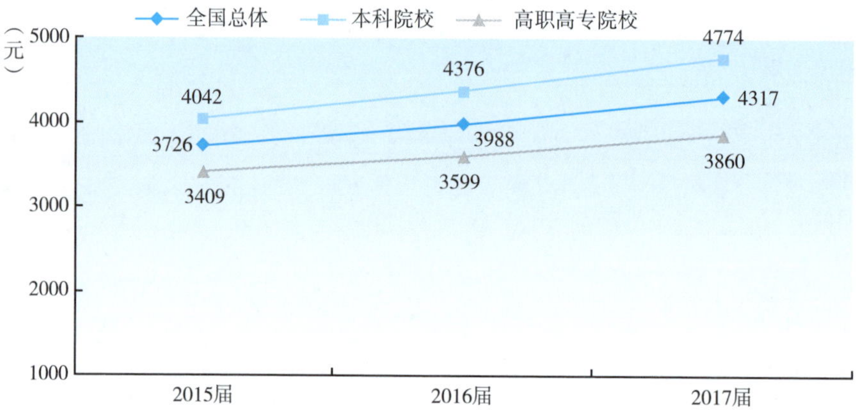

图1-1-23　2015~2017届大学生毕业半年后的月收入变化趋势

数据来源：麦可思-中国2015~2017届大学毕业生培养质量跟踪评价。

图1-1-24是2015~2017届本科生毕业半年后的月收入变化趋势。可以看出，“双一流”院校2017届毕业生的月收入（5691元）比2016届（5201元）增长了490元，比2015届（4718元）增长了973元；非“双一流”本科院校2017届毕业生的月收入（4590元）比2016届（4211元）增长了379元，比2015届（3907元）增长了683元，连续三届呈现上升趋势。

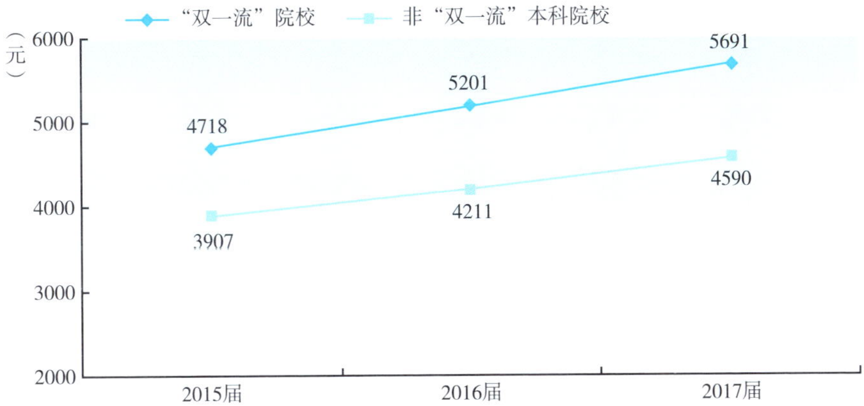

图 1－1－24　2015～2017 届本科生毕业半年后的月收入变化趋势

数据来源：麦可思－中国 2015～2017 届大学毕业生培养质量跟踪评价。

图 1－1－25 是 2016 届、2017 届本科生毕业半年后的月收入分布。可以看出，2017 届本科毕业生有 12.0% 月收入在 7000 元以上，比 2016 届（10.3%）高 1.7 个百分点；月收入在 2000 元以下的比例为 1.9%，低于 2016 届（2.5%）。

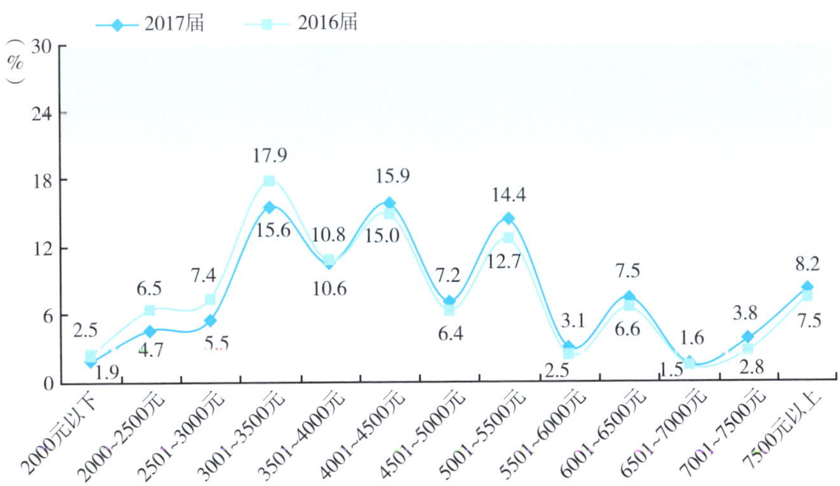

图 1－1－25　2016 届、2017 届本科生毕业半年后的月收入分布＊

＊图中显示数字均保留一位小数，因为四舍五入进位，加起来可能不等于 100%。

数据来源：麦可思－中国 2016 届、2017 届大学毕业生培养质量跟踪评价。

2. 主要专业的月收入

表1－1－18是2015～2017届本科各学科门类大学生毕业半年后的月收入。可以看出，在2017届本科学科门类中，毕业生毕业半年后月收入最高的是工学（5067元），最低的是历史学（4023元）。

表1－1－18　2015～2017届本科各学科门类大学生毕业半年后的月收入*

单位：元

本科学科门类名称	2017届	2016届	2015届
工　学	5067	4676	4313
经济学	4889	4528	4186
理　学	4720	4453	4055
文　学	4633	4288	3879
管理学	4613	4240	3969
艺术学	4465	4120	3880
法　学	4382	4119	3814
农　学	4346	3872	3649
教育学	4251	3981	3698
医　学	4198	3766	3462
历史学	4023	3807	3498
全国本科	**4774**	**4376**	**4042**

*个别学科门类因为样本较少，没有包括在内。

数据来源：麦可思－中国2015～2017届大学毕业生培养质量跟踪评价。

表1－1－19　2015～2017届本科主要专业类大学生毕业半年后的月收入*

单位：元

本科专业类名称	2017届	2016届	2015届
计算机类	6056	5606	5132
电子信息类	5473	5092	4732
自动化类	5250	4847	4403
金融学类	5086	4621	4405
仪器类	5038	4647	4398
工业工程类	4973	4537	4047
电子商务类	4952	4689	4310
数学类	4875	4627	4243

续表

本科专业类名称	2017 届	2016 届	2015 届
安全科学与工程类	4868	4544	4078
交通运输类	4850	4560	4340
管理科学与工程类	4797	4397	4012
财政学类	4792	4343	4038
测绘类	4792	4496	4310
经济学类	4766	4457	4226
轻工类	4741	4526	4298
统计学类	4736	4467	4268
物流管理与工程类	4728	4542	4286
机械类	4717	4290	4020
体育学类	4705	4190	3875
新闻传播学类	4685	4407	4172
外国语言文学类	4676	4271	3928
能源动力类	4665	4322	4234
电气类	4662	4401	4310
材料类	4650	4328	4029
建筑类	4634	4537	4462
经济与贸易类	4612	4285	4123
物理学类	4597	4411	4200
公共管理类	4569	4248	3907
设计学类	4563	4459	4259
土木类	4528	4184	3893
戏剧与影视学类	4526	4293	4007
工商管理类	4521	4121	3895
矿业类	4474	4347	4226
化工与制药类	4452	4128	3864
中国语言文学类	4411	4088	3863
医学技术类	4404	4135	3694
生物工程类	4401	4119	3839
音乐与舞蹈学类	4391	4086	3902
食品科学与工程类	4388	4114	3794
生物科学类	4384	4116	3787
环境科学与工程类	4379	4085	3815
药学类	4370	3923	3634

续表

本科专业类名称	2017 届	2016 届	2015 届
地质类	4329	4129	3816
护理学类	4322	3858	3631
地理科学类	4320	4063	3888
美术学类	4313	4028	3678
社会学类	4270	4026	3859
旅游管理类	4238	3905	3717
心理学类	4226	3996	3525
化学类	4224	3947	3804
法学类	4210	4003	3915
纺织类	4137	3844	3617
马克思主义理论类	4123	3993	3695
临床医学类	4055	3715	3340
历史学类	4023	3807	3498
教育学类	3963	3792	3572
全国本科	**4774**	**4376**	**4042**

*个别专业类因为样本较少，没有包括在内。

数据来源：麦可思－中国 2015～2017 届大学毕业生培养质量跟踪评价。

表 1－1－20　2017 届本科生毕业半年后月收入排前 50 位的主要专业*

单位：元

本科专业名称	毕业半年后的平均月收入	本科专业名称	毕业半年后的平均月收入
信息安全	6386	通信工程	5357
软件工程	6259	金融工程	5346
网络工程	6049	信息管理与信息系统	5322
信息工程	5896	自动化	5250
计算机科学与技术	5855	电子信息工程	5250
物联网工程	5826	数字媒体艺术	5219
法语	5604	材料物理	5212
电子科学与技术	5480	交通运输	5206
信息与计算科学	5454	工程力学	5174
电子信息科学与技术	5445	物流工程	5173
微电子科学与工程	5409	金融学	5094
数字媒体技术	5374	工业设计	5043

续表

本科专业名称	毕业半年后的平均月收入	本科专业名称	毕业半年后的平均月收入
应用物理学	5041	交通工程	4901
测控技术与仪器	5038	机械工程	4892
表演	5036	地理信息科学	4873
光电信息科学与工程	5035	安全工程	4868
建筑学	5033	统计学	4866
审计学	4996	市场营销	4839
翻译	4990	产品设计	4837
经济学	4987	汽车服务工程	4822
工业工程	4973	广告学	4820
电子商务	4946	测绘工程	4816
朝鲜语	4938	国际商务	4813
材料科学与工程	4911	电气工程及其自动化	4809
保险学	4907	生物医学工程	4805
全国本科	**4774**	**全国本科**	**4774**

*毕业生规模过小的专业不包括在此排序中。

数据来源：麦可思－中国2017届大学毕业生培养质量跟踪评价。

月收入的“增长率”＝（2017届毕业生的平均月收入－2016届毕业生的平均月收入）/2016届毕业生的平均月收入。月收入增长的幅度可能会受到基数的影响。

表1－1－21和表1－1－22分别是2017届本科生毕业半年后月收入增长最快/最慢的前十位专业类。可以看出，2017届本科生毕业半年后月收入

表1－1－21 2017届本科生毕业半年后月收入增长最快的前十位专业类（与2016届对比）*

单位：%，元

本科专业类名称	增长率	2017届	2016届
体育学类	12.3	4705	4190
护理学类	12.0	4322	3858
药学类	11.4	4370	3923
财政学类	10.3	4792	4343

续表

本科专业类名称	增长率	2017 届	2016 届
金融学类	10.1	5086	4621
机械类	10.0	4717	4290
工商管理类	9.7	4521	4121
工业工程类	9.6	4973	4537
外国语言文学类	9.5	4676	4271
临床医学类	9.2	4055	3715

*毕业生规模过小的专业类不包括在此排序中。

数据来源：麦可思－中国 2016 届、2017 届大学毕业生培养质量跟踪评价。

增长最快的专业类为体育学类，增长率为 12.3%；半年后月收入增长最慢的专业类为建筑类，增长率为 2.1%。

表 1－1－22　2017 届本科生毕业半年后月收入增长最慢的前十位专业类（与 2016 届对比）*

单位：%，元

本科专业类名称	增长率	2017 届	2016 届
建筑类	2.1	4634	4537
设计学类	2.3	4563	4459
矿业类	2.9	4474	4347
马克思主义理论类	3.3	4123	3993
物流管理与工程类	4.1	4728	4542
物理学类	4.2	4597	4411
教育学类	4.5	3963	3792
轻工类	4.8	4741	4526
地质类	4.8	4329	4129
法学类	5.2	4210	4003

*毕业生规模过小的专业类不包括在此排序中。

数据来源：麦可思－中国 2016 届、2017 届大学毕业生培养质量跟踪评价。

3. 主要职业的月收入

表 1－1－23 是 2016 届、2017 届本科生毕业半年后从事的主要职业类

的月收入。可以看出，2017 届本科生毕业半年后月收入最高的职业类是“互联网开发及应用”（6082 元），其次是“计算机与数据处理”（6042 元）。

表 1－1－23　2016 届、2017 届本科生毕业半年后从事的主要职业类的月收入[*]

单位：元

本科职业类名称	2017 届	2016 届
互联网开发及应用	6082	5679
计算机与数据处理	6042	5636
交通运输/邮电	5564	4978
航空机械/电子	5553	5029
美容/健身	5538	—
经营管理	5411	4971
房地产经营	5275	5057
金融（银行/基金/证券/期货/理财）	5209	4789
表演艺术/影视	5120	4777
翻译	5068	4492
生产/运营	5055	4654
电气/电子（不包括计算机）	5018	4597
销售	4946	4505
媒体/出版	4763	4397
电力/能源	4736	4368
物流/采购	4717	4243
公共关系	4654	4272
保险	4601	4096
工业安全与质量	4587	4243
公安/检察/法院/经济执法	4563	4342
餐饮/娱乐	4551	4108
美术/设计/创意	4541	4153
高等教育/职业培训	4504	4092
建筑工程	4501	4172
机动车机械/电子	4477	4112
人力资源	4467	4095
研究人员	4446	4044
矿山/石油	4415	4277
测绘	4375	4161
财务/审计/税务/统计	4375	3960

续表

本科职业类名称	2017 届	2016 届
机械/仪器仪表	4369	3968
酒店/旅游/会展	4356	4048
文化/体育	4325	3962
医疗保健/紧急救助	4275	3838
中小学教育	4258	3886
律师/律政调查员	4180	3844
生物/化工	4109	3743
环境保护	4091	3759
行政/后勤	4063	3682
农/林/牧/渔类	4059	3724
服装/纺织/皮革	3967	3682
社区工作者	3901	3519
幼儿与学前教育	3738	3504
全国本科	**4774**	**4376**

*个别职业类因为样本较少，没有包括在内。

数据来源：麦可思－中国 2016 届、2017 届大学毕业生培养质量跟踪评价。

表 1－1－24　2017 届本科生毕业半年后月收入最高的前 50 位职业*

单位：元

本科毕业生月收入最高的前 50 位职业名称	毕业半年后的平均月收入	本科毕业生月收入最高的前 50 位职业名称	毕业半年后的平均月收入
互联网开发师	6820	销售经理	5581
计算机软件应用工程师	6608	融资专员	5569
游戏策划	6579	航空维护、操作工程师与技术员	5553
网络设计师	6557	销售工程师	5551
计算机程序员	6354	健身教练和健身操指导员	5538
计算机系统软件工程师	6302	其他计算机专家	5516
需求工程师	6260	电子工程师	5509
项目经理	6165	销售代表(医疗用品)	5501
管理咨询师	5706	个人理财顾问	5483
市场经理	5648	总经理和日常主管	5457
银行信贷员	5639	金融服务销售商	5412
软件质量鉴定及检验工程师	5625	一线销售经理(非零售)	5346

续表

本科毕业生月收入最高的前50位职业名称	毕业半年后的平均月收入	本科毕业生月收入最高的前50位职业名称	毕业半年后的平均月收入
贷款顾问	5292	电气工程师	5121
翻译员	5282	证券和期货销售商	5116
房地产经纪人	5275	其他从事媒体和交流工作的人	5088
一线销售经理(零售)	5274	银行柜员	5087
行政经理	5220	广告策划师	5081
数据库管理员	5204	税务专员	5066
计算机网络管理员	5186	建筑师(非园林和水上景观)	5060
机电工程师	5169	通信设备安装维护技术员	5035
市场专员	5151	职业培训师	5026
工艺美术家(包括画家、雕塑家和插图画家)	5147	工业工程师	5019
警察	5143	电子工程技术员	4986
计算机技术支持员	5142	机械工程师	4964
生产及操作人员的初级主管	5142	半导体加工人员	4948
全国本科	**4774**	**全国本科**	**4774**

*个别职业因为样本较少，没有包括在内。

数据来源：麦可思－中国2017届大学毕业生培养质量跟踪评价。

表1－1－25和表1－1－26分别是2017届本科生毕业半年后月收入增长最快/最慢的前十位职业类。可以看出，2017届本科生毕业半年后月收入增长最快的职业类为“翻译”，增长率为12.8%；毕业半年后月收入增长最慢的职业类为“矿山/石油”，增长率为3.2%。

表1－1－25　2017届本科生毕业半年后月收入增长最快的前十位职业类（与2016届对比）*

单位：%，元

本科职业类名称	增长率	2017届	2016届
翻译	12.8	5068	4492
保险	12.3	4601	4096
交通运输/邮电	11.8	5564	4978
医疗保健/紧急救助	11.4	4275	3838

续表

本科职业类名称	增长率	2017 届	2016 届
物流/采购	11.2	4717	4243
社区工作者	10.9	3901	3519
餐饮/娱乐	10.8	4551	4108
财务/审计/税务/统计	10.5	4375	3960
航空机械/电子	10.4	5553	5029
行政/后勤	10.3	4063	3682

* 毕业生规模过小的职业类不包括在此排序中。

数据来源：麦可思－中国 2016 届、2017 届大学毕业生培养质量跟踪评价。

表 1－1－26　2017 届本科生毕业半年后月收入增长最慢的前十位职业类（与 2016 届对比）*

单位：%，元

本科职业类名称	增长率	2017 届	2016 届
矿山/石油	3.2	4415	4277
房地产经营	4.3	5275	5057
公安/检察/法院/经济执法	5.1	4563	4342
测绘	5.1	4375	4161
幼儿与学前教育	6.7	3738	3504
互联网开发及应用	7.1	6082	5679
计算机与数据处理	7.2	6042	5636
表演艺术/影视	7.2	5120	4777
酒店/旅游/会展	7.6	4356	4048
服装/纺织/皮革	7.7	3967	3682

* 毕业生规模过小的职业类不包括在此排序中。

数据来源：麦可思－中国 2016 届、2017 届大学毕业生培养质量跟踪评价。

4. 主要行业的月收入

表 1－1－27 是 2016 届、2017 届本科生毕业半年后在主要行业类的月收入。可以看出，2017 届本科生毕业半年后月收入最高的行业类为“媒体、信息及通信产业”（5634 元），其次是“运输业”（5567 元）。

表 1-1-27　2016 届、2017 届本科生毕业半年后在主要行业类的月收入*

单位：元

本科行业类名称	2017 届	2016 届
媒体、信息及通信产业	5634	5174
运输业	5567	5036
电子电气仪器设备及电脑制造业	5261	4773
金融(银行/保险/证券)业	5246	4799
艺术、娱乐和休闲业	5092	4668
房地产开发销售租赁及其他租赁业	4863	4679
各类专业设计与咨询服务业	4792	4415
家具、医疗设备及其他制成品业	4676	4250
水电煤气公用事业	4673	4390
零售商业	4640	4206
建筑业	4594	4180
交通工具制造业	4571	4175
邮递、物流及仓储业	4544	4093
批发商业	4500	4182
食品、烟草、加工业	4450	4173
其他服务业(除行政服务)	4445	4056
政府及公共管理	4399	3982
教育业	4379	3924
矿业	4368	4185
住宿和饮食业	4364	3990
医疗和社会护理服务业	4362	3937
行政、商业和环境保护辅助业	4297	3942
初级金属制造业	4235	3958
机械五金制造业	4212	3857
化学品、化工、塑胶业	4174	3924
玻璃黏土、石灰水泥制品业	4022	3764
纺织皮革及成品加工业	3976	3842
农业、林业、渔业和畜牧业	3923	3769
全国本科	**4774**	**4376**

* 个别行业类因为样本较少，没有包括在内。

数据来源：麦可思-中国 2016 届、2017 届大学毕业生培养质量跟踪评价。

表 1-1-28 和表 1-1-29 分别是 2017 届本科生毕业半年后月收入增长最快/最慢的前五位行业类。可以看出，2017 届本科生毕业半年后月收入

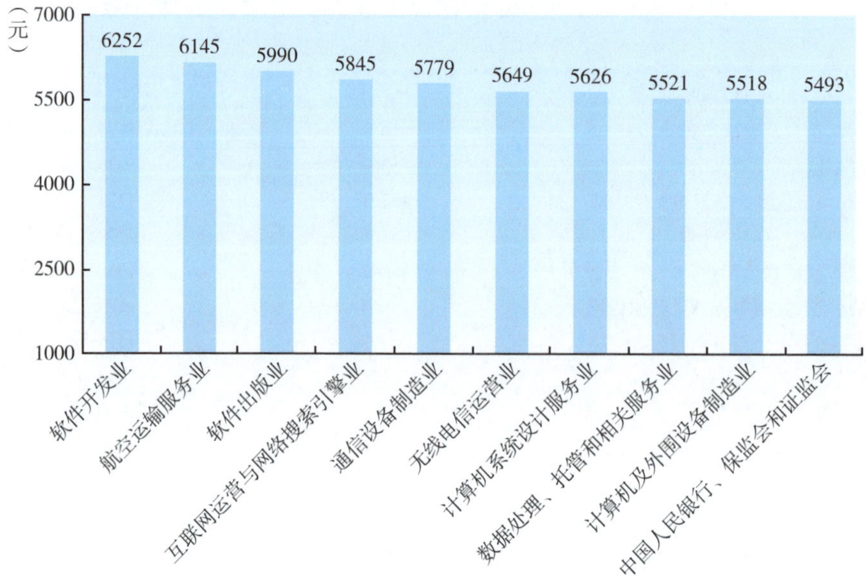

图 1-1-26　2017 届本科生毕业半年后月收入最高的前十位行业

数据来源：麦可思-中国 2017 届大学毕业生培养质量跟踪评价。

增长最快的行业类为“教育业”，增长率为 11.6%；毕业半年后月收入增长最慢的行业类为“纺织皮革及成品加工业”，增长率为 3.5%。

表 1-1-28　2017 届本科生毕业半年后月收入增长最快的前五位行业类（与 2016 届对比）*

单位：%，元

本科行业类名称	增长率	2017 届	2016 届
教育业	11.6	4379	3924
邮递、物流及仓储业	11.0	4544	4093
医疗和社会护理服务业	10.8	4362	3937
运输业	10.5	5567	5036
政府及公共管理	10.5	4399	3982

*毕业生规模过小的行业类不包括在此排序中。

数据来源：麦可思-中国 2016 届、2017 届大学毕业生培养质量跟踪评价。

表 1－1－29 2017 届本科生毕业半年后月收入增长最慢的前五位行业类（与 2016 届对比）*

单位：%，元

本科行业类名称	增长率	2017 届	2016 届
纺织皮革及成品加工业	3.5	3976	3842
房地产开发销售租赁及其他租赁业	3.9	4863	4679
农业、林业、渔业和畜牧业	4.1	3923	3769
矿业	4.4	4368	4185
化学品、化工、塑胶业	6.4	4174	3924

＊毕业生规模过小的行业类不包括在此排序中。

数据来源：麦可思－中国 2016 届、2017 届大学毕业生培养质量跟踪评价。

5. 各用人单位类型的月收入

图 1－1－27 是 2016 届、2017 届本科生毕业半年后在各类型用人单位的月收入。可以看出，2017 届本科生毕业半年后在“中外合资/外资/独资”单位就业的月收入最高（5313 元）；与 2016 届相比，2017 届本科毕业生在各类型用人单位就业的月收入均有所上升。

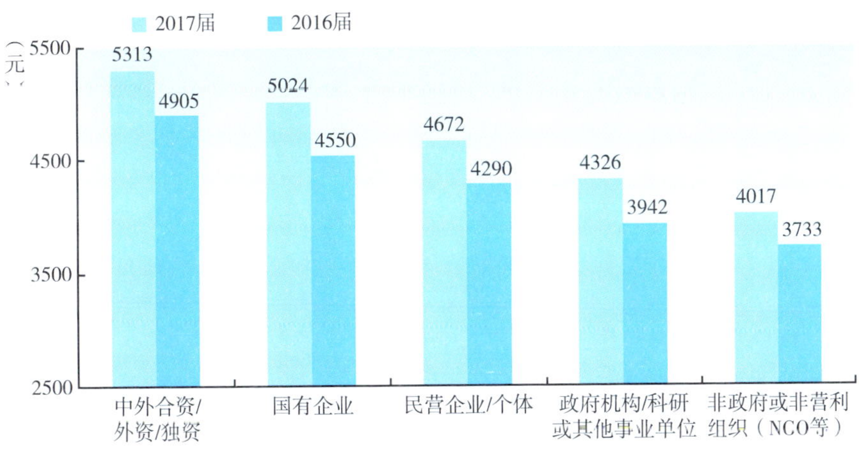

图 1－1－27 2016 届、2017 届本科生毕业半年后在各类型用人单位的月收入

数据来源：麦可思－中国 2016 届、2017 届大学毕业生培养质量跟踪评价。

图1－1－28是2016届、2017届本科生毕业半年后在各规模用人单位的月收入。可以看出，2017届本科毕业生在“3000人以上”规模的大型用人单位就业的月收入最高（5327元）；与2016届相比，2017届本科毕业生在各规模用人单位就业的月收入均有所上升。

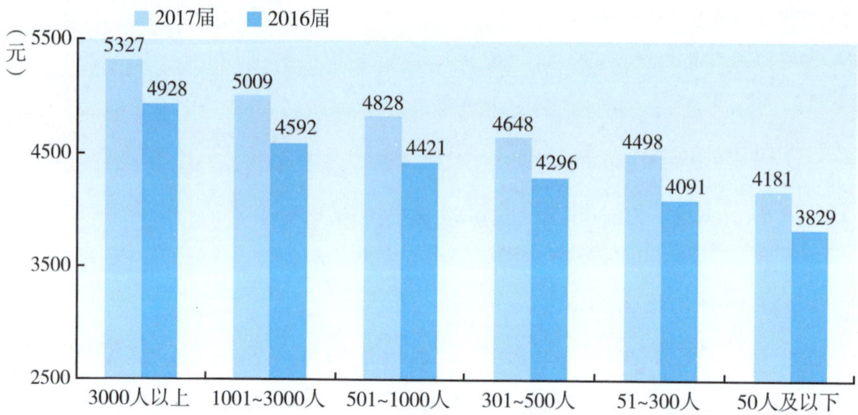

图1－1－28　2016届、2017届本科生毕业半年后在各规模用人单位的月收入

数据来源：麦可思－中国2016届、2017届大学毕业生培养质量跟踪评价。

6. 各经济区域的月收入

图1－1－29是2016届、2017届本科生毕业半年后在各经济区域就业的月收入。可以看出，2017届本科生毕业半年后在泛珠江三角洲区域经济体就业的月收入最高，为5169元。

（四）工作与专业相关度

1. 总体工作与专业相关度

工作与专业相关度＝受雇全职工作并且与专业相关的毕业生人数/受雇全职工作的毕业生人数。

图1－1－31是2016届、2017届大学毕业生的工作与专业相关度。可以看出，2017届大学毕业生的工作与专业相关度为66%，与2016届（66%）持平。其中，本科和高职高专院校2017届毕业生的工作与专业

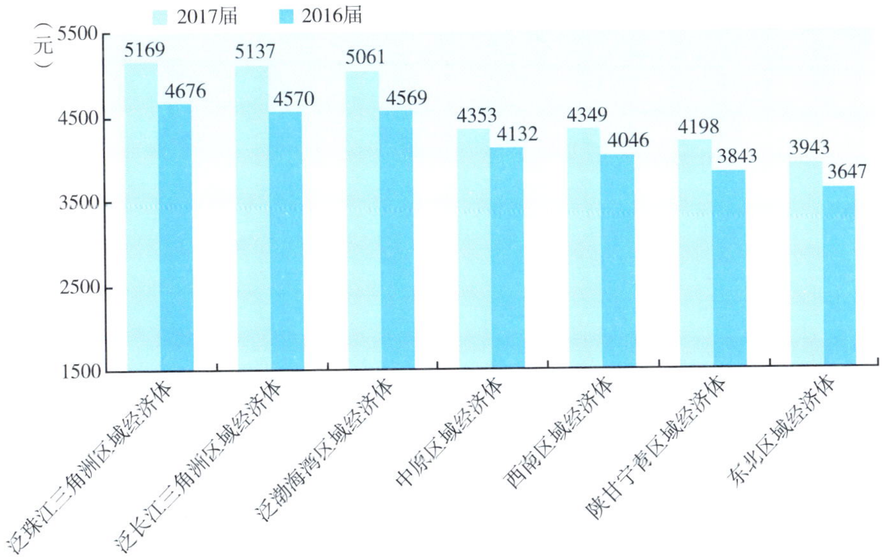

图 1－1－29　2016 届、2017 届本科生毕业半年后在各经济区域就业的月收入＊

＊西部生态经济区因为样本较少，没有包括在内。

数据来源：麦可思－中国 2016 届、2017 届大学毕业生培养质量跟踪评价。

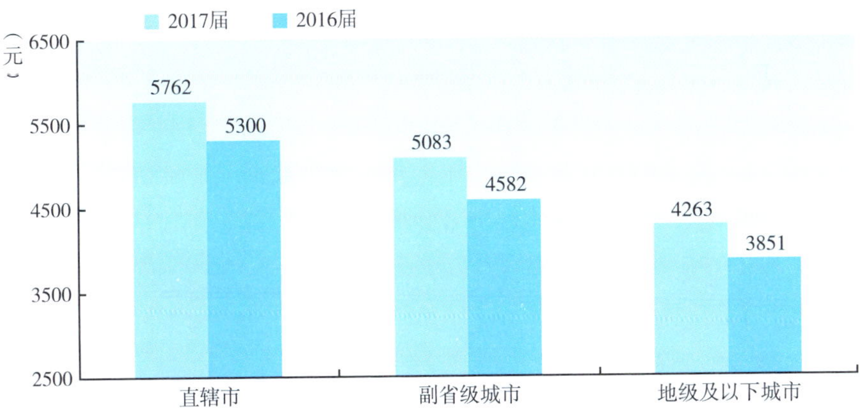

图 1－1－30　2016 届、2017 届本科生毕业半年后在各类型城市就业的月收入

数据来源：麦可思－中国 2016 届、2017 届大学毕业生培养质量跟踪评价。

相关度分别为 71%、62%，均与 2016 届（分别为 70%、62%）基本持平。

在本科院校中，“双一流”院校 2017 届毕业生的工作与专业相关度为 73%，非“双一流”本科院校 2017 届毕业生的工作与专业相关度为 70%。

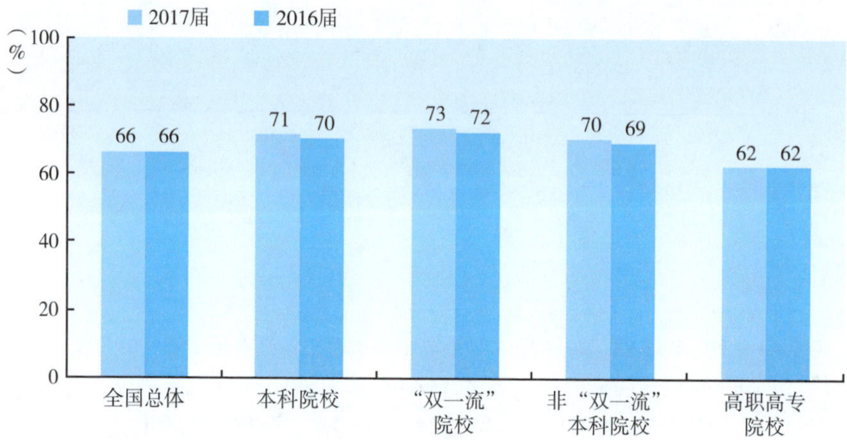

图 1-1-31　2016 届、2017 届大学毕业生的工作与专业相关度

数据来源：麦可思-中国 2016 届、2017 届大学毕业生培养质量跟踪评价。

2. 选择与专业无关工作的原因

图 1-1-32 是 2016 届、2017 届本科毕业生选择与专业无关工作的主要原因。可以看出，2017 届本科毕业生选择与专业无关工作的主要原因是“专业工作不符合自己的职业期待”（36%），其次是“迫于现实先就业再择业”（22%）。

3. 主要专业的专业相关度

表 1-1-30 是 2016 届、2017 届本科各学科门类毕业生的工作与专业相关度。可以看出，在 2017 届本科学科门类中，专业相关度最高的是医学（95%），其次是教育学（80%），最低的是农学（57%）。

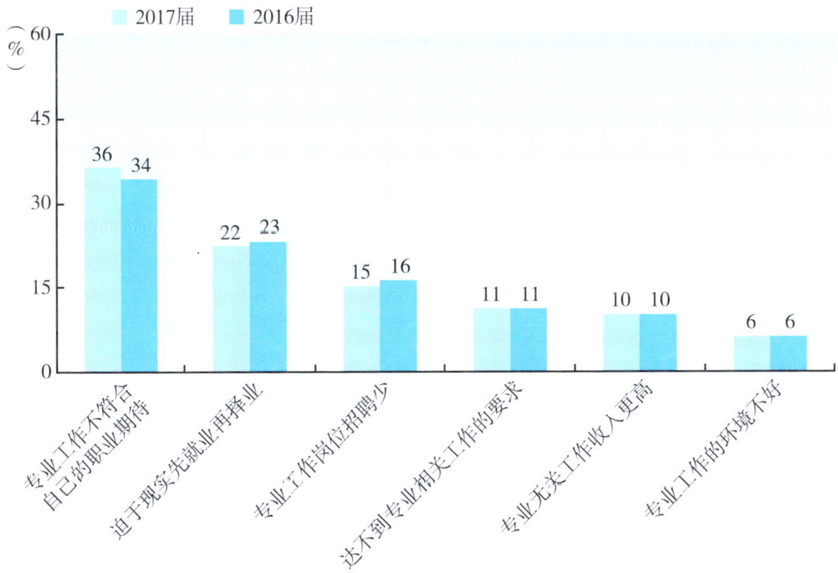

图 1－1－32　2016 届、2017 届本科毕业生选择与专业无关工作的主要原因

数据来源：麦可思－中国 2016 届、2017 届大学毕业生培养质量跟踪评价。

表 1－1－30　2016 届、2017 届本科各学科门类毕业生的工作与专业相关度*

单位：%

本科学科门类名称	2017 届	2016 届
医　　学	95	94
教 育 学	80	76
文　　学	72	68
工　　学	71	71
艺 术 学	68	66
管 理 学	67	69
经 济 学	66	67
理　　学	64	63
法　　学	63	61
历 史 学	61	59
农　　学	57	56
全国本科	**71**	**70**

* 个别学科门类因为样本较少，没有包括在内。

数据来源：麦可思－中国 2016 届、2017 届大学毕业生培养质量跟踪评价。

表 1-1-31　2017 届本科毕业生工作与专业相关度排前 30 位的主要专业*

单位：%

本科专业名称	工作与专业相关度	本科专业名称	工作与专业相关度
口腔医学	99	药物制剂	85
康复治疗学	98	汉语言文学	83
麻醉学	98	会计学	83
医学影像学	98	工程造价	82
临床医学	97	测绘工程	81
护理学	95	给排水科学与工程	80
医学检验技术	95	水利水电工程	79
小学教育	91	财务管理	79
预防医学	90	网络工程	78
建筑学	88	交通运输	78
药学	87	体育教育	78
学前教育	86	城乡规划	78
审计学	86	能源与动力工程	78
土木工程	86	舞蹈学	77
软件工程	85	财政学	77
全国本科	**71**	**全国本科**	**71**

*毕业生规模过小的专业不包括在此排序中。

数据来源：麦可思-中国 2017 届大学毕业生培养质量跟踪评价。

4. 主要职业的工作与专业相关度

表 1-1-32　2017 届本科毕业生工作与专业相关度要求最高的前 20 位职业*

单位：%

职业名称	工作与专业相关度	职业名称	工作与专业相关度
放射科医师	100	医学及临床实验的技术员	98
麻醉师	100	建筑师(非园林和水上景观)	97
妇产科医师	99	药剂师	97
护士	99	土木工程师	97
内科医师	99	化学技术员	95
儿科医师	99	园林建筑师	95
外科医师	99	机电工程师	95
全科医师	99	车身设计工程师	94

续表

职业名称	工作与专业相关度	职业名称	工作与专业相关度
机械工程师	94	电气工程师	93
机械绘图员	94	土木建筑工程技术员	93
全国本科	**71**	**全国本科**	**71**

* 毕业生规模过小的职业不包括在此排序中。
数据来源：麦可思 – 中国 2017 届大学毕业生培养质量跟踪评价。

表 1 – 1 – 33　2017 届本科毕业生工作与专业相关度要求最低的前 20 位职业*

单位：%

职业名称	工作与专业相关度	职业名称	工作与专业相关度
数据录入员	26	推销员	37
行政服务经理	30	游戏策划	37
餐饮服务主管	32	总经理和日常主管	38
警察	32	档案管理员	38
贷款顾问	34	销售经理	39
房地产经纪人	35	一线销售经理(非零售)	40
文员	36	营业员	40
客服专员	36	行政秘书和行政助理	40
保单管理员	37	一线销售经理(零售)	40
保险推销员	37	行政经理	42
全国本科	**71**	**全国本科**	**71**

* 毕业生规模过小的职业不包括在此排序中。
数据来源：麦可思 – 中国 2017 届大学毕业生培养质量跟踪评价。

（五）离职率

离职率：有过工作经历的毕业生（从毕业时到 2017 年 12 月 31 日）有多大百分比发生过离职。离职率 = 曾经发生离职行为的毕业生人数/现在工作或曾经工作过的毕业生人数。

离职类型：分为主动离职（辞职）、被雇主解职、两者均有（离职两次以上可能会出现）三类情形。

1. 离职率

图 1 – 1 – 33 是 2016 届、2017 届大学生毕业半年内的离职率。可以看

出，2017 届大学毕业生毕业半年内的离职率为 33%，与 2016 届（34%）基本持平。其中，本科和高职高专院校 2017 届毕业生毕业半年内的离职率分别为 23%、42%，与 2016 届（分别为 24%、43%）基本持平。

在本科院校中，“双一流”院校 2017 届毕业生毕业半年内的离职率为 13%，非“双一流”本科院校 2017 届毕业生毕业半年内的离职率为 25%。

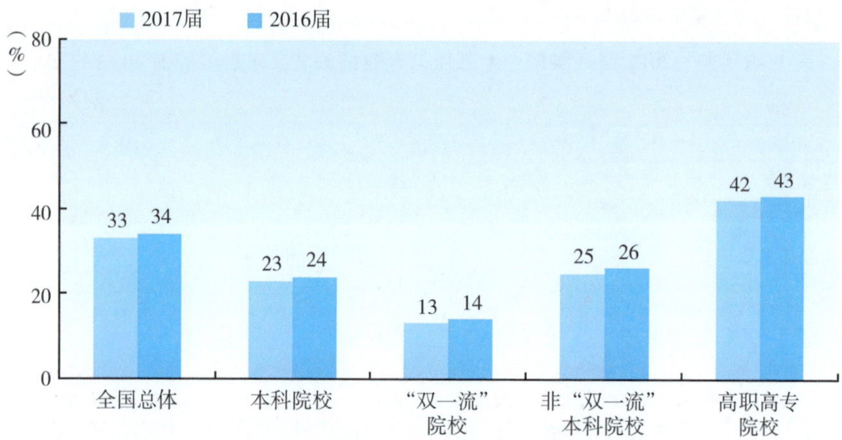

图 1-1-33　2016 届、2017 届大学生毕业半年内的离职率

数据来源：麦可思-中国 2016 届、2017 届大学毕业生培养质量跟踪评价。

表 1-1-34 是 2016 届、2017 届本科各学科门类毕业半年内的离职率。可以看出，在 2017 届本科学科门类中，医学半年内的离职率最低（13%），艺术学半年内的离职率最高（32%）。

表 1-1-34　2016 届、2017 届本科各学科门类毕业生毕业半年内的离职率*

单位：%

本科学科门类名称	2017 届	2016 届
医　　学	13	15
历 史 学	18	19
教 育 学	20	21
工　　学	21	21

续表

本科学科门类名称	2017 届	2016 届
法　　学	22	23
理　　学	23	24
经 济 学	25	26
管 理 学	26	26
农　　学	26	29
文　　学	28	31
艺 术 学	32	32
全国本科	**23**	**24**

* 个别学科门类因为样本较少，没有包括在内。

数据来源：麦可思－中国 2016 届、2017 届大学毕业生培养质量跟踪评价。

2. 离职类型

图 1－1－34 和图 1－1－35 是 2016 届、2017 届本科毕业生的离职类型分布和主动离职的原因。可以看出，2017 届本科毕业生半年内离职的人群有 98% 发生过主动离职，主动离职的主要原因是“个人发展空间不够”（48%）、“薪资福利偏低”（42%）。

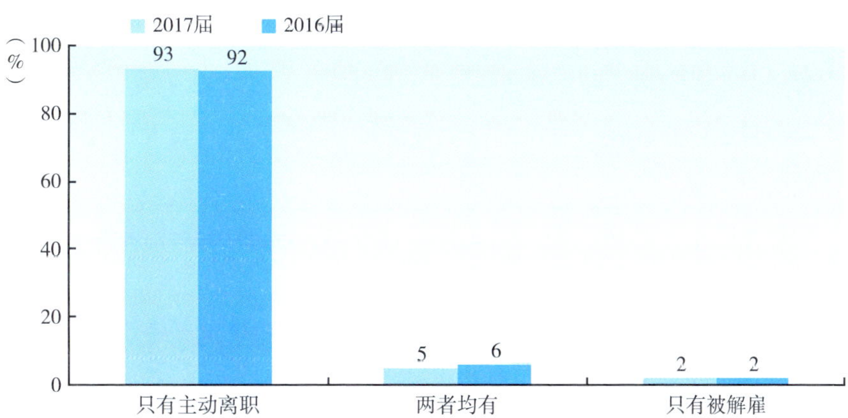

图 1－1－34　2016 届、2017 届本科毕业生的离职类型分布

数据来源：麦可思－中国 2016 届、2017 届大学毕业生培养质量跟踪评价。

3. 主动离职原因

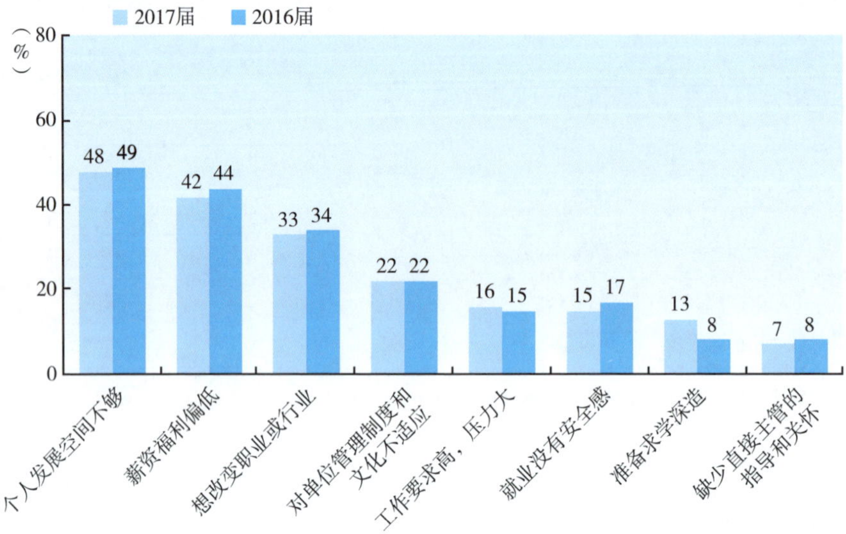

图 1－1－35　2016 届、2017 届本科毕业生主动离职的原因（多选）

数据来源：麦可思－中国 2016 届、2017 届大学毕业生培养质量跟踪评价。

（六）专业预警

红牌专业：失业量较大，就业率、月收入和就业满意度综合较低的专业，为高失业风险型专业。

黄牌专业：除红牌专业外，失业量较大，就业率、月收入和就业满意度综合较低的专业。

绿牌专业：失业量较小，就业率、月收入和就业满意度综合较高的专业，为需求增长型专业。

出现红、黄牌专业的原因既可能是供大于求，也可能是培养质量达不到岗位需求，而这是导致大学毕业生找不到工作与企业招不到人才的原因之一。专业预警分析可以引导政府和高校主动调整学科专业设置，提高人才培养质量，增强高等教育的人才培养对社会需求的质与量的敏感度和反应性，从而更好地建立与社会需求相适应的专业结构。

表 1－1－35 是 2018 年本科“红黄绿牌”专业。2018 年本科就业红牌专业包括：绘画、化学、美术学、音乐表演、法学、历史学；黄牌专业包括：生物技术、生物工程、应用心理学、广播电视编导、生物科学。以上专业部分与 2017 年的红黄牌专业相同，属于失业量较大，就业率、薪资和就业满意度综合较低的高失业风险型专业，这些专业具有持续性。

2018 年本科就业绿牌专业包括：信息安全、软件工程、网络工程、物联网工程、数字媒体技术、通信工程、数字媒体艺术。以上专业部分与 2017 年的绿牌专业相同，属于失业量较小，就业率、薪资和就业满意度综合较高的需求增长型专业。

表 1－1－35　2018 年本科“红黄绿牌”专业

红牌专业	黄牌专业	绿牌专业
绘画	生物技术	信息安全
化学	生物工程	软件工程
美术学	应用心理学	网络工程
音乐表演	广播电视编导	物联网工程
法学	生物科学	数字媒体技术
历史学		通信工程
		数字媒体艺术

数据来源：麦可思　中国 2015～2017 届大学毕业生培养质量跟踪评价。

B.4
第二章
自主创业

一　自主创业比例

图1-2-1是2015~2017届大学生毕业半年后自主创业的比例变化趋势。可以看出，2017届大学生毕业半年后自主创业的比例为2.9%，与2016届、2015届（均为3.0%）基本持平。2017届高职高专生毕业半年后自主创业的比例（3.8%）高于本科毕业生（1.9%）。从近三届的趋势可以看出，大学毕业生自主创业的比例呈现平稳态势。

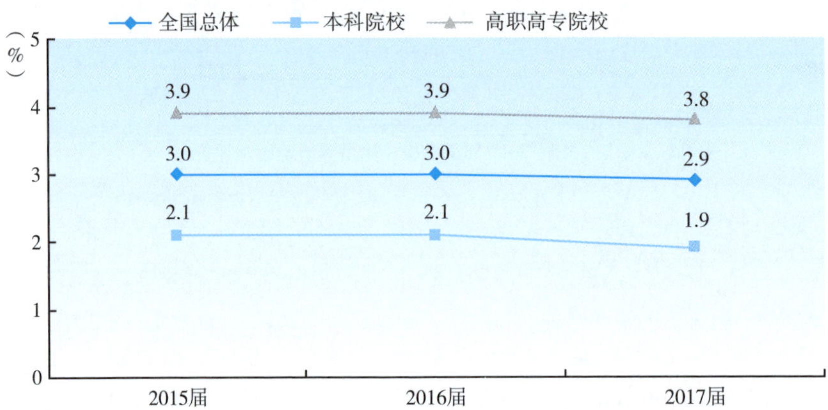

图1-2-1　2015~2017届大学生毕业半年后自主创业的比例变化趋势

数据来源：麦可思-中国2015~2017届大学毕业生培养质量跟踪评价。

就业经济区域自主创业比例=在本经济区域自主创业的毕业生人数/在本经济区域就业的毕业生人数。

图 1 -2 -2 是 2016 届、2017 届在各经济区域就业的本科毕业生自主创业的比例。可以看出，2017 届本科毕业生自主创业比例最高的就业经济区域为泛长江三角洲区域经济体（2.7%）。

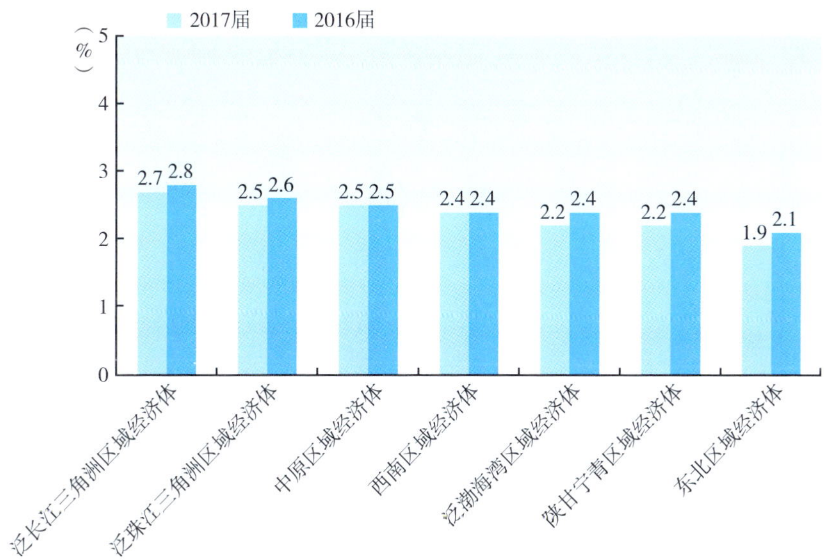

图 1 -2 -2　2016 届、2017 届在各经济区域就业的本科毕业生自主创业的比例*

* 西部生态经济区因为样本较少，没有包括在内。

数据来源：麦可思 - 中国 2016 届、2017 届大学毕业生培养质量跟踪评价。

二　自主创业分布

（一）创业人群分布

毕业三年后：麦可思于 2017 年对 2014 届大学毕业生进行了三年后跟踪评价（曾于 2015 年初对这批大学毕业生进行过半年后跟踪评价），本报告涉及的三年内的变化分析即使用两次对同一批大学生的跟踪评价数据。

图1－2－3是2014届大学生毕业半年后自主创业的比例（与2014届三年后对比）。可以看出，2014届大学生毕业半年后有2.9%的人自主创业（本科为2.0%，高职高专为3.8%），三年后有6.3%的人自主创业（本科为4.1%，高职高专为8.5%），说明有更多的毕业生在毕业三年内选择了自主创业。

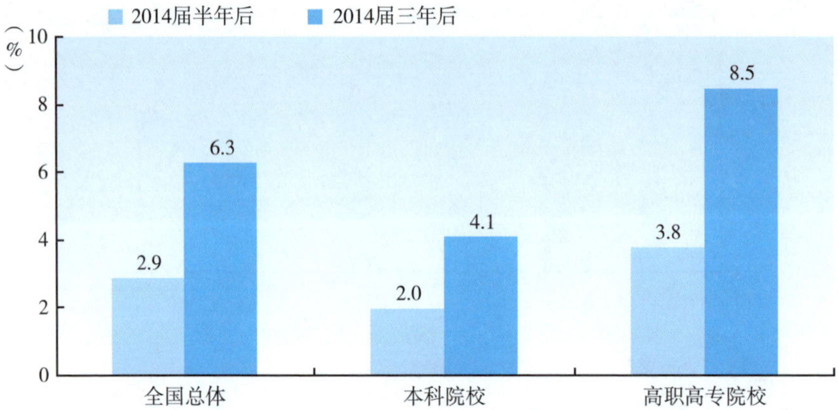

图1－2－3　2014届大学生毕业半年后自主创业的比例（与2014届三年后对比）

数据来源：麦可思－中国2014届大学毕业生半年后培养质量跟踪评价，2014届大学毕业生三年后职业发展跟踪评价。

图1－2－4是2014届本科半年后自主创业毕业生在毕业三年后的就业去向分布。可以看出，毕业半年后自主创业的2014届本科毕业生中有46.9%的人三年后还在继续自主创业，与2013届（46.2%）基本持平；有49.4%的人选择了受雇工作，比2013届（48.2%）增加了1.2个百分点。

（二）职业分布

自主创业集中的职业类比例：自主创业人群中有多大比例的毕业生从事该职业类。分子是自主创业人群中从事该职业类的毕业生人数，分母是毕业生自主创业的总人数。

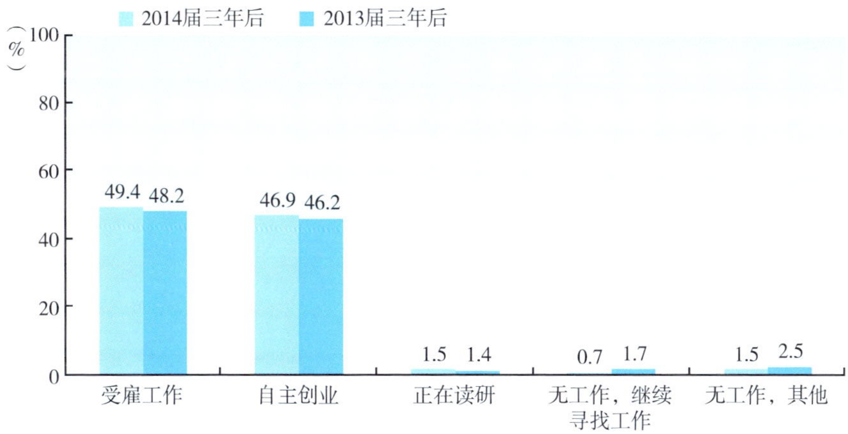

图 1－2－4　2014 届本科毕业半年后自主创业者三年后的就业去向分布（与 2013 届三年后对比）*

* 正在读研人群包含“正在读博士”和“正在读硕士”。

数据来源：麦可思－中国 2013 届、2014 届大学毕业生三年后职业发展跟踪评价，2013 届、2014 届大学毕业生半年后培养质量跟踪评价。

图 1－2－5 是 2017 届本科生毕业半年后自主创业最集中的前五位职业类。可以看出，2017 届本科生毕业半年后自主创业主要集中在中小学教育类职业（10.9%）。

图 1－2－6 是 2014 届本科生毕业三年后自主创业最集中的前五位职业类。可以看出，2014 届本科生毕业三年后自主创业主要集中在销售类职业（11.4%）。

（三）行业分布

自主创业集中的行业类比例：自主创业人群中有多大比例毕业生在该行业类就业，分子是自主创业人群中在该行业类就业的毕业生人数，分母是毕业生自主创业的总人数。

图 1－2－7 是 2017 届本科生毕业半年后自主创业最集中的前五位行业类。可以看出，2017 届本科生毕业半年后自主创业主要集中在教育产业（22.7%）。

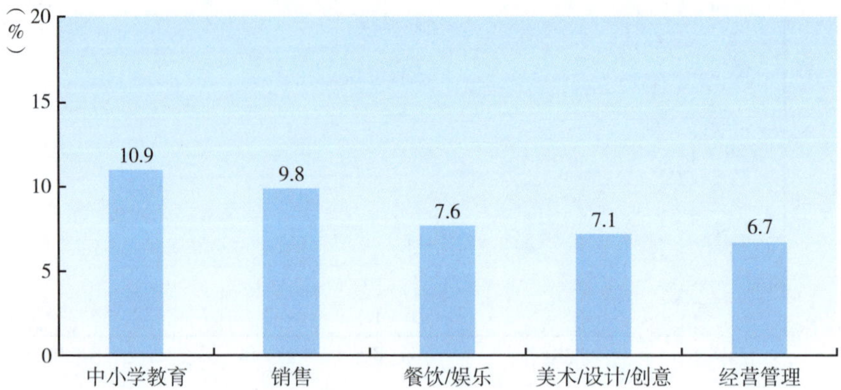

图 1-2-5　2017 届本科生毕业半年后自主创业最集中的前五位职业类

数据来源：麦可思-中国 2017 届大学毕业生培养质量跟踪评价。

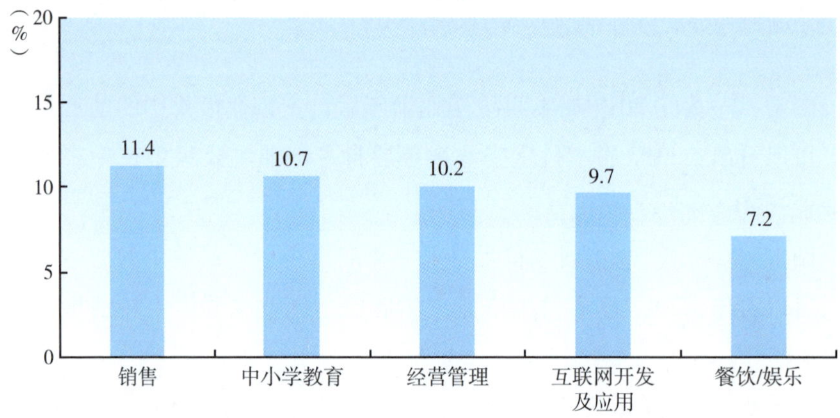

图 1-2-6　2014 届本科生毕业三年后自主创业最集中的前五位职业类

数据来源：麦可思-中国 2014 届大学毕业生三年后职业发展跟踪评价。

图 1-2-8 是 2014 届本科生毕业三年后自主创业最集中的前五位行业类。可以看出，2014 届本科生毕业三年后自主创业主要集中在教育产业（19.3%），其次是零售商业（15.1%）。

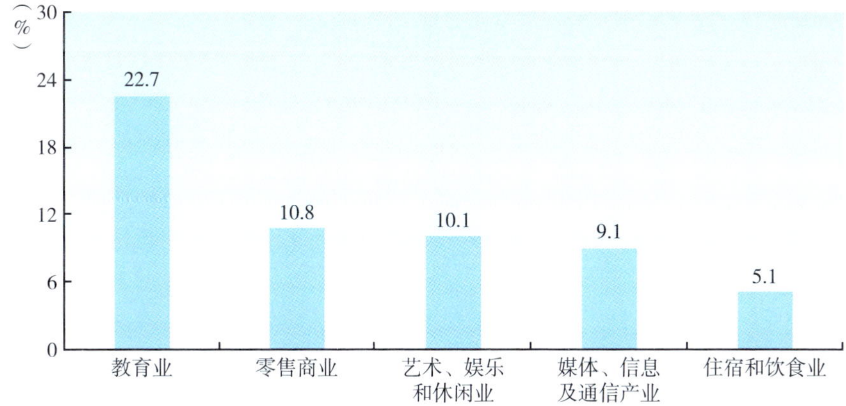

图 1-2-7　2017 届本科生毕业半年后自主创业最集中的前五位行业类

数据来源：麦可思-中国 2017 届大学毕业生培养质量跟踪评价。

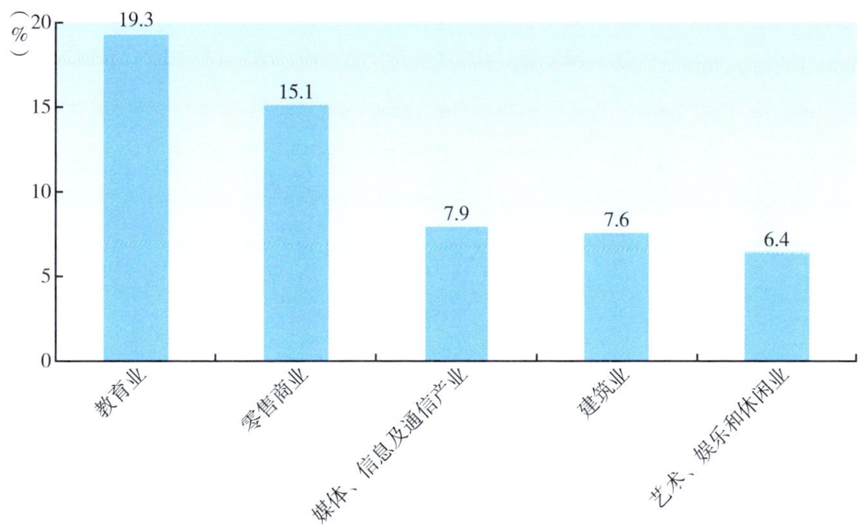

图 1-2-8　2014 届本科生毕业三年后自主创业最集中的前五位行业类

数据来源：麦可思-中国 2014 届大学毕业生三年后职业发展跟踪评价。

三 自主创业月收入

图1-2-9是2017届本科生毕业半年后自主创业的月收入。可以看出，2017届本科生毕业半年后自主创业人群的月收入为5785元，比2017届本科生毕业半年后平均月收入（4774元）高1011元。

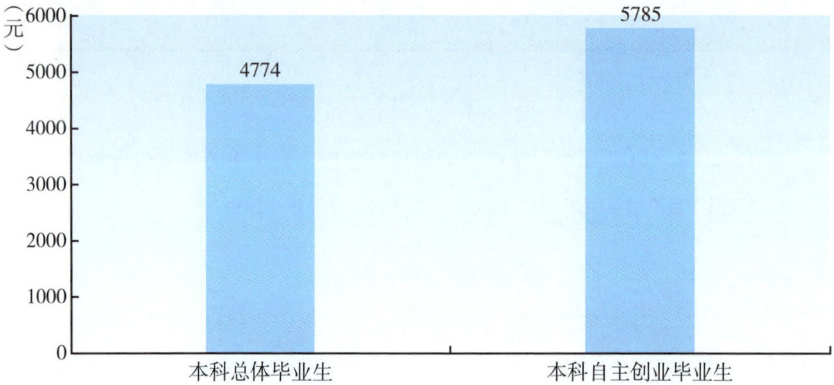

图1-2-9 2017届本科生毕业半年后自主创业的月收入

数据来源：麦可思-中国2017届大学毕业生培养质量跟踪评价。

图1-2-10是2014届本科生毕业半年后自主创业的月收入（与2014届三年后对比）。可以看出，2014届本科生毕业半年后自主创业人群的月收入为4895元，三年后为11354元，涨幅为132%，明显高于2014届本科毕业生平均水平（半年后为3773元、三年后为7045元、涨幅为87%）。

四 自主创业动机

图1-2-11是2016届、2017届本科毕业生自主创业的动机分布。可以看出，创业理想是2017届本科毕业生自主创业最重要的动力（41%），

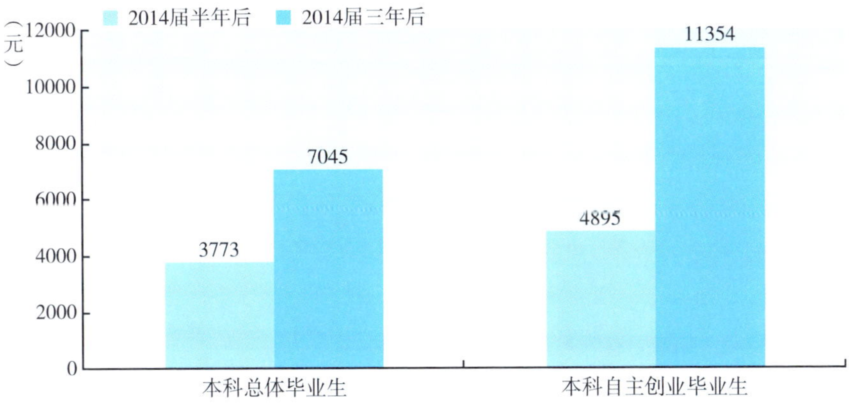

图1－2－10 2014届本科生毕业半年后自主创业的月收入（与2014届三年后对比）

数据来源：麦可思－中国2014届大学毕业生半年后培养质量跟踪评价，2014届大学毕业生三年后职业发展跟踪评价。

选择自主创业的毕业生中，绝大多数（86%）属于“机会型创业”[①]，只有6%属于“生存型创业”。

五 自主创业资金来源

图1－2－12是2016届、2017届本科毕业生自主创业的资金来源分布。可以看出，2017届本科毕业生自主创业的资金主要依靠父母/亲友投资或借贷和个人积蓄（76%），而来自政府资助（4%）、商业性风险投资（3%）的比例均较小。

① 机会型创业指的是为了抓住和充分利用市场机会而进行的创业；生存型创业指的是创业者因找不到合适的工作而进行的创业。该理论由全球创业观察（Global Entrepreneurship Monitor）2001年报告首次提出。其中，机会型创业包括：理想就是成为创业者、有好的创业项目、受他人邀请加入创业、未来收入好；生存型创业包括：未找到合适的工作。

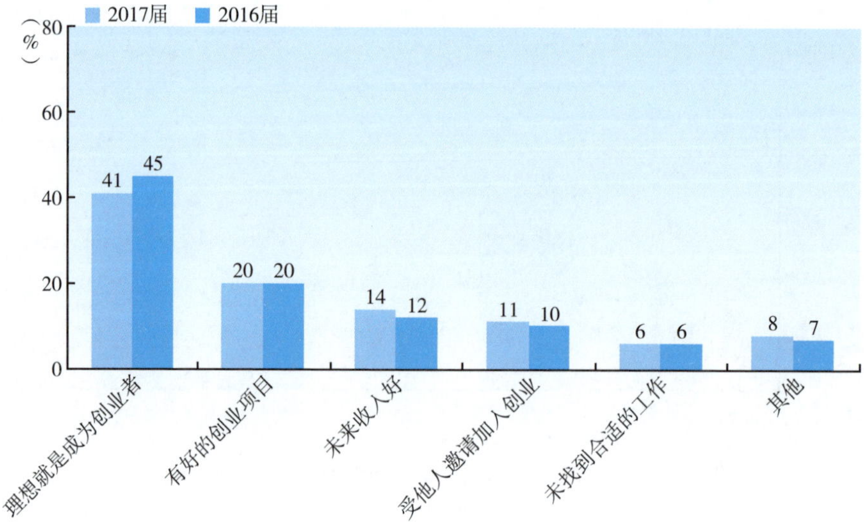

图 1－2－11　2016 届、2017 届本科毕业生自主创业的动机分布

数据来源：麦可思－中国 2016 届、2017 届大学毕业生培养质量跟踪评价。

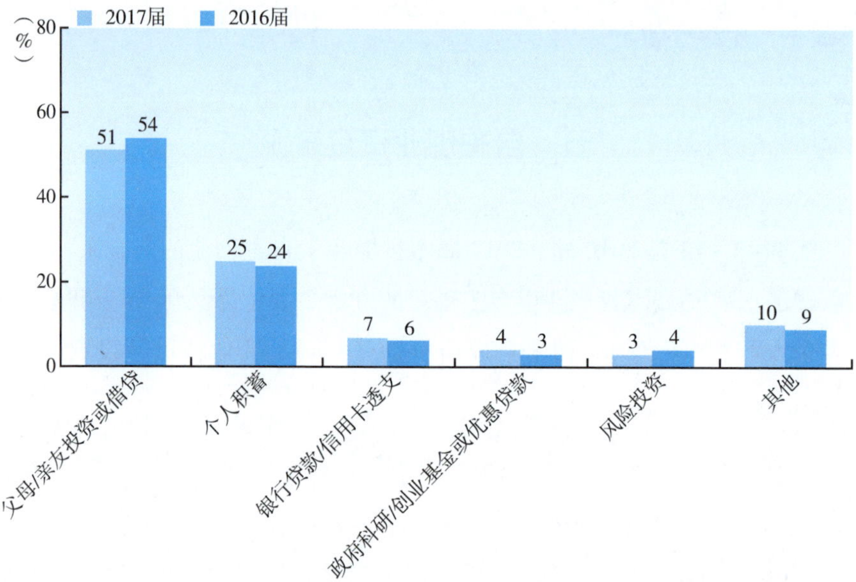

图 1－2－12　2016 届、2017 届本科毕业生自主创业的资金来源分布

数据来源：麦可思－中国 2016 届、2017 届大学毕业生培养质量跟踪评价。

六　自主创业风险

图 1－2－13 是 2016 届、2017 届本科毕业生自主创业的风险因素分布。可以看出，2017 届本科毕业生自主创业的主要风险因素为缺乏企业管理经验（27%），其次是缺少资金、市场推广困难（均为 25%）。

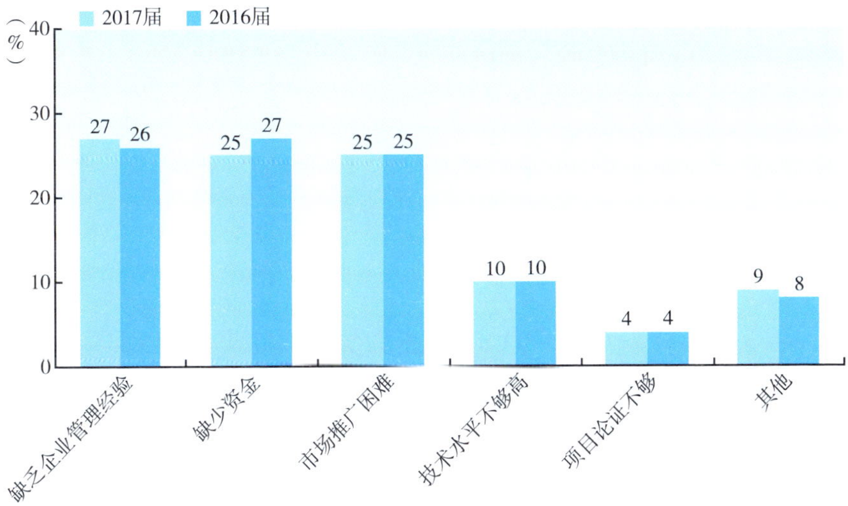

图 1－2－13　2016 届、2017 届本科毕业生自土创业的风险因素分布

数据来源：麦可思－中国 2016 届、2017 届大学毕业生培养质量跟踪评价。

七　创新能力

创新能力：35 项基本工作能力中与创新能力相关的几项能力，包括科学分析、批判性思维、积极学习、新产品构思四项能力。

图 1－2－14 是 2017 届大学毕业生的创新能力指标。可以看出，2017 届大学毕业生毕业时掌握的创新能力水平为 56%（本科为 57%，高职高专为 54%），毕业生创新能力的满足度为 84%（本科、高职高专均为 84%）。

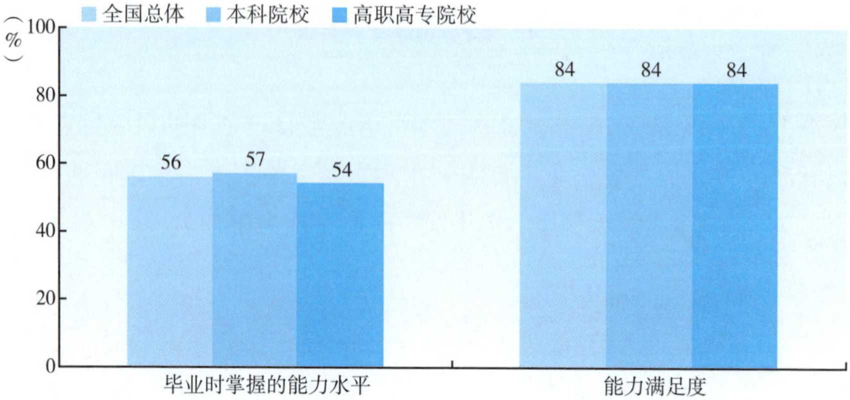

图 1-2-14　2017 届大学毕业生的创新能力指标

数据来源：麦可思-中国 2017 届大学毕业生培养质量跟踪评价。

八　创业教育

图 1-2-15 是 2016 届、2017 届本科自主创业毕业生认为对创业有帮助的活动分布。可以看出，2017 届本科自主创业的毕业生认为对创业最有帮助的活动为“假期实习/课外兼职”（46%）。

创新创业教育：指毕业生在大学期间参加过的创新创业教育。包括：“创业辅导活动”、“创业教学课程”、“创业竞赛活动”、“创业实践活动”、“其他”，一个毕业生可以选择参加多类教育。

创新创业教育有效性：毕业生选择了参加某类创新创业教育后，会再评价该类教育对其工作或学习是否有帮助。创新创业教育有效性 = 参加过该类教育并表示有帮助的人数/参加过该类教育的人数。

图 1-2-16 是 2017 届本科毕业生接受母校提供的创新创业教育及认为其有效的比例。可以看出，2017 届本科毕业生接受母校提供的创新创业教育主要是创业教学课程、创业辅导活动（分别为 41%、36%），其有效性分别为 55%、61%。

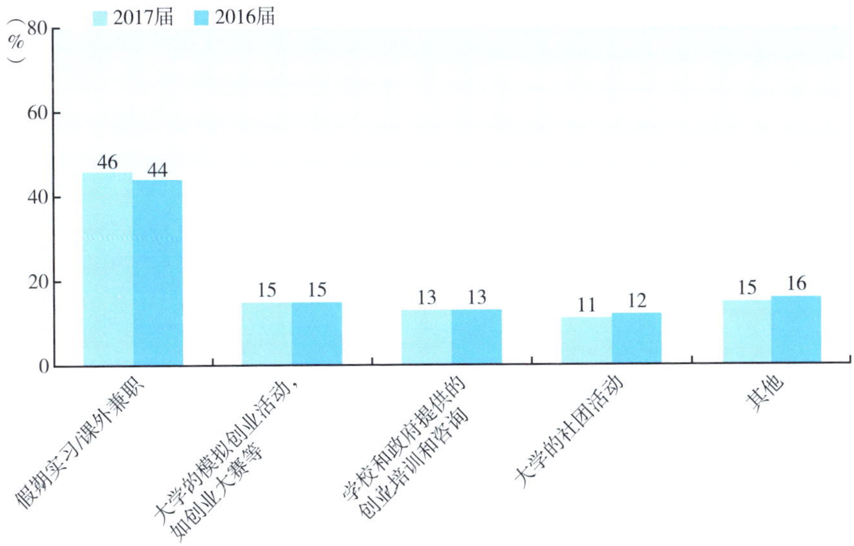

图 1-2-15　2016 届、2017 届本科自主创业毕业生认为对创业有帮助的活动分布

数据来源：麦可思-中国 2016 届、2017 届大学毕业生培养质量跟踪评价。

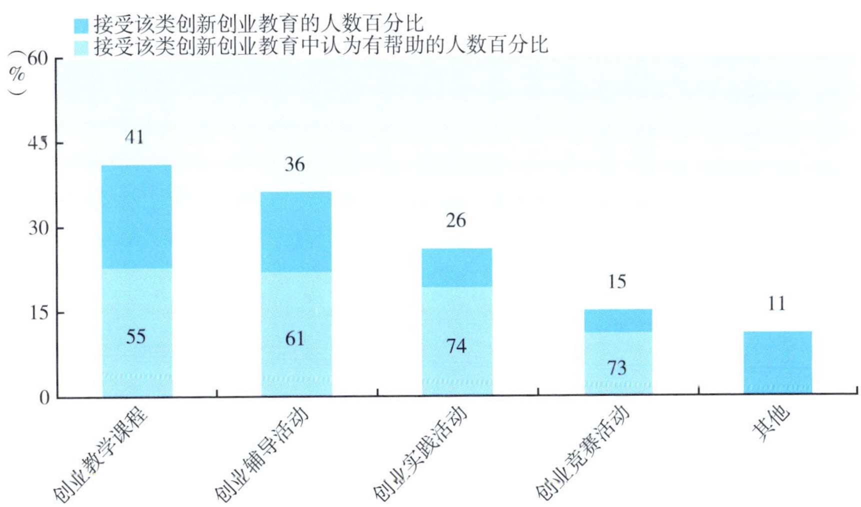

图 1-2-16　2017 届本科毕业生接受母校提供的创新创业教育及认为其有效的比例（多选）

数据来源：麦可思-中国 2017 届大学毕业生培养质量跟踪评价。

图 1－2－17 是 2017 届本科毕业生认为母校创新创业教育需要改进的地方。可以看出，2017 届本科毕业生认为创新创业教育最需要改进的地方是“创新创业实践类活动不足”（56%），其后是“创新创业教育课程缺乏”（45%）、“教学方法不适用于创新创业教育”（39%）。

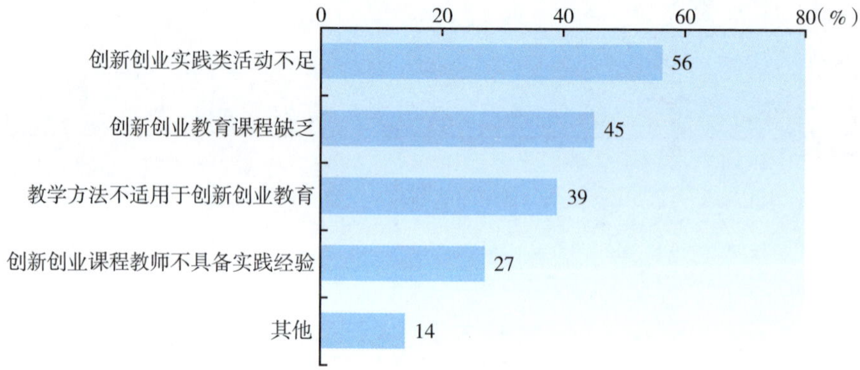

图 1－2－17　2017 届本科毕业生认为母校创新创业教育需要改进的地方（多选）

数据来源：麦可思－中国 2017 届大学毕业生培养质量跟踪评价。

B.5
第三章 国内读研

一 读研的比例

图1－3－1是2015～2017届本科毕业生国内读研的比例变化趋势。可以看出，2017届本科毕业生国内读研的比例为14.1%，比2016届（13.4%）高0.7个百分点，比2015届（13.5%）高0.6个百分点。

其中，"双一流"院校2017届毕业生国内读研的比例为28.5%，非"双一流"本科院校2017届毕业生国内读研的比例为11.2%。

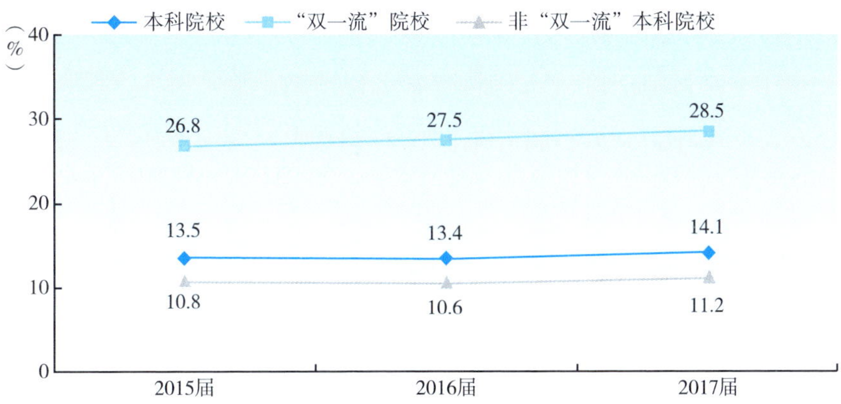

图1－3－1 2015～2017届本科毕业生国内读研的比例变化趋势

数据来源：麦可思－中国2015～2017届大学毕业生培养质量跟踪评价。

图1－3－2是2017届本科毕业生读研转换专业的比例。可以看出，在2017届读研的本科毕业生中，有27%转换了专业。其中，"双一流"院校为22%，非"双一流"本科院校为28%。

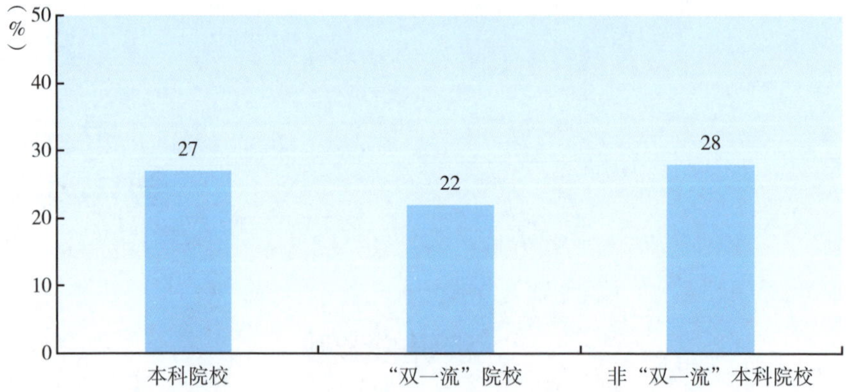

图 1-3-2 2017 届本科毕业生读研转换专业的比例

数据来源：麦可思-中国 2017 届大学毕业生培养质量跟踪评价。

各学科门类读研比例=各学科门类国内读研的毕业生人数/该学科门类毕业生总人数。

各学科门类读研转换专业比例=各学科门类国内读研的毕业生转换专业的人数/该学科门类读研毕业生总人数。

表 1-3-1 和表 1-3-2 是 2016 届、2017 届本科各学科门类读研比例及转换专业比例。可以看出，在 2017 届本科学科门类中，毕业生读研比例最高的是医学（25.7%），最低的是艺术学（5.8%）；读研转换专业比例最低的是医学（14%），最高的是管理学（45%）。

表 1-3-1 2016 届、2017 届本科各学科门类读研比例*

单位：%

本科学科门类名称	2017 届	2016 届
医学	25.7	24.8
理学	22.8	21.7
农学	21.4	20.4
法学	17.6	16.2
历史学	16.8	15.4
工学	15.2	14.2
教育学	10.9	10.5

续表

本科学科门类名称	2017 届	2016 届
经 济 学	10. 9	10. 2
文　　学	10. 8	9. 1
管 理 学	9. 2	8. 1
艺 术 学	5. 8	4. 8
全国本科	**14. 1**	**13. 4**

* 个别学科门类因为样本较少，没有包括在内。
数据来源：麦可思 – 中国 2016 届、2017 届大学毕业生培养质量跟踪评价。

表 1 – 3 – 2　2016 届、2017 届本科各学科门类读研转换专业比例*

单位：%

本科学科门类名称	2017 届	2016 届
医　　学	14	14
历 史 学	16	17
法　　学	17	21
工　　学	21	19
教 育 学	25	29
农　　学	28	26
文　　学	29	32
理　　学	29	29
艺 术 学	29	27
经 济 学	42	41
管 理 学	45	45
全国本科	**27**	**28**

* 个别学科门类因为样本较少，没有包括在内。
数据来源：麦可思 – 中国 2016 届、2017 届大学毕业生培养质量跟踪评价。

表 1 – 3 – 3　2017 届本科毕业生读研的主要研究生专业类分布*

单位：%

主要研究生专业类	分布比例	主要研究生专业类	分布比例
电子信息类	8. 0	食品科学与工程类	0. 7
临床医学类	6. 0	音乐与舞蹈学类	0. 7
计算机类	5. 8	心理学类	0. 6
机械类	5. 1	公共卫生与预防医学类	0. 6

续表

主要研究生专业类	分布比例	主要研究生专业类	分布比例
材料类	3.7	航空航天类	0.6
外国语言文学类	3.7	基础医学类	0.6
工商管理类	3.5	口腔医学类	0.6
法学类	3.3	测绘类	0.6
土木类	3.3	医学技术类	0.5
化学类	3.0	戏剧与影视学类	0.5
教育学类	2.6	安全科学与工程类	0.5
中国语言文学类	2.3	经济与贸易类	0.5
电气类	2.1	生物医学工程类	0.4
生物科学类	2.0	轻工类	0.4
数学类	1.9	矿业类	0.4
自动化类	1.8	护理学类	0.3
经济学类	1.7	工业工程类	0.3
化工与制药类	1.7	林学类	0.3
统计学类	1.6	中药学类	0.3
物理学类	1.6	财政学类	0.3
金融学类	1.4	政治学类	0.3
中医学类	1.3	核工程类	0.3
药学类	1.2	物流管理与工程类	0.3
马克思主义理论类	1.2	力学类	0.3
公共管理类	1.1	动物医学类	0.2
设计学类	1.1	哲学类	0.2
新闻传播学类	1.1	海洋科学类	0.2
体育学类	1.1	农业工程类	0.2
环境科学与工程类	1.1	地球物理学类	0.2
管理科学与工程类	1.1	兵器类	0.2
能源动力类	1.0	纺织类	0.2
历史学类	1.0	自然保护与环境生态类	0.2
仪器类	1.0	旅游管理类	0.2
地质类	0.9	艺术学理论类	0.2
地理科学类	0.9	地质学类	0.2
建筑类	0.9	农业经济管理类	0.1
生物工程类	0.8	动物生产类	0.1

续表

主要研究生专业类	分布比例	主要研究生专业类	分布比例
交通运输类	0.8	植物生产类	0.1
水利类	0.7	林业工程类	0.1
社会学类	0.7	海洋工程类	0.1
美术学类	0.7		

* 个别专业类因为样本较少比例较低，没有展示。

数据来源：麦可思－中国 2017 届大学毕业生培养质量跟踪评价。

二　读研的动机

图 1－3－3 和图 1－3－4 分别是 2016 届、2017 届本科毕业生读研的主要动机，2016 届、2017 届本科院校读研的毕业生选择研究生院校时最关注的因素分布。可以看出，2017 届本科毕业生读研的主要动机是就业前景好（55%）和职业发展需要（51%）。读研人群选择研究生院校时最关注的因素是所学专业的声誉（38%）和学校的牌子（23%）。

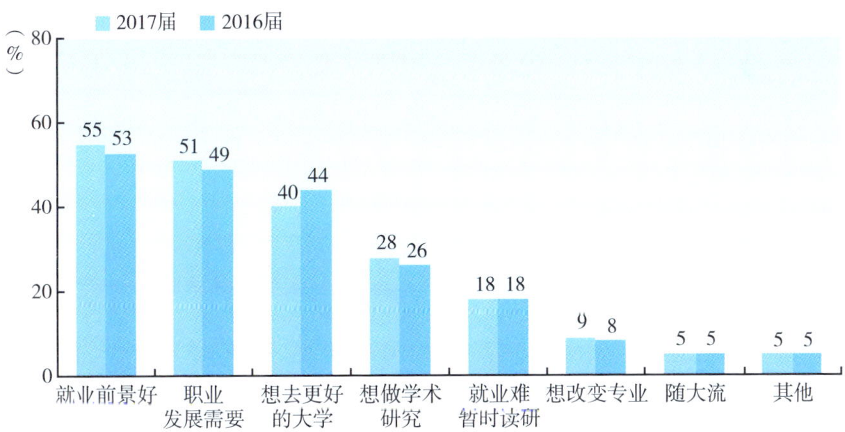

图 1－3－3　2016 届、2017 届本科毕业生读研的主要动机（多选）

数据来源：麦可思－中国 2016 届、2017 届大学毕业生培养质量跟踪评价。

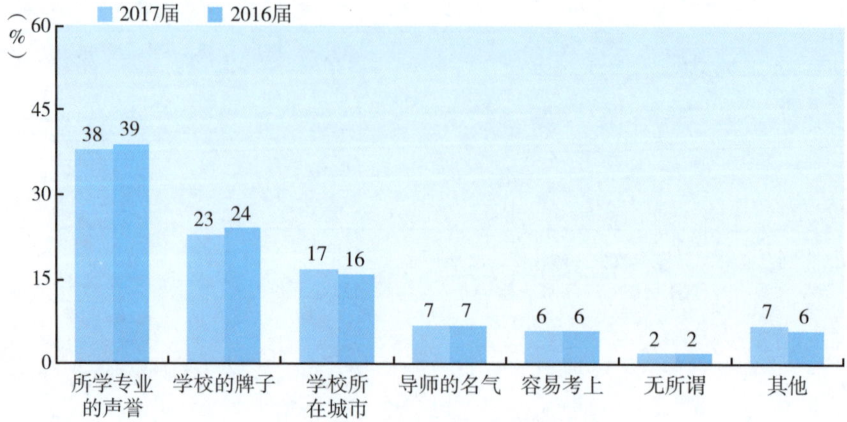

图 1-3-4　2016 届、2017 届本科院校读研的毕业生选择研究生院校时最关注的因素分布

数据来源：麦可思－中国 2016 届、2017 届大学毕业生培养质量跟踪评价。

B.6
第四章 未就业分析

未就业：本研究将应届毕业生在毕业半年后跟踪评价时没有全职或者半职雇用工作，也没有创业、入伍或升学的状态，视为未就业。这包括准备考研、准备出国读研、还在找工作和“待定族”四种情况。

待定族：指跟踪评价时处于失业状态且不打算求职和求学的大学毕业生。

失业率＝未就业毕业生数/需就业的总毕业生数，需就业的总毕业生数不包括国内外读研（本科毕业生）、读本科（高职高专毕业生）的人数。

一 失业率

图1－4－1是2015～2017届大学生毕业半年后的失业率变化趋势。可以看出，2017届大学生毕业半年后的失业率（8.1%）与2016届、2015届（分别为8.4%、8.3%）基本持平。其中，本科院校2017届毕业生的失业率（8.4%）与2016届（8.2%）基本持平，比2015届（7.8%）略高；高职高专院校2017届毕业生的失业率（7.9%）比2016届、2015届（分别8.5%、8.8%）略低。从近三届的趋势可以看出，大学生毕业半年后失业率呈现平稳态势。

图1－4－2是2017届本科毕业人数最多的100位专业中失业率最高的10个专业。可以看出，2017届本科失业率最高的专业为绘画（17.3%），其次为法学（14.7%）。

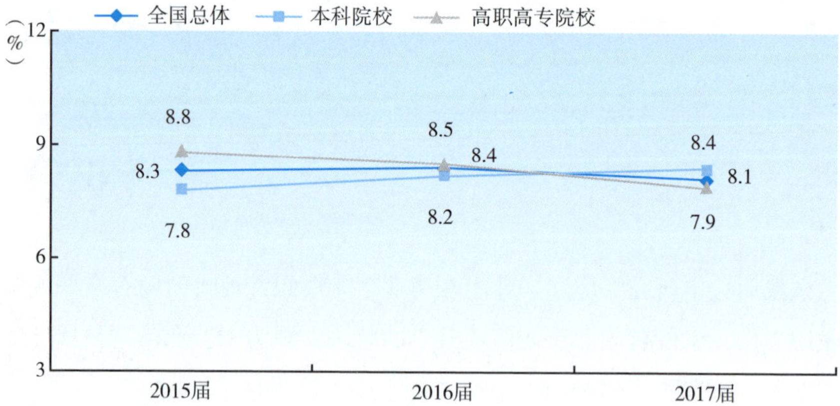

图1-4-1　2015~2017届大学生毕业半年后的失业率变化趋势

数据来源：麦可思-中国2015~2017届大学毕业生培养质量跟踪评价。

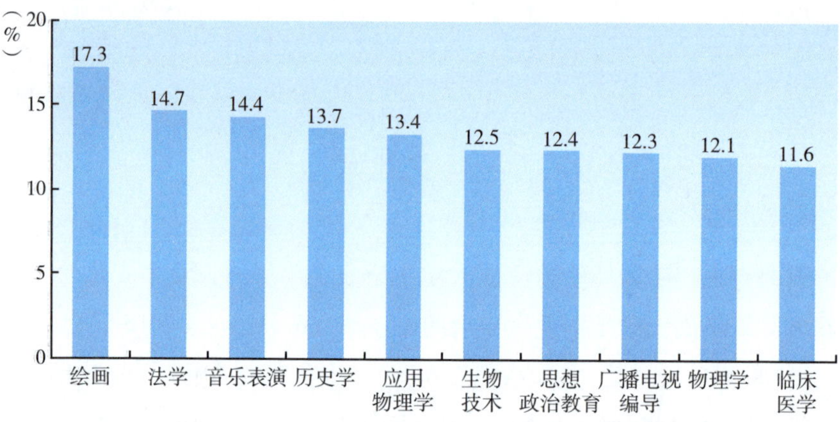

图1-4-2　2017届本科毕业人数最多的100位专业中失业率最高的10个专业

数据来源：麦可思-中国2017届大学毕业生培养质量跟踪评价。

二　未就业人群分布

图1-4-3是2017届大学毕业生的未就业人群分布。可以看出，在

2017届大学毕业生的未就业人群中，大多数毕业生还在继续找工作。本科院校处于未就业状态的毕业生（7.0%）中有24%为“待定族”（不求学不求职），高职高专院校处于未就业状态的毕业生（7.5%）中有43%为“待定族”。

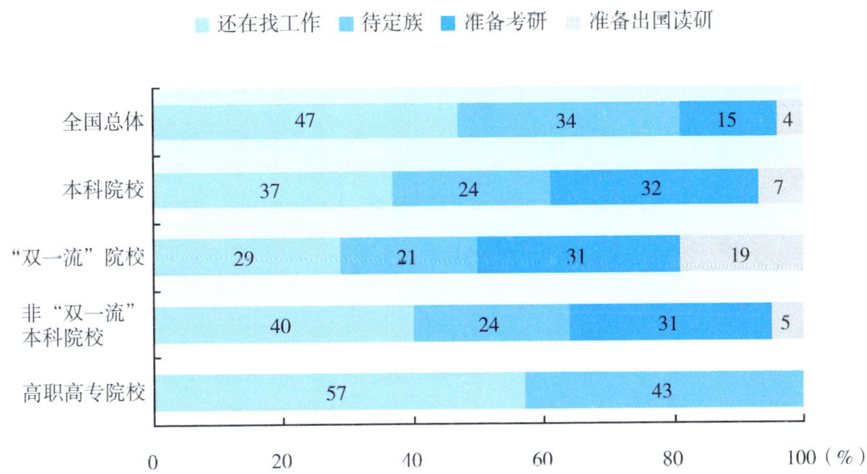

图1-4-3　2017届大学毕业生的未就业人群分布

数据来源：麦可思-中国2017届大学毕业生培养质量跟踪评价。

三　未就业人群打算

图1-4-4是2017届大学毕业生的“待定族”打算分布。可以看出，在2017届本科院校毕业半年后的“待定族”中，有41%的毕业生在准备公务员考试，有7%的毕业生准备创业。在高职高专院校毕业半年后的“待定族”中，有14%的毕业生准备创业，有13%的毕业生在准备公务员考试。

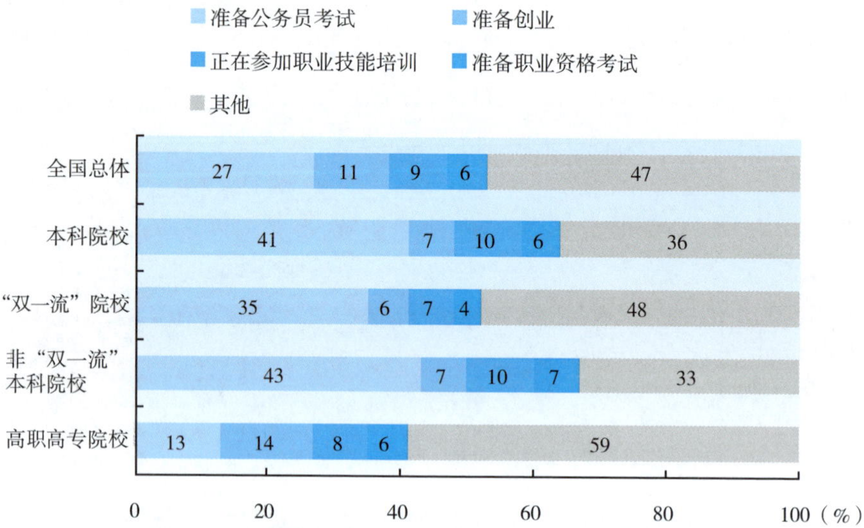

图1-4-4 2017届大学毕业生的“待定族”打算分布

数据来源：麦可思-中国2017届大学毕业生培养质量跟踪评价。

分报告二　职业发展报告

B.7 第一章 职位晋升

一　职位晋升比例

（一）总体职位晋升比例

毕业三年后：麦可思于2017年对2014届大学毕业生进行了三年后跟踪评价（曾于2015年初对这批大学毕业生进行过半年后跟踪评价），本报告涉及的三年内的变化分析即使用两次对同一批大学生的跟踪评价数据。

职位晋升：由已经工作的毕业生回答是否获得职位晋升以及获得晋升的次数。职位晋升是指享有比前一个职位更多的职权并承担更多的责任，由毕业生主观判断。这既包括不换雇主的内部提升，也包括通过更换雇主实现的晋升。

图2-1-1是2014届大学生毕业三年内平均获得职位晋升的比例。可

以看出，2014 届大学生毕业三年内有 58% 的人获得职位晋升，与 2013 届（57%）基本持平。其中，本科这一比例为 56%，略高于 2013 届（54%）；高职高专这一比例为 61%，与 2013 届（60%）基本持平。

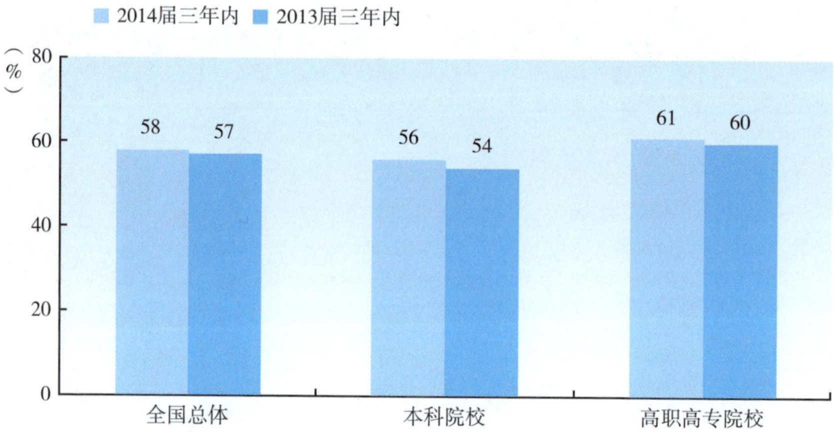

图 2-1-1　2014 届大学生毕业三年内平均获得职位晋升的比例（与 2013 届三年内对比）

数据来源：麦可思-中国 2013 届、2014 届大学毕业生三年后职业发展跟踪评价。

（二）各学科门类的职位晋升比例

表 2-1-1 是 2014 届本科各学科门类毕业生三年内平均获得职位晋升的比例。可以看出，2014 届本科经济学、管理学门类毕业生三年内获得职位晋升的比例最高（均为 59%），医学门类获得职位晋升的比例最低（38%）。

（三）主要职业的职位晋升比例

表 2-1-2 是 2014 届本科主要职业类毕业生三年内平均获得职位晋升的比例。可以看出，2014 届本科从事“经营管理”职业类的毕业生三年内获得职位晋升的比例最高（83%），其次是“房地产经营”（78%）；从事“公安/检察/法院/经济执法”职业类的毕业生三年内获得职位晋升的比例最低（33%）。

表 2-1-1　2014 届本科各学科门类大学生毕业三年内平均获得职位晋升的比例*

单位：%

本科学科门类名称	获得职位晋升的比例	本科学科门类名称	获得职位晋升的比例
经 济 学	59	理　　学	54
管 理 学	59	教 育 学	51
艺 术 学	58	法　　学	50
文　　学	57	医　　学	38
农　　学	56	**全国本科**	**56**
工　　学	56		

* 个别学科门类因为样本较少，没有包括在内。

数据来源：麦可思－中国 2014 届大学毕业生三年后职业发展跟踪评价。

表 2-1-2　2014 届本科主要职业类大学生毕业三年内平均获得职位晋升的比例*

单位：%

本科职业类名称	获得职位晋升的比例
经营管理	83
房地产经营	78
生产/运营	72
餐饮/娱乐	72
酒店/旅游/会展	72
销售	69
美术/设计/创意	68
人力资源	67
互联网开发及应用	64
表演艺术/影视	63
物流/采购	63
建筑工程	61
媒体/出版	60
金融(银行/基金/证券/期货/理财)	58
计算机与数据处理	58
生物/化工	58
财务/审计/税务/统计	57
文化/体育	57
幼儿与学前教育	56
律师/律政调查员	55

续表

本科职业类名称	获得职位晋升的比例
电力/能源	55
电气/电子(不包括计算机)	55
测绘	54
交通运输/邮电	54
公共关系	54
保险	54
工业安全与质量	53
矿山/石油	52
环境保护	50
中小学教育	49
研究人员	48
农/林/牧/渔类	48
机动车机械/电子	48
机械/仪器仪表	48
翻译	48
高等教育/职业培训	46
行政/后勤	44
医疗保健/紧急救助	38
社区工作者	38
公安/检察/法院/经济执法	33
全国本科	**56**

*个别职业类因为样本较少，没有包括在内。

数据来源：麦可思－中国2014届大学毕业生三年后职业发展跟踪评价。

（四）主要行业的职位晋升比例

表2－1－3是2014届本科主要行业类毕业生三年内平均获得职位晋升的比例。可以看出，2014届本科在“住宿和饮食业”就业的毕业生三年内获得职位晋升的比例最高（76%），其次是“房地产开发销售租赁及其他租赁业”（70%）；在“政府及公共管理”就业的毕业生三年内获得职位晋升的比例最低（34%）。

表 2－1－3　2014 届本科主要行业类毕业生三年内平均获得职位晋升的比例*

单位：%

本科行业类名称	获得职位晋升的比例
住宿和饮食业	76
房地产开发销售租赁及其他租赁业	70
零售商业	69
艺术、娱乐和休闲业	68
各类专业设计与咨询服务业	68
邮递、物流及仓储业	67
其他服务业(除行政服务)	65
食品、烟草、加工业	62
纺织皮革及成品加工业	62
批发商业	62
建筑业	61
媒体、信息及通信产业	61
化学品、化工、塑胶业	60
金融(银行/保险/证券)业	59
电子电气仪器设备及电脑制造业	58
家具、医疗设备及其他制成品业	57
农业、林业、渔业和畜牧业	57
初级金属制造业	55
运输业	55
水电煤气公用事业	52
教育业	51
机械五金制造业	51
矿业	48
交通工具制造业	48
行政、商业和环境保护辅助业	43
医疗和社会护理服务业	41
政府及公共管理	34
全国本科	**56**

* 个别行业类因为样本较少，没有包括在内。

数据来源：麦可思－中国 2014 届大学毕业生三年后职业发展跟踪评价。

二　职位晋升次数

（一）总体职位晋升次数

职位晋升次数：由毕业生回答获得职位晋升的次数，计算公式的分子是三年内毕业生获得的职位晋升次数，没有获得职位晋升的人记为0次，分母是三年内就业和就业过的毕业生数。

图2－1－2是2014届大学生毕业三年内平均获得职位晋升的次数。可以看出，2014届大学生毕业三年内平均获得职位晋升1.0次，略高于2013届（0.9次）。其中，本科为0.9次，略高于2013届（0.8次）；高职高专毕业生为1.0次，与2013届（1.0次）持平。

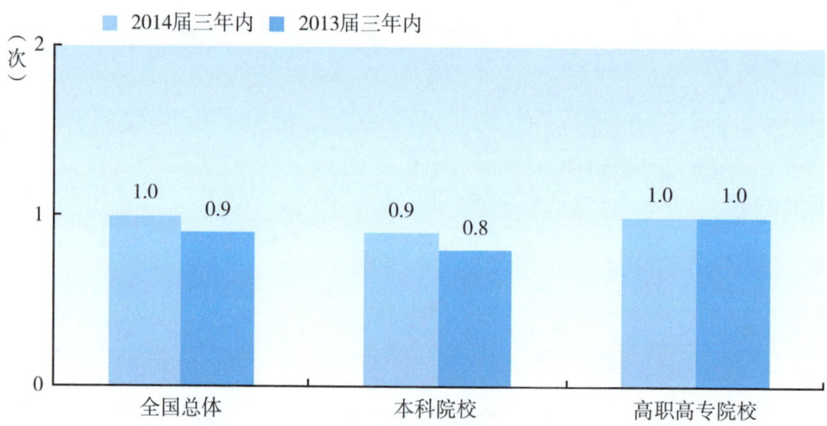

图2－1－2　2014届大学生毕业三年内平均获得职位晋升的次数（与2013届三年内对比）

数据来源：麦可思－中国2013届、2014届大学毕业生三年后职业发展跟踪评价。

图2－1－3是2014届本科毕业生三年内平均获得职位晋升的频度。可以看出，2014届本科毕业生三年内有34%获得过1次晋升，有7%获得过3次及以上的晋升。

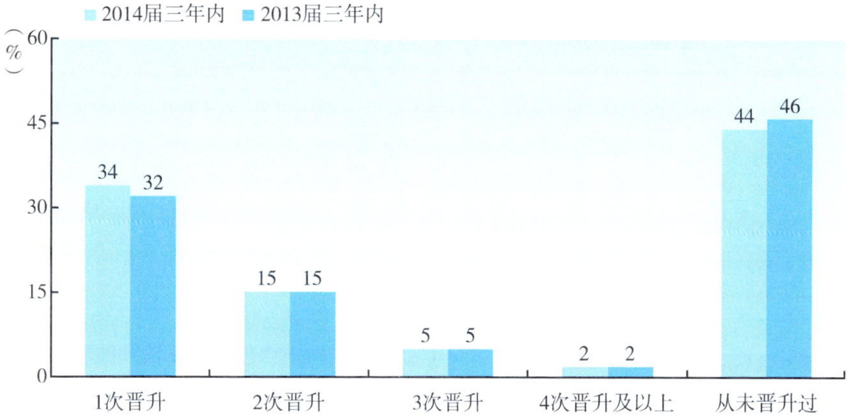

图 2－1－3 2014 届本科毕业生三年内平均获得职位晋升的频度（与 2013 届三年内对比）

数据来源：麦可思－中国 2013 届、2014 届大学毕业生三年后职业发展跟踪评价。

（二）各学科门类的职位晋升次数

表 2－1－4 是 2014 届本科各学科门类毕业生三年内平均获得职位晋升的次数。可以看出，2014 届本科经济学门类的毕业生三年内获得职位晋升的次数最多（1.0 次），医学门类的本科毕业生三年内获得职位晋升的次数最少（0.5 次）。

表 2－1－4 2014 届本科各学科门类毕业生三年内平均获得职位晋升的次数*

单位：次

本科学科门类名称	获得职位晋升的次数	本科学科门类名称	获得职位晋升的次数
经济学	1.0	理学	0.8
管理学	0.9	法学	0.8
文学	0.9	教育学	0.8
农学	0.9	医学	0.5
工学	0.9	**全国本科**	**0.9**

* 个别学科门类因为样本较少，没有包括在内。

数据来源：麦可思－中国 2014 届大学毕业生三年后职业发展跟踪评价。

（三）主要职业的职位晋升次数

表 2－1－5 是 2014 届本科主要职业类毕业生三年内平均获得职位晋升的次数。可以看出，2014 届本科从事“经营管理”职业类的毕业生三年内获得职位晋升的次数最多（1.7 次），从事“公安/检察/法院/经济执法”职业类的毕业生三年内获得职位晋升次数最少（0.4 次）。

表 2－1－5　2014 届本科主要职业类毕业生三年内平均获得职位晋升的次数*

单位：次

本科职业类名称	获得职位晋升的次数
经营管理	1.7
餐饮/娱乐	1.5
房地产经营	1.5
美术/设计/创意	1.3
酒店/旅游/会展	1.2
生产/运营	1.2
销售	1.2
物流/采购	1.1
互联网开发及应用	1.1
表演艺术/影视	1.1
媒体/出版	1.0
人力资源	1.0
生物/化工	1.0
律师/律政调查员	1.0
计算机与数据处理	0.9
建筑工程	0.9
高等教育/职业培训	0.9
交通运输/邮电	0.9
金融（银行/基金/证券/期货/理财）	0.9
幼儿与学前教育	0.9
保险	0.9
文化/体育	0.9

续表

本科职业类名称	获得职位晋升的次数
测绘	0.8
研究人员	0.8
电气/电子(不包括计算机)	0.8
工业安全与质量	0.8
电力/能源	0.8
公共关系	0.8
财务/审计/税务/统计	0.8
农/林/牧/渔类	0.8
翻译	0.8
机械/仪器仪表	0.7
机动车机械/电子	0.7
环境保护	0.7
矿山/石油	0.7
中小学教育	0.6
行政/后勤	0.6
社区工作者	0.5
医疗保健/紧急救助	0.5
公安/检察/法院/经济执法	0.4
全国本科	**0.9**

* 个别职业类因为样本较少，没有包括在内。
数据来源：麦可思 – 中国 2014 届大学毕业生三年后职业发展跟踪评价。

（四）主要行业的职位晋升次数

表 2 –1 –6 是 2014 届本科主要行业类毕业生三年内平均获得职位晋升的次数。可以看出，2014 届本科在“住宿和饮食业”就业的毕业生三年内获得职位晋升的次数最多（1.4 次），在“政府及公共管理”就业的毕业生三年内获得职位晋升的次数最少（0.4 次）。

表 2-1-6 2014 届本科主要行业类毕业生三年内平均获得职位晋升的次数*

单位：次

本科行业类名称	获得职位晋升的次数
住宿和饮食业	1.4
零售商业	1.3
艺术、娱乐和休闲业	1.2
邮递、物流及仓储业	1.2
房地产开发销售租赁及其他租赁业	1.2
各类专业设计与咨询服务业	1.1
其他服务业（除行政服务）	1.1
媒体、信息及通信产业	1.1
批发商业	1.0
金融（银行/保险/证券）业	1.0
化学品、化工、塑胶业	1.0
建筑业	1.0
食品、烟草、加工业	1.0
电子电气仪器设备及电脑制造业	1.0
家具、医疗设备及其他制成品业	0.9
农业、林业、渔业和畜牧业	0.9
纺织皮革及成品加工业	0.9
运输业	0.9
机械五金制造业	0.8
水电煤气公用事业	0.8
交通工具制造业	0.8
行政、商业和环境保护辅助业	0.7
教育业	0.7
初级金属制造业	0.6
矿业	0.6
医疗和社会护理服务业	0.5
政府及公共管理	0.4
全国本科	**0.9**

*个别行业类因为样本较少，没有包括在内。

数据来源：麦可思-中国 2014 届大学毕业生三年后职业发展跟踪评价。

三　职位晋升的类型

（一）三年后职位晋升类型

图 2－1－4 是 2014 届本科毕业生职位晋升的类型。可以看出，2014 届本科毕业生职位晋升的类型主要是薪资的增加（76%）、工作职责的增加（69%）。

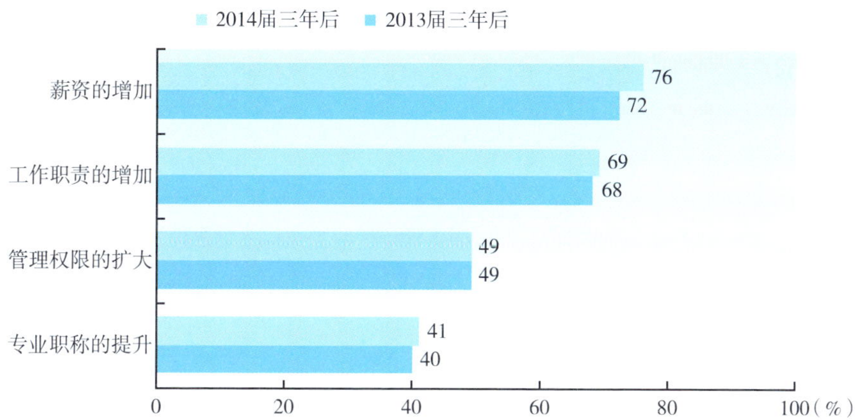

图 2－1－4　2014 届本科生毕业三年后职位晋升的类型（多选）（与 2013 届三年后对比）

数据来源：麦可思－中国 2013 届、2014 届大学毕业生三年后职业发展跟踪评价。

（二）十年后职位晋升类型

毕业十年后：麦可思于 2017 年底对 2006 届、2007 届大学毕业生进行了十年后跟踪评价（曾于 2007 年、2008 年初对这批大学毕业生进行过半年后跟踪评价，2009 年、2010 年底对同批大学毕业生进行过三年后再跟踪评价），本报告涉及的十年后变化分析即使用三次对同一批大学生的跟踪评价数据。

图2－1－5、图2－1－6是2006届、2007届大学毕业生十年后的岗位类型及职务分布。可以看出，2006届、2007届大学毕业生十年后有58%从事管理岗，有42%从事技术岗；从职务来看，有9%处于高管层，有51%处于中管层。大学毕业生毕业十年后已普遍成为职场“中坚”力量。

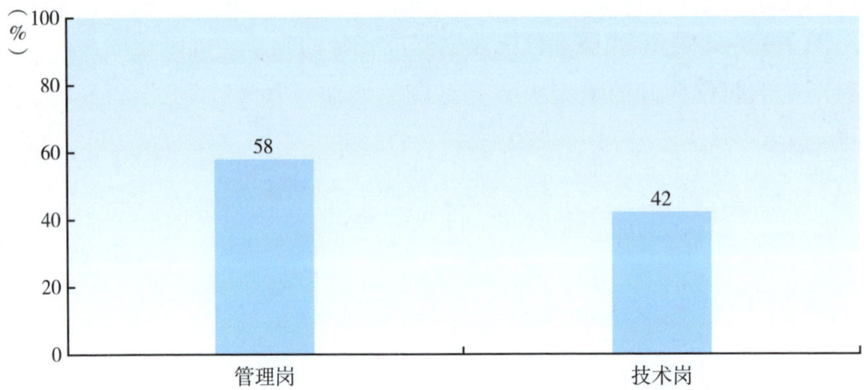

图2－1－5　2006届、2007届大学生毕业十年后岗位类型分布

数据来源：麦可思－中国2006届、2007届大学毕业生十年后职业发展跟踪评价。

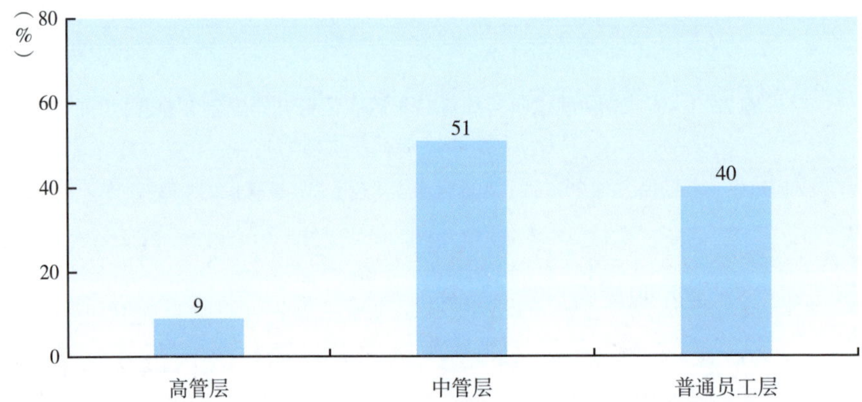

图2－1－6　2006届、2007届大学生毕业十年后职务分布

数据来源：麦可思－中国2006届、2007届大学毕业生十年后职业发展跟踪评价。

四 对职位晋升有帮助的活动与因素

图 2-1-7 是 2014 届本科生毕业三年后认为对职位晋升有帮助的大学活动。可以看出，2014 届本科毕业生认为对职位晋升有帮助的大学活动主要是课下自学的知识和技能（含培训）（43%）、课上所学的知识和技能（42%）。

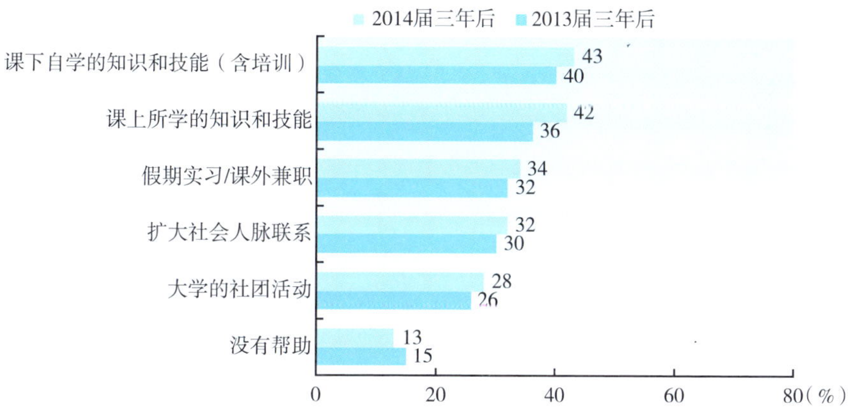

图 2-1-7 2014 届本科生毕业三年后认为对职位晋升有帮助的大学活动（多选）（与 2013 届三年后对比）

数据来源：麦可思-中国 2013 届、2014 届大学毕业生三年后职业发展跟踪评价。

图 2-1-8 是 2006 届、2007 届大学毕业生十年后认为对职位晋升有帮助的因素。可以看出，2006 届、2007 届大学毕业生认为对职位晋升有帮助的因素主要是工作表现（79%）、工作经验（71%）。

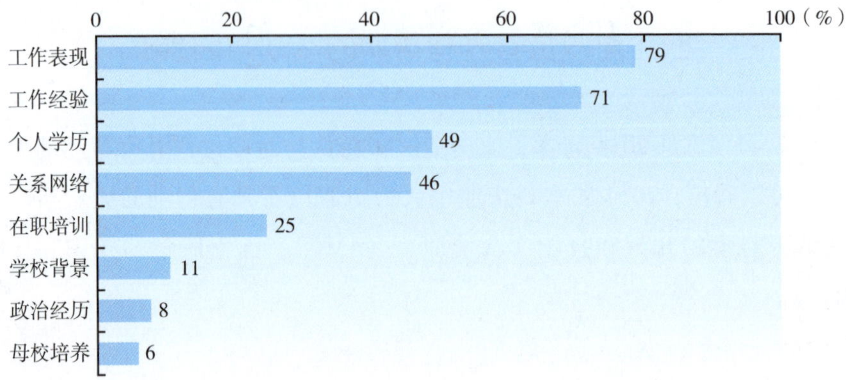

图 2－1－8　2006 届、2007 届大学生毕业十年后认为对职位晋升有帮助的因素（多选）

数据来源：麦可思－中国 2006 届、2007 届大学毕业生十年后职业发展跟踪评价。

B.8 第二章 薪资增长

一 总体月收入与涨幅

月收入增长 = 毕业三年后的月收入 - 毕业半年后的月收入。

月收入涨幅 = 月收入增长/毕业半年后的月收入。

图 2-2-1 是 2014 届大学生毕业三年后的月收入。可以看出，2014 届大学生毕业三年后平均月收入为 6341 元（本科为 7045 元，高职高专为 5636 元）。2014 届毕业生半年后的月收入为 3487 元（本科为 3773 元，高职高专为 3200 元），三年来月收入增长了 2854 元，涨幅为 82%。其中，本科增长了 3272 元，涨幅为 87%；高职高专增长了 2436 元，涨幅为 76%。

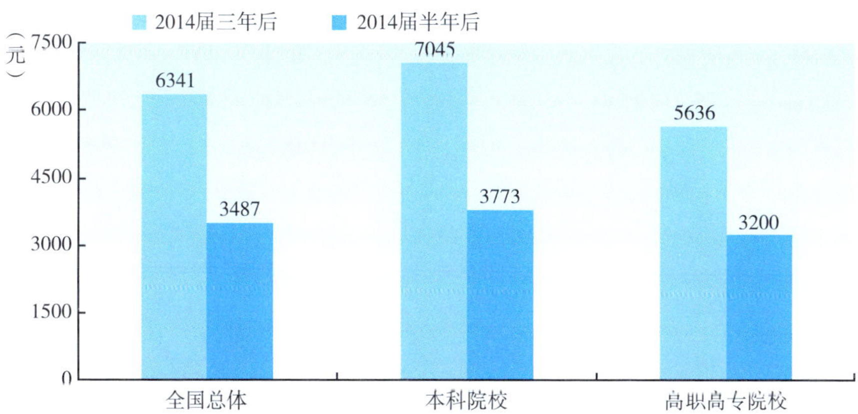

图 2-2-1　2014 届大学生毕业三年后的月收入（与 2014 届半年后对比）

数据来源：麦可思-中国 2014 届大学毕业生三年后职业发展跟踪评价，2014 届大学毕业生半年后培养质量跟踪评价。

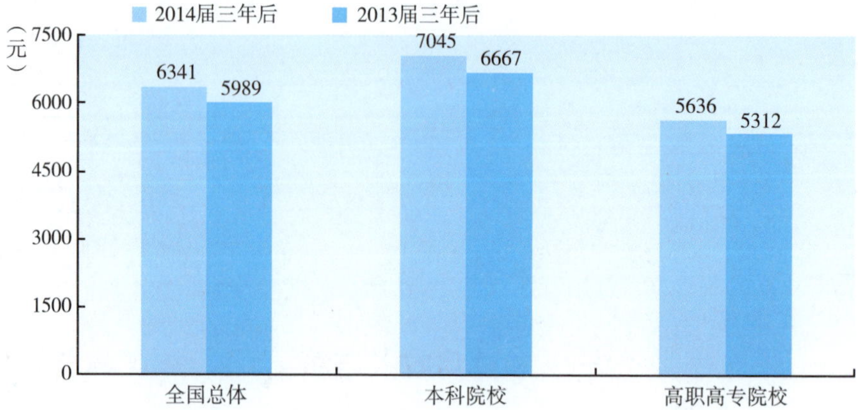

图 2-2-2　2014 届大学生毕业三年后的月收入（与 2013 届三年后对比）

数据来源：麦可思－中国 2013 届、2014 届大学毕业生三年后职业发展跟踪评价。

图 2-2-3 是 2014 届本科生毕业三年后的月收入分布。可以看出，2014 届本科生毕业三年后有 21.7% 的人月收入达到了 10000 元及以上，有 2.9% 的人月收入在 3000 元以下。

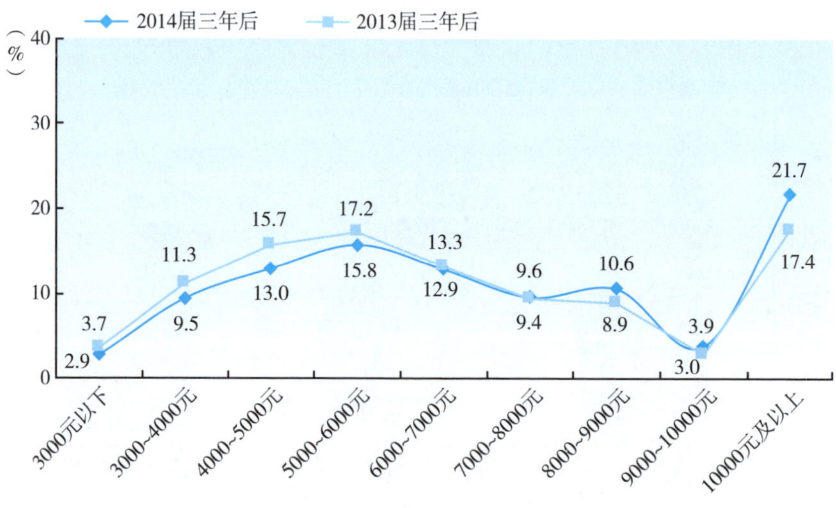

图 2-2-3　2014 届本科生毕业三年后的月收入分布（与 2013 届三年后对比）[*]

[*] 图中显示数字均保留一位小数，因为四舍五入进位，加起来可能不等于 100%。

数据来源：麦可思－中国 2013 届、2014 届大学毕业生三年后职业发展跟踪评价。

图 2－2－4 是 2014 届大学生毕业三年后学历提升人群的比例。可以看出，2014 届本科生毕业三年后学历提升为硕士的比例为 17.3%，高职高专生毕业三年后学历提升为本科的比例为 31.0%。

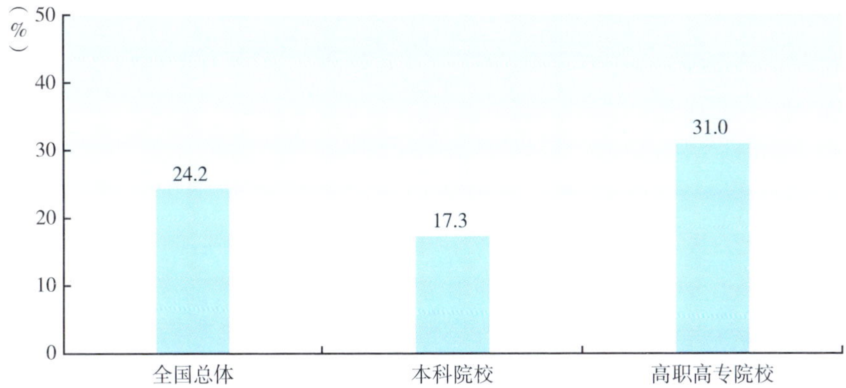

图 2－2－4　2014 届大学生毕业三年后学历提升人群的比例

数据来源：麦可思－中国 2014 届大学毕业生三年后职业发展跟踪评价，2014 届大学毕业生半年后培养质量跟踪评价。

图 2－2－5 是 2014 届大学生毕业三年后学历提升人群和学历未提升人群的月收入对比。可以看出，2014 届大学毕业生毕业三年后学历提升人群

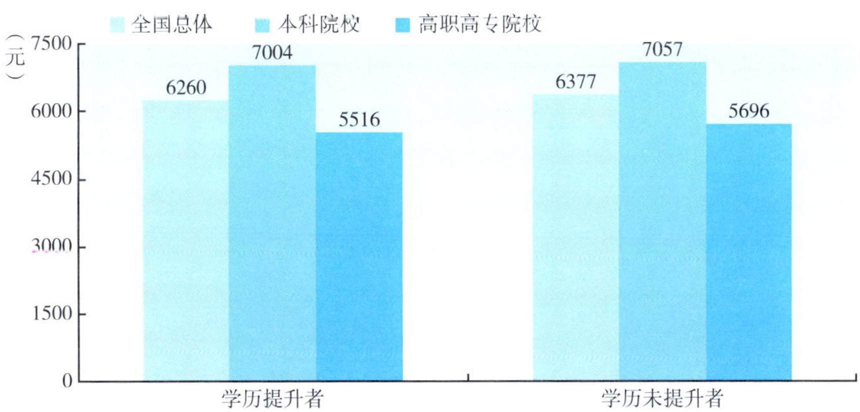

图 2－2－5　2014 届大学生毕业三年后学历提升人群和学历未提升人群的月收入对比

数据来源：麦可思－中国 2014 届大学毕业生三年后职业发展跟踪评价，2014 届大学毕业生半年后培养质量跟踪评价。

的月收入为6260元，略低于学历一直未提升人群的月收入（6377元）。其中，本科毕业三年后学历为硕士人群的月收入为7004元，学历仍然为本科人群的月收入为7057元；高职高专毕业三年后学历为本科人群的月收入为5516元，学历仍然为高职高专人群的月收入为5696元。提升学历人群可能因毕业时间短还不能体现学历提升带来的更大的教育回报。

二　主要专业的月收入与涨幅

表2－2－1是2014届本科各学科门类毕业生三年后的月收入及增长。可以看出，2014届本科学科门类中三年后月收入最高的是工学，为7652元，高出该学科门类半年后月收入（3940元）3712元；三年后月收入最低的是教育学（5814元），高出该学科门类半年后月收入（3492元）2322元。

表2－2－1　2014届本科各学科门类大学生毕业三年后的月收入及增长*

单位：元

本科学科门类名称	毕业三年后的平均月收入	毕业半年后的平均月收入	月收入增长
工　　学	7652	3940	3712
经 济 学	7600	3879	3721
管 理 学	7086	3786	3300
艺 术 学	6991	3529	3462
理　　学	6865	3818	3047
文　　学	6753	3604	3149
法　　学	6542	3597	2945
医　　学	6533	3208	3325
农　　学	6520	3441	3079
教 育 学	5814	3492	2322
全国本科	**7045**	**3773**	**3272**

*个别学科门类因为样本较少，没有包括在内。

数据来源：麦可思－中国2014届大学毕业生三年后职业发展跟踪评价，2014届大学毕业生半年后培养质量跟踪评价。

表 2－2－2　2014 届本科主要专业类大学生毕业三年后的月收入及增长*

单位：元

本科专业类名称	毕业三年后的平均月收入	毕业半年后的平均月收入	月收入增长
计算机类	9781	4654	5127
金融学类	8228	4142	4086
管理科学与工程类	7961	3807	4154
交通运输类	7876	3977	3899
自动化类	7870	3991	3879
建筑类	7866	4530	3336
电气类	7823	3963	3860
电子信息类	7785	4227	3558
设计学类	7656	3613	4043
戏剧与影视学类	7486	3760	3726
能源动力类	7311	3984	3327
经济与贸易类	7301	3730	3571
仪器类	7256	3968	3288
新闻传播学类	7250	3813	3437
经济学类	7193	3978	3215
土木类	7138	3705	3433
工商管理类	6967	3686	3281
数学类	6952	3863	3089
护理学类	6920	3213	3707
统计学类	6901	3825	3076
法学类	6890	3547	3343
社会学类	6885	3633	3252
材料类	6854	3784	3070
环境科学与工程类	6811	3438	3373
机械类	6770	3699	3071
地理科学类	6704	3609	3095
外国语言文学类	6573	3659	2914
临床医学类	6566	3061	3505
物理学类	6466	3766	2700
体育学类	6429	3724	2705
公共管理类	6411	3732	2679
食品科学与工程类	6376	3440	2936

续表

本科专业类名称	毕业三年后的平均月收入	毕业半年后的平均月收入	月收入增长
化工与制药类	6356	3665	2691
生物科学类	6287	3626	2661
音乐与舞蹈学类	6260	3394	2866
化学类	6142	3434	2708
心理学类	6135	3498	2637
中国语言文学类	5831	3550	2281
教育学类	5796	3317	2479
历史学类	5479	3178	2301
全国本科	**7045**	**3773**	**3272**

* 个别专业类因为样本较少，没有包括在内。

数据来源：麦可思－中国2014届大学毕业生三年后职业发展跟踪评价，2014届大学毕业生半年后培养质量跟踪评价。

三 主要职业的月收入与涨幅

表2－2－3是2014届本科生毕业三年后从事的主要职业类的月收入及增长。可以看出，2014届本科生毕业三年后从事“互联网开发及应用”职业类的月收入最高，为9850元，高出半年后从事该职业类的本科毕业生月收入（4582元）5268元；三年后月收入最低的是从事“幼儿与学前教育”职业类的本科毕业生，为5333元，高出半年后从事该职业类的本科毕业生月收入（3083元）2250元。

表2－2－3 2014届本科生毕业三年后从事的主要职业类的月收入及增长*

单位：元

本科职业类名称	毕业三年后的平均月收入	毕业半年后的平均月收入	月收入增长
互联网开发及应用	9850	4582	5268
计算机与数据处理	9650	4562	5088
经营管理	8359	4271	4088
金融（银行/基金/证券/期货/理财）	8355	4488	3867

续表

本科职业类名称	毕业三年后的平均月收入	毕业半年后的平均月收入	月收入增长
销售	8302	3963	4339
房地产经营	8226	4102	4124
电气/电子(不包括计算机)	7913	4007	3906
律师/律政调查员	7770	3413	4357
交通运输/邮电	7665	4131	3534
建筑工程	7300	3847	3453
电力/能源	7280	4214	3066
美术/设计/创意	7256	3570	3686
生产/运营	7031	3935	3096
机动车机械/电子	6997	3574	3423
媒体/出版	6983	3717	3266
农/林/牧/渔类	6763	3404	3359
高等教育/职业培训	6738	3493	3245
保险	6733	3471	3262
矿山/石油	6686	4051	2635
医疗保健/紧急救助	6665	3023	3642
人力资源	6492	3556	2936
工业安全与质量	6456	3677	2779
公安/检察/法院/经济执法	6447	3694	2753
物流/采购	6382	3596	2786
公共关系	6355	3747	2608
财务/审计/税务/统计	6312	3408	2904
机械/仪器仪表	6048	3512	2536
环境保护	5995	3394	2601
生物/化工	5679	3398	2281
行政/后勤	5526	3224	2302
中小学教育	5425	3292	2133
幼儿与学前教育	5333	3083	2250
全国本科	**7045**	**3773**	**3272**

* 个别职业类因为样本较少，没有包括在内。

数据来源：麦可思－中国2014届大学毕业生三年后职业发展跟踪评价，2014届大学毕业生半年后培养质量跟踪评价。

四　主要行业的月收入与涨幅

表2－2－4是2014届本科生毕业三年后在主要行业类的月收入及增长。可以看出，2014届本科生毕业三年后在“媒体、信息及通信产业”就业的月收入最高，为9019元，高出半年后在该行业类就业的毕业生月收入（4304元）4715元；三年后月收入最低的是就业于“行政、商业和环境保护辅助业”的本科毕业生，为5787元，高出半年后在该行业类就业的毕业生月收入（3349元）2438元。

表2－2－4　2014届本科生毕业三年后在主要行业类的月收入及增长*

单位：元

本科行业类名称	毕业三年后的平均月收入	毕业半年后的平均月收入	月收入增长
媒体、信息及通信产业	9019	4304	4715
金融(银行/保险/证券)业	8642	4291	4351
各类专业设计与咨询服务业	8146	3819	4327
电子电气仪器设备及电脑制造业	8048	4147	3901
房地产开发销售租赁及其他租赁业	7967	4009	3958
艺术、娱乐和休闲业	7856	3975	3881
零售商业	7576	3655	3921
运输业	7448	4073	3375
家具、医疗设备及其他制成品业	7191	3672	3519
建筑业	7061	3782	3279
交通工具制造业	6905	3724	3181
批发商业	6782	3704	3078
住宿和饮食业	6763	3407	3356
水电煤气公用事业	6733	4053	2680
医疗和社会护理服务业	6684	3094	3590
食品、烟草、加工业	6558	3669	2889
纺织皮革及成品加工业	6540	3470	3070
其他服务业(除行政服务)	6533	3423	3110
邮递、物流及仓储业	6521	3652	2869
矿业	6258	3989	2269

续表

本科行业类名称	毕业三年后的平均月收入	毕业半年后的平均月收入	月收入增长
机械五金制造业	6233	3414	2819
化学品、化工、塑胶业	6120	3520	2600
农业、林业、渔业和畜牧业	6094	3443	2651
初级金属制造业	6064	3498	2566
政府及公共管理	5998	3458	2540
教育业	5804	3343	2461
行政、商业和环境保护辅助业	5787	3349	2438
全国本科	**7045**	**3773**	**3272**

* 个别行业类因为样本较少，没有包括在内。

数据来源：麦可思－中国 2014 届大学毕业生三年后职业发展跟踪评价，2014 届大学毕业生半年后培养质量跟踪评价。

五　各用人单位类型的月收入与涨幅

图 2－2－6 是 2014 届本科生毕业三年后在各类型用人单位的月收入。可以看出，2014 届本科生毕业三年后在“中外合资/外资/独资”单位就业的月收入（7965 元）最高；另外在“民营企业/个体”就业的三年后月收入涨幅最大，为 109%。

图 2－2－7 是 2014 届本科生毕业三年后在各规模用人单位的月收入。可以看出，2014 届本科生毕业三年后在 3000 人以上规模的大型用人单位就业的月收入最高（8077 元）。

六　各经济区域的月收入与涨幅

图 2－2－8 是 2014 届本科生毕业三年后在各经济区域就业的月收入。可以看出，2014 届本科生毕业三年后在泛珠江三角洲区域经济体就业的月收入最高（7952 元），增长了 3791 元，涨幅为 91%；在东北区域经济体就

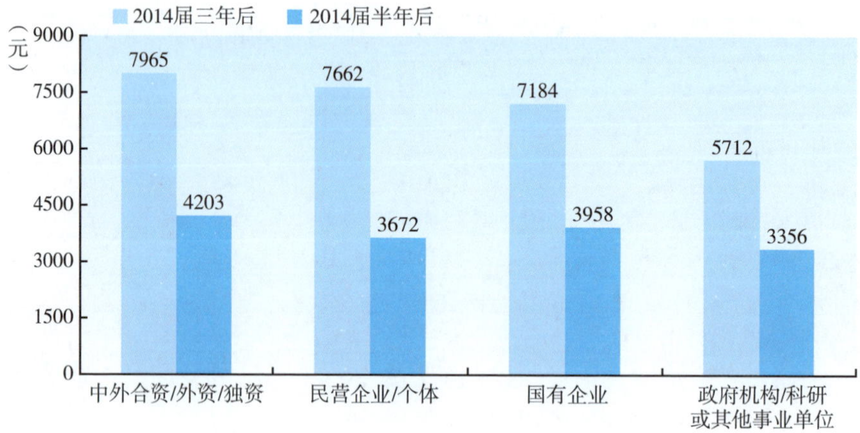

图 2-2-6 2014 届本科生毕业三年后在各类型用人单位的月收入*

*非政府或非营利组织（NGO 等）用人单位因为样本较少，没有包括在内。

数据来源：麦可思-中国 2014 届大学毕业生三年后职业发展跟踪评价，2014 届大学毕业生半年后培养质量跟踪评价。

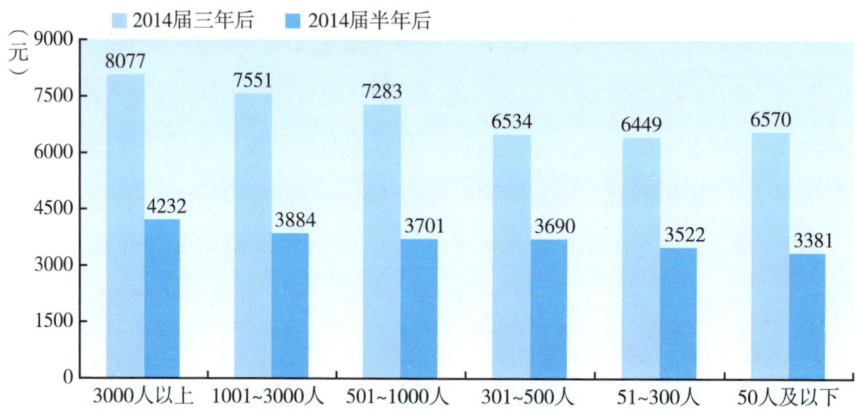

图 2-2-7 2014 届本科生毕业三年后在各规模用人单位的月收入

数据来源：麦可思-中国 2014 届大学毕业生三年后职业发展跟踪评价，2014 届大学毕业生半年后培养质量跟踪评价。

业的本科生毕业三年后月收入最低（5901 元），增长了 2638 元，涨幅为 81%。

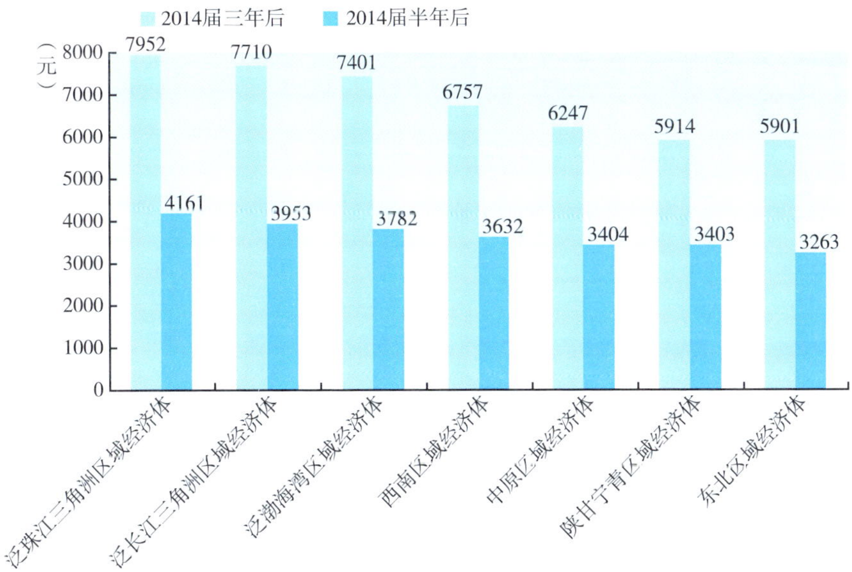

图 2－2－8　2014 届本科生毕业三年后在各经济区域就业的月收入*

* 西部生态经济区因为样本较少，没有包括在内。

数据来源：麦可思－中国 2014 届大学毕业生三年后职业发展跟踪评价，2014 届大学毕业生半年后培养质量跟踪评价。

B.9

第三章 职业变迁

一 去向分布

图2-3-1是2014届大学生毕业三年后的就业去向分布。可以看出，2014届大学生毕业三年后有85.5%受雇工作（本科为86.4%，高职高专为84.7%），6.3%的人自主创业（本科为4.1%，高职高专为8.5%），3.7%的人正在读研（本科为6.8%，高职高专为0.6%），1.9%的人“无工作，继续寻找工作”（本科为1.3%，高职高专为2.4%），还有2.4%的人无工作，且既没有求职也没有求学（本科为1.4%，高职高专为3.5%），有0.3%的高职高专毕业生正在读本科。

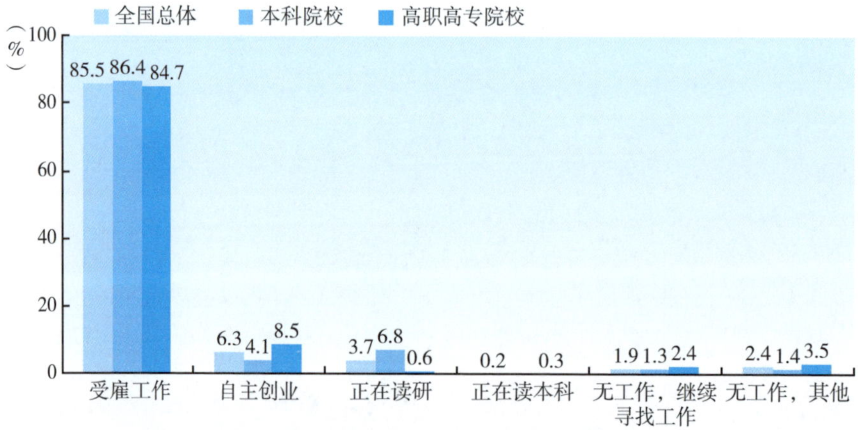

图2-3-1 2014届大学生毕业三年后的去向分布*

*正在读研人群包含“正在读博士”和“正在读硕士”，下同。

数据来源：麦可思-中国2014届大学生毕业生三年后职业发展跟踪评价。

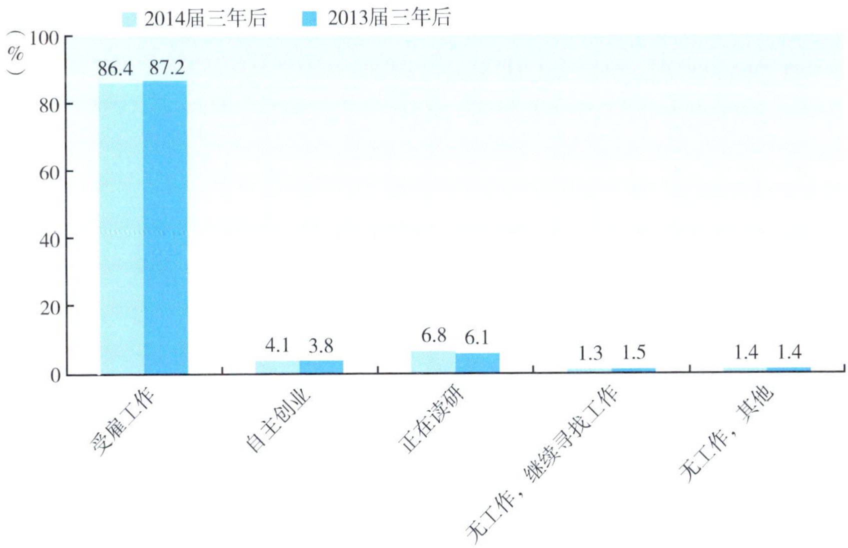

图 2－3－2　2014 届本科生毕业三年后的去向分布（与 2013 届三年后对比）

数据来源：麦可思－中国 2013 届、2014 届大学毕业生三年后职业发展跟踪评价。

二　职业转换

职业转换：职业转换是指毕业生在毕业半年后从事某种职业，毕业三年后由原职业转换到不同的职业。转换职业通常在工作单位内部完成的并不代表离职；反过来讲，更换雇主可能也不代表转换职业。

职业转换率：职业转换率是指有多大比例的毕业生在毕业三年内转换了职业。其计算方法为：分母是毕业半年后有工作的毕业生数，分子是毕业三年后从事的职业与半年后从事的职业不同的毕业生数。

图 2－3－4 是 2014 届大学生毕业三年内的职业转换率。可以看出，有 40% 的 2014 届大学生毕业三年内转换了职业（本科为 31%，高职高专为 49%），与 2013 届三年内该指标（40%）持平。

表 2－3－1 是 2014 届本科各学科门类三年内的职业转换率。可以看出，在 2014 届本科各学科门类中，艺术学门类的毕业生三年内的职业转换率最

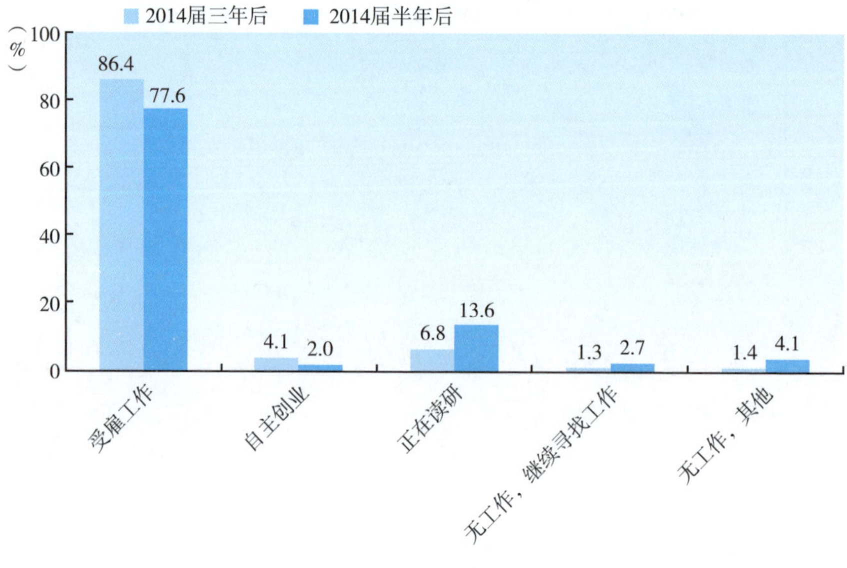

图2-3-3　2014届本科生毕业三年后的去向分布（与2014届半年后对比）

数据来源：麦可思-中国2014届大学毕业生三年后职业发展跟踪评价，2014届大学生毕业半年后社会需求与培养质量跟踪评价。

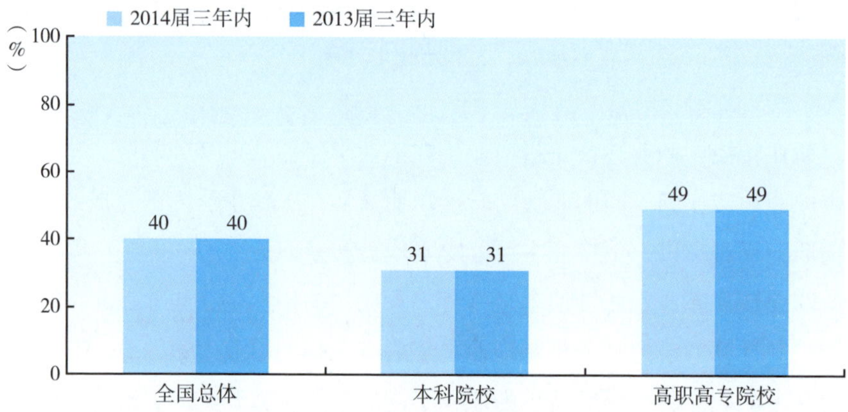

图2-3-4　2014届大学生毕业三年内的职业转换率（与2013届三年内对比）

数据来源：麦可思-中国2013届、2014届大学毕业生三年后职业发展跟踪评价，2013届、2014届大学毕业生半年后培养质量跟踪评价。

高（39%），其次是文学、农学（均为37%）；医学门类的职业转换率最低（11%）。

表 2-3-1 2014 届本科各学科门类三年内的职业转换率（与 2013 届三年内对比）*

单位：%

本科学科门类名称	2014 届三年内职业转换率	2013 届三年内职业转换率
艺术学	39	39
文学	37	38
农学	37	36
管理学	34	34
工学	31	33
经济学	31	33
法学	31	33
理学	29	28
教育学	22	27
医学	11	11
全国本科	**31**	**31**

* 个别学科门类因为样本较少，没有包括在内。

数据来源：麦可思-中国 2013 届、2014 届大学毕业生三年后职业发展跟踪评价，2013 届、2014 届大学毕业生半年后培养质量跟踪评价。

图 2-3-5 和图 2-3-6 分别是 2014 届本科毕业生三年内职业转换率最高/最低的前五位专业类。可以看出，2014 届本科毕业生三年内职业转换率最高的专业类是食品科学与工程类、设计学类（均为 43%），最低的专业类是临床医学类（5%）。

图 2-3-7 是 2014 届本科毕业生三年内转换职业中被转入最多的前十位职业类。可以看出，在 2014 届本科毕业生三年内转换过的职业类中，被转入最多的是“中小学教育”（8.1%），其次是“行政/后勤”、“销售”、“互联网开发及应用”（均为 7.4%）。

三 行业转换

行业转换率：行业转换是指毕业生在毕业半年后就业于某行业（小类），而毕业三年后进入不同的行业就业。行业转换率是指有多大比例的毕业生在毕业三年内转换了行业。其计算方法为：分母是毕业半年后有工作的

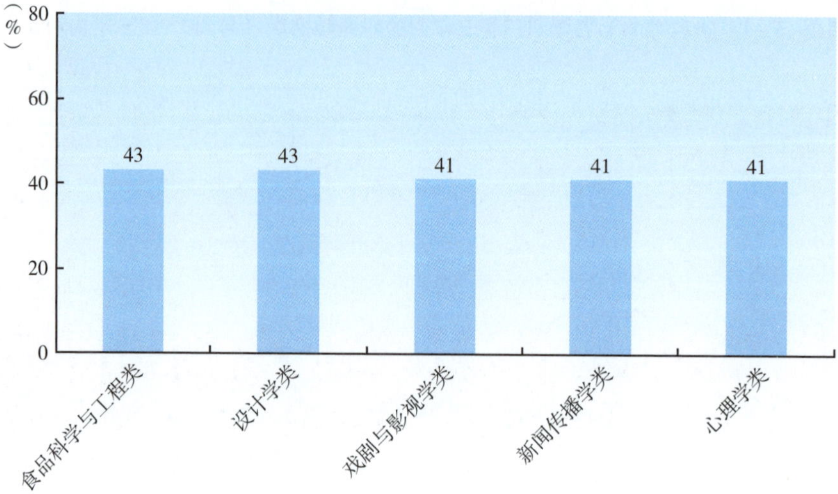

图 2-3-5　2014 届本科生毕业三年内职业转换率最高的前五位专业类*

*毕业生规模过小的专业类不包括在此排序中。

数据来源：麦可思－中国 2014 届大学毕业生三年后职业发展跟踪评价，2014 届大学毕业生半年后培养质量跟踪评价。

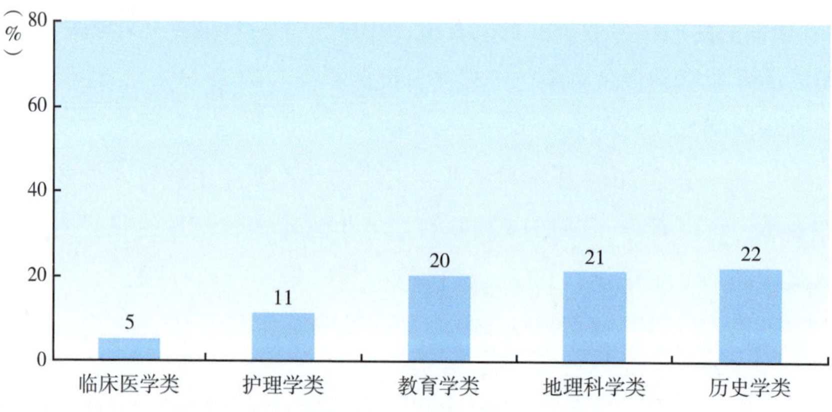

图 2-3-6　2014 届本科生毕业三年内职业转换率最低的前五位专业类*

*毕业生规模过小的专业类不包括在此排序中。

数据来源：麦可思－中国 2014 届大学毕业生三年后职业发展跟踪评价，2014 届大学毕业生半年后培养质量跟踪评价。

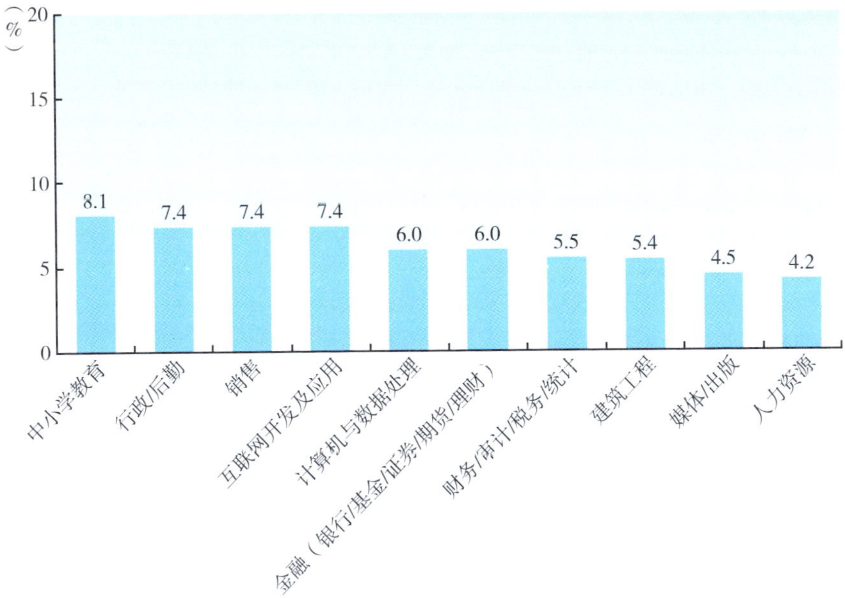

图 2－3－7　2014 届本科生毕业三年内转换职业中被转入最多的前十位职业类*

* 毕业生规模过小的职业类不包括在此排序中。

数据来源：麦可思－中国 2014 届大学毕业生三年后职业发展跟踪评价，2014 届大学毕业生半年后培养质量跟踪评价。

毕业生数，分子是毕业三年后所在行业与半年后所在行业不同的毕业生数。

图 2－3－8 是 2014 届大学生毕业三年内的行业转换率。可以看出，有 43% 的 2014 届大学生在毕业三年内转换了行业（本科为 35%，高职高专为 51%），与 2013 届三年内该指标（44%）基本持平。

表 2－3－2 是 2014 届本科各学科门类三年内的行业转换率。可以看出，在 2014 届本科各学科门类中，艺术学、管理学门类的毕业生三年内的行业转换率最高（均为 41%），其次是文学（40%）；医学门类的行业转换率最低（16%）。

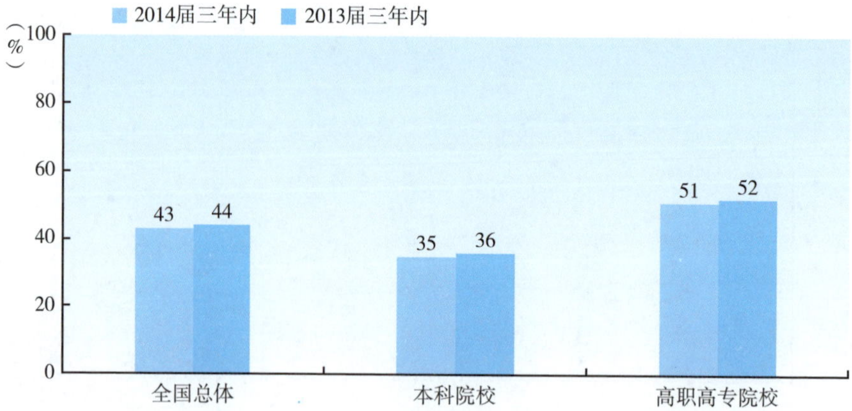

图 2-3-8　2014 届大学生毕业三年内的行业转换率（与 2013 届三年内对比）

数据来源：麦可思-中国 2013 届、2014 届大学毕业生三年后职业发展跟踪评价，2013 届、2014 届大学毕业生半年后培养质量跟踪评价。

表 2-3-2　2014 届本科各学科门类三年内的行业转换率（与 2013 届三年内对比）*

单位：%

本科学科门类名称	2014 届三年内行业转换率	2013 届三年内行业转换率
艺 术 学	41	41
管 理 学	41	40
文　　学	40	43
农　　学	37	40
工　　学	36	36
经 济 学	33	35
法　　学	32	36
理　　学	31	34
教 育 学	23	25
医　　学	16	16
全国本科	**35**	**36**

*个别学科门类因为样本较少，没有包括在内。

数据来源：麦可思-中国 2013 届、2014 届大学毕业生三年后职业发展跟踪评价，2013 届、2014 届大学毕业生半年后培养质量跟踪评价。

图 2-3-9 和图 2-3-10 分别是 2014 届本科毕业生三年内行业转换率最高/最低的前五位行业类。可以看出，2014 届本科毕业生三年内行业转换

率最高的行业类是“艺术、娱乐和休闲业”、“纺织皮革及成品加工业”（均为66%），最低的行业类是“水电煤气公用事业”（21%）。

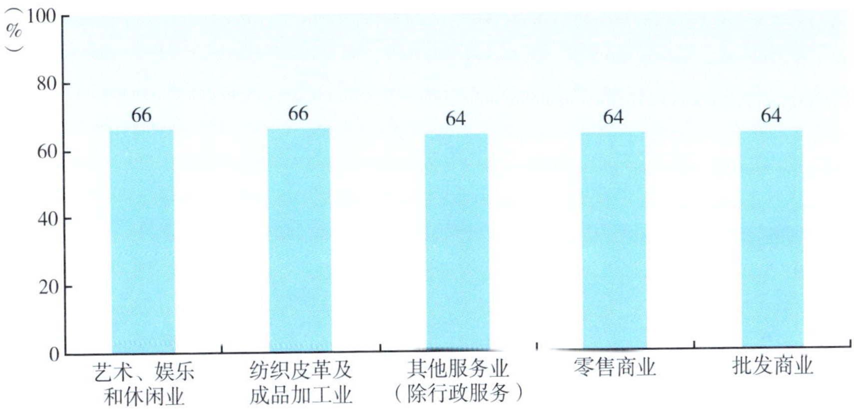

图2-3-9　2014届本科生毕业三年内行业转换率最高的前五位行业类*

* 毕业生规模过小的行业类不包括在此排序中。

数据来源：麦可思-中国2014届大学毕业生三年后职业发展跟踪评价，2014届大学毕业生半年后培养质量跟踪评价。

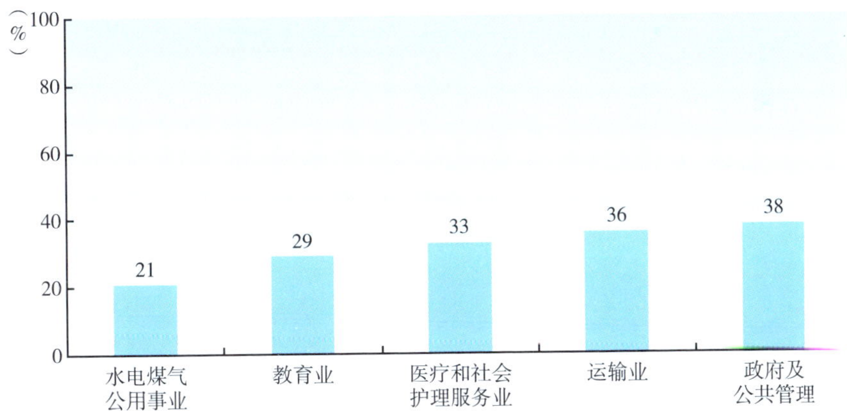

图2-3-10　2014届本科生毕业三年内行业转换率最低的前五位行业类*

* 毕业生规模过小的行业类不包括在此排序中。

数据来源：麦可思-中国2014届大学毕业生三年后职业发展跟踪评价，2014届大学毕业生半年后培养质量跟踪评价。

图 2－3－11 是 2014 届本科毕业生三年内转换行业中被转入最多的前五位行业类。可以看出，2014 届本科毕业生三年内转换行业中被转入最多的行业类是“媒体、信息及通信产业”（11.4%），其次是“教育业”和“政府及公共管理”（均为 10.4%）。

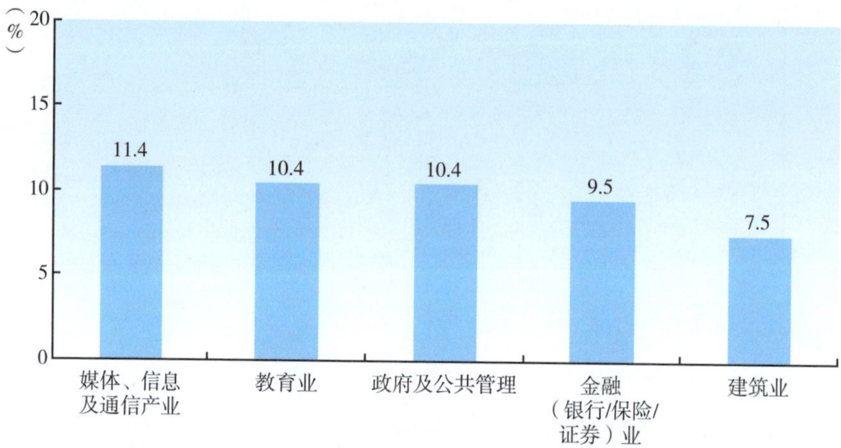

图 2－3－11　2014 届本科生毕业三年内转换行业中被转入最多的前五位行业类*

* 毕业生规模过小的行业类不包括在此排序中。

数据来源：麦可思－中国 2014 届大学毕业生三年后职业发展跟踪评价，2014 届大学毕业生半年后培养质量跟踪评价。

四　工作与专业相关度

图 2－3－12 和图 2－3－13 分别是 2014 届大学生毕业三年后的工作与专业相关度。可以看出，2014 届大学生毕业三年后的工作与专业相关度为 61%，比 2014 届半年后（66%）低 5 个百分点，与 2013 届三年后（61%）持平。其中，本科三年后的工作与专业相关度为 65%，比半年后（69%）低 4 个百分点；高职高专三年后的工作与专业相关度为 56%，比半年后（62%）低 6 个百分点。

表 2－3－3 是 2014 届本科各学科门类毕业生三年后的工作与专业相关

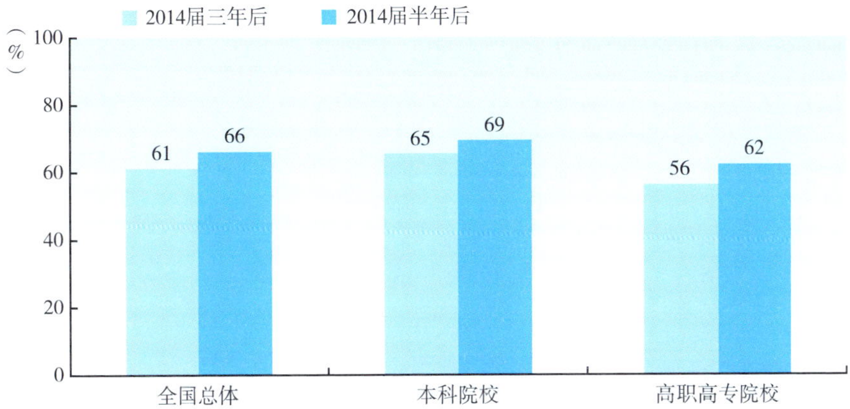

图 2－3－12 2014 届大学生毕业三年后的工作与专业相关度（与 2014 届半年后对比）

数据来源：麦可思－中国 2014 届大学毕业生三年后职业发展跟踪评价，2014 届大学毕业生半年后培养质量跟踪评价。

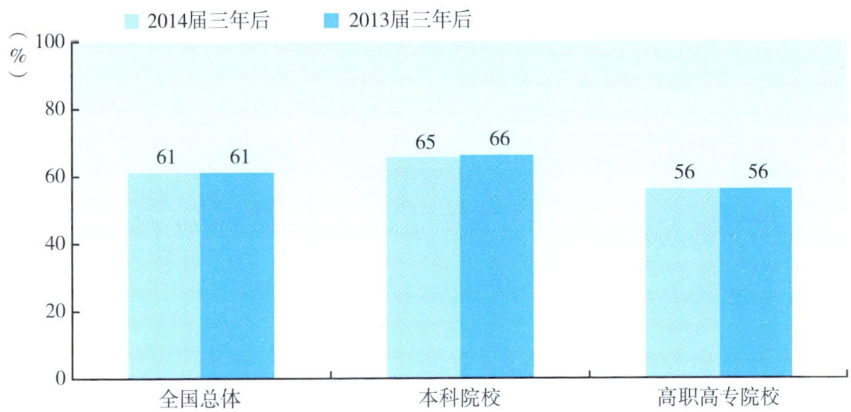

图 2－3－13 2014 届大学生毕业三年后的工作与专业相关度（与 2013 届三年后对比）

数据来源：麦可思－中国 2013 届、2014 届大学毕业生三年后职业发展跟踪评价。

度变化。可以看出，在本科学科门类中，三年后工作与专业相关度最高的是医学（93%），其次是教育学（70%）；农学门类三年后的工作与专业相关度最低（56%）。

表 2-3-3　2014 届本科各学科门类毕业生毕业三年后的工作与专业相关度变化（与 2013 届三年后对比）*

单位：%

本科学科门类名称	2014 届毕业三年后的专业相关度	2014 届毕业半年后的专业相关度	2013 届毕业三年后的专业相关度
医　　学	93	94	93
教 育 学	70	68	69
工　　学	67	72	68
法　　学	64	58	64
文　　学	63	65	63
管 理 学	62	68	63
理　　学	61	60	59
艺 术 学	60	65	63
经 济 学	59	61	61
农　　学	56	55	55
全国本科	**65**	**69**	**66**

* 个别学科门类因为样本较少，没有包括在内。

数据来源：麦可思-中国 2013 届、2014 届大学毕业生三年后职业发展跟踪评价，2014 届大学毕业生半年后培养质量跟踪评价。

五　雇主数

（一）平均雇主数

雇主数： 指毕业生从第一份工作到三年后的跟踪评价时点，一共为多少个雇主工作过。雇主数越多，则工作转换得越频繁；雇主数可以代表毕业生工作稳定的程度。

图 2-3-14 是 2014 届大学生毕业三年内的平均雇主数。可以看出，2014 届大学毕业生毕业三年内平均为 2.2 个雇主工作过，与 2013 届三年内（2.2 个）持平。其中本科毕业生的平均雇主数为 2.0 个，低于高职高专毕业生的平均雇主数（2.4 个）。

表 2-3-4 是 2014 届本科主要专业类毕业生毕业三年内的平均雇主数。

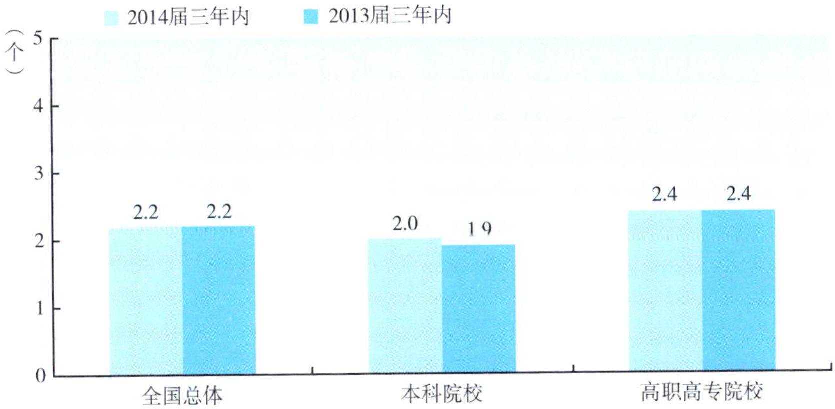

图 2-3-14 2014 届大学生毕业三年内的平均雇主数（与 2013 届三年内对比）

数据来源：麦可思-中国 2013 届、2014 届大学毕业生三年后职业发展跟踪评价。

可以看出，2014 届本科戏剧与影视学类、设计学类毕业生三年内的平均雇主数最多（均为 2.4 个），临床医学类和护理学类毕业生三年内的平均雇主数最少（均为 1.3 个）。

表 2-3-4 2014 届本科主要专业类毕业生毕业三年内的平均雇主数*

单位：个

本科专业类名称	毕业三年内平均雇主数	本科专业类名称	毕业三年内平均雇主数
戏剧与影视学类	2.4	管理科学与工程类	1.9
设计学类	2.4	环境科学与工程类	1.9
新闻传播学类	2.3	经济学类	1.9
食品科学与工程类	2.2	自动化类	1.9
外国语言文学类	2.1	体育学类	1.9
计算机类	2.1	法学类	1.9
音乐与舞蹈学类	2.1	化学类	1.9
经济与贸易类	2.1	仪器类	1.9
社会学类	2.1	物理学类	1.9
心理学类	2.1	地理科学类	1.8
工商管理类	2.0	土木类	1.7
化工与制药类	2.0	金融学类	1.7
建筑类	2.0	电气类	1.7

续表

本科专业类名称	毕业三年内平均雇主数	本科专业类名称	毕业三年内平均雇主数
电子信息类	2.0	交通运输类	1.7
生物科学类	2.0	教育学类	1.7
机械类	1.9	历史学类	1.7
材料类	1.9	能源动力类	1.6
统计学类	1.9	护理学类	1.3
公共管理类	1.9	临床医学类	1.3
数学类	1.9	**全国本科**	**2.0**
中国语言文学类	1.9		

* 个别专业类因为样本较少，没有包括在内。

数据来源：麦可思－中国2014届大学毕业生三年后职业发展跟踪评价。

（二）雇主数频度

图2－3－15是2014届本科毕业生三年内工作过的雇主数频度。可以看出，有40%的本科毕业生三年内仅为1个雇主工作过，33%有2个雇主，7%有4个及以上雇主。

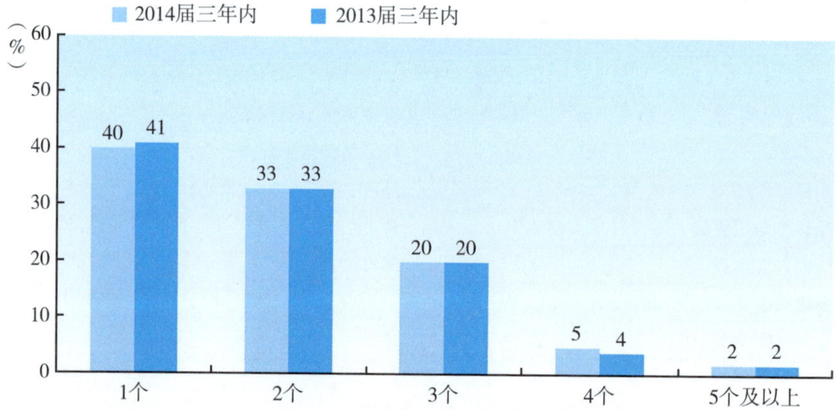

图2－3－15　2014届本科生毕业三年内工作过的雇主数频度（与2013届三年内对比）

数据来源：麦可思－中国2013届、2014届大学毕业生三年后职业发展跟踪评价。

B.10
第四章 就业满意度

一　总体就业满意度

图2－4－1是2014届大学生毕业三年后的就业满意度。可以看出，2014届大学生毕业三年后的就业满意度为66%，即在就业的毕业生中，有66%对自己的就业现状表示满意（本科为68%，高职高专为64%），比2013届该指标（63%）增长了3个百分点。

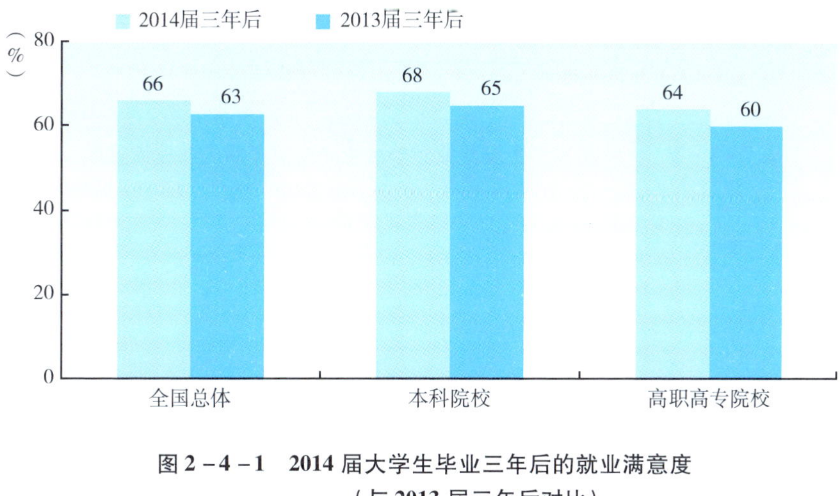

图2－4－1　2014届大学生毕业三年后的就业满意度（与2013届三年后对比）

数据来源：麦可思－中国2013届、2014届大学毕业生三年后职业发展跟踪评价。

二　主要专业的就业满意度

表2-4-1是2014届本科各学科门类毕业生三年后的就业满意度。可以看出，2014届本科生毕业三年后就业满意度最高的学科门类是法学、文学（均为71%），就业满意度最低的学科门类是医学、工学（均为65%）。

表2-4-1　2014届本科各学科门类毕业生毕业三年后的就业满意度[*]

单位：%

本科学科门类名称	就业满意度	本科学科门类名称	就业满意度
法　　学	71	管 理 学	67
文　　学	71	农　　学	66
经 济 学	70	工　　学	65
教 育 学	70	医　　学	65
理　　学	69	**全国本科**	**68**
艺 术 学	69		

[*] 个别学科门类因为样本较少，没有包括在内。

数据来源：麦可思-中国2014届大学毕业生三年后职业发展跟踪评价。

表2-4-2　2014届本科主要专业类毕业生毕业三年后的就业满意度[*]

单位：%

本科专业类名称	就业满意度	本科专业类名称	就业满意度
教育学类	76	环境科学与工程类	67
音乐与舞蹈学类	75	统计学类	67
中国语言文学类	74	物理学类	66
护理学类	73	化学类	66
数学类	73	设计学类	66
历史学类	73	仪器类	65
法学类	72	建筑类	65
公共管理类	71	电气类	65
经济学类	71	自动化类	65
戏剧与影视学类	71	金融学类	65
体育学类	71	管理科学与工程类	65
外国语言文学类	71	交通运输类	63

续表

本科专业类名称	就业满意度	本科专业类名称	就业满意度
计算机类	70	食品科学与工程类	63
新闻传播学类	69	心理学类	62
生物科学类	69	材料类	62
经济与贸易类	69	能源动力类	62
地理科学类	68	化工与制药类	61
社会学类	68	土木类	61
临床医学类	68	机械类	60
工商管理类	68	**全国本科**	**68**
电子信息类	67		

* 个别专业类因为样本较少，没有包括在内。

数据来源：麦可思－中国2014届大学毕业生三年后职业发展跟踪评价。

三　主要职业的就业满意度

图2－4－2和图2－4－3分别是2014届本科生毕业三年后就业满意度最高/最低的前五位职业类。可以看出，2014届本科生毕业三年后就业满意度最高的职业类是“经营管理”（79%），就业满意度最低的职业类是“矿山/石油”（47%）。

四　主要行业的就业满意度

图2－4－4和图2－4－5分别是2014届本科生毕业三年后就业满意度最高/最低的前五位行业类。可以看出，2014届本科生毕业三年后就业满意度最高的行业类是“教育业”（76%），就业满意度最低的行业类是“初级金属制造业”（50%）。

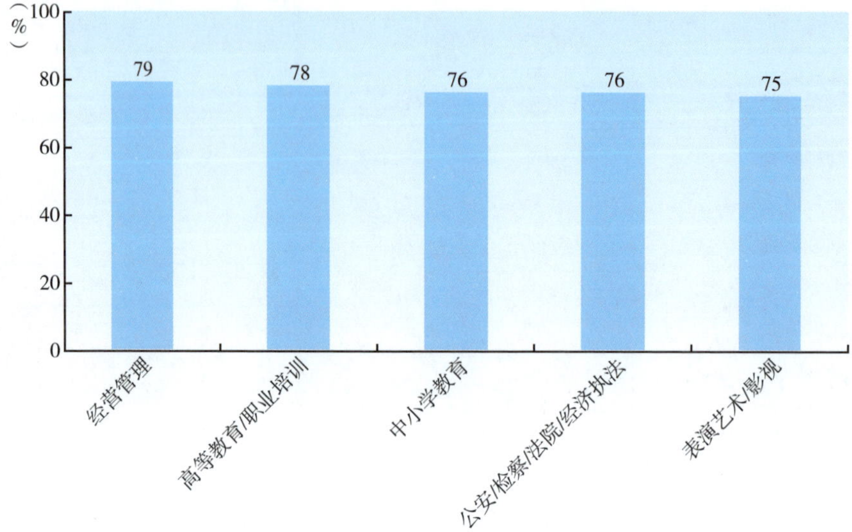

图 2－4－2　2014 届本科生毕业三年后就业满意度最高的前五位职业类*

* 毕业生规模过小的职业类不包括在此排序中。

数据来源：麦可思－中国 2014 届大学毕业生三年后职业发展跟踪评价。

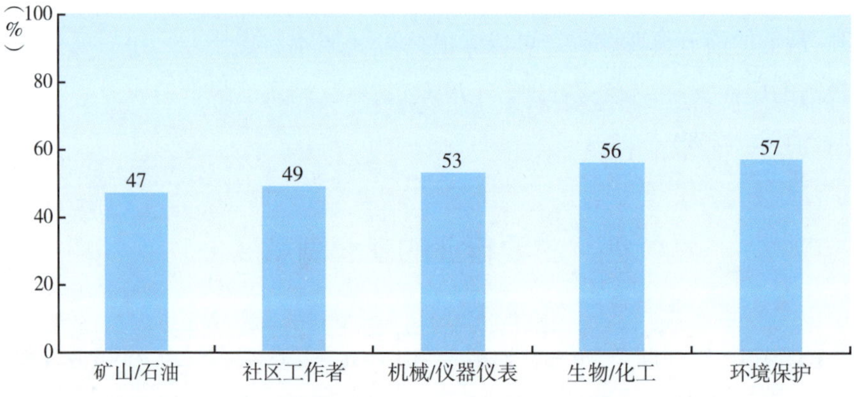

图 2－4－3　2014 届本科生毕业三年后就业满意度最低的前五位职业类*

* 毕业生规模过小的职业类不包括在此排序中。

数据来源：麦可思－中国 2014 届大学毕业生三年后职业发展跟踪评价。

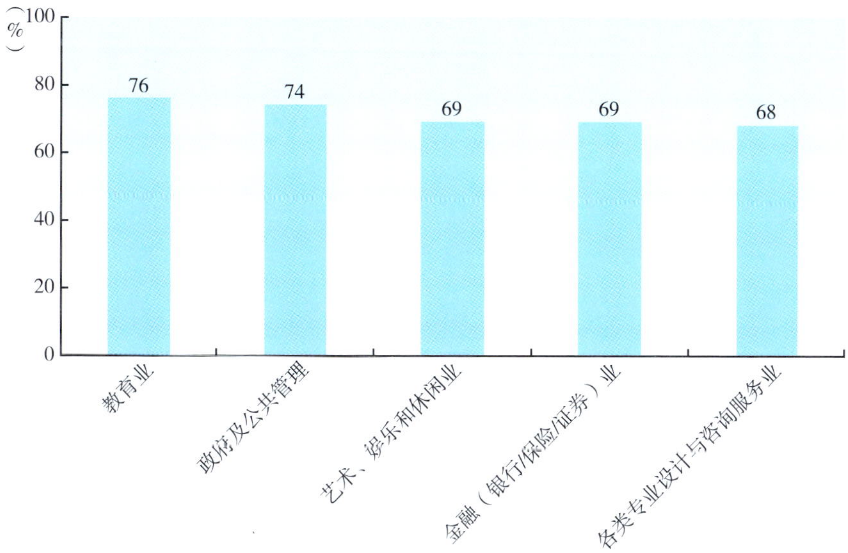

图 2-4-4　2014 届本科生毕业三年后就业满意度最高的前五位行业类*

* 毕业生规模过小的行业类不包括在此排序中。

数据来源：麦可思-中国 2014 届大学毕业生三年后职业发展跟踪评价。

五　各用人单位类型的就业满意度

图 2-4-6 是 2014 届本科生毕业三年后在各用人单位类型的就业满意度。可以看出，2014 届本科生毕业三年后就业满意度最高的用人单位类型是“政府机构/科研或其他事业单位”（76%），就业满意度最低的用人单位类型是“民营企业/个体”和“国有企业”（均为 65%）。

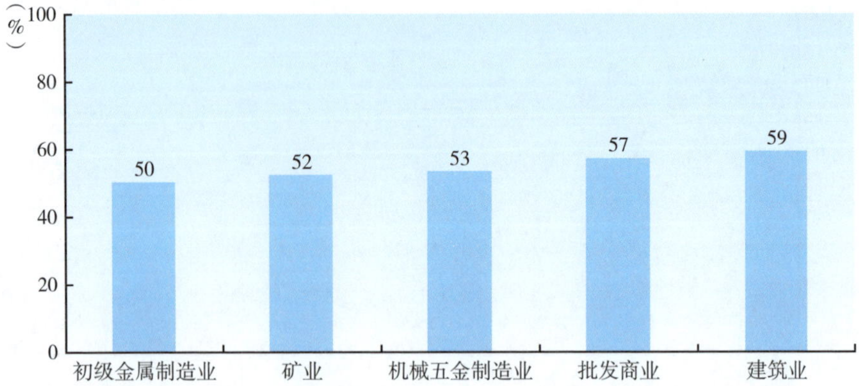

图 2-4-5　2014 届本科生毕业三年后就业满意度最低的前五位行业类*

* 毕业生规模过小的行业类不包括在此排序中。

数据来源：麦可思-中国 2014 届大学毕业生三年后职业发展跟踪评价。

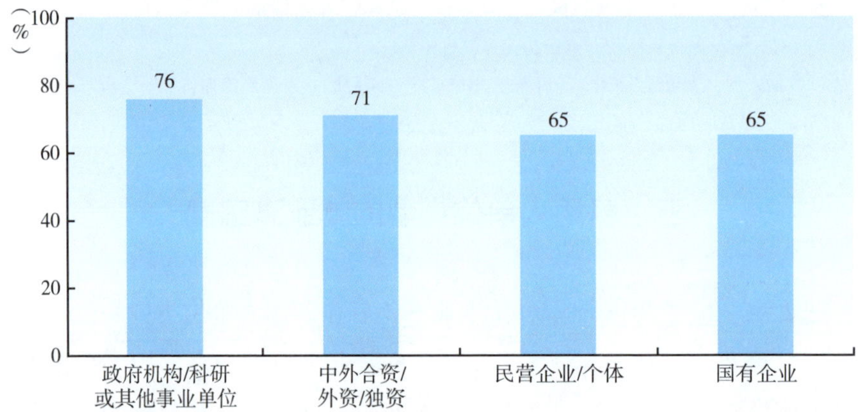

图 2-4-6　2014 届本科生毕业三年后在各用人单位类型的就业满意度*

* 非政府或非营利组织（NGO 等）用人单位因为样本较少，没有包括在内。

数据来源：麦可思-中国 2014 届大学毕业生三年后职业发展跟踪评价。

分报告三 培养质量报告

B.11 第一章 总体满意度

一 对母校总体满意度

对母校的总体满意度：由毕业生回答对母校的总体满意度，选项有“很满意”、“满意”、“不满意”、“很不满意”、“无法评估”共五项。其中，“满意”、“很满意”属于满意的范围，“不满意”、“很不满意”属于不满意的范围。对母校的总体满意度是回答满意范围的人数百分比，计算公式的分子是回答满意范围的人数，分母是回答不满意范围和满意范围的总人数。

图 3－1－1 是 2015～2017 届大学毕业生对母校的总体满意度变化趋势。可以看出，2017 届大学毕业生对母校的总体满意度为 92%，比 2016 届（90%）高 2 个百分点，比 2015 届（89%）高 3 个百分点。其中，本科院

校总体满意度为93%，比2016届、2015届（均为91%）高2个百分点；高职高专院校总体满意度为90%，与2016届（89%）基本持平，比2015届（88%）高2个百分点。从近三届的趋势可以看出，大学毕业生对母校的总体满意度呈现上升趋势。

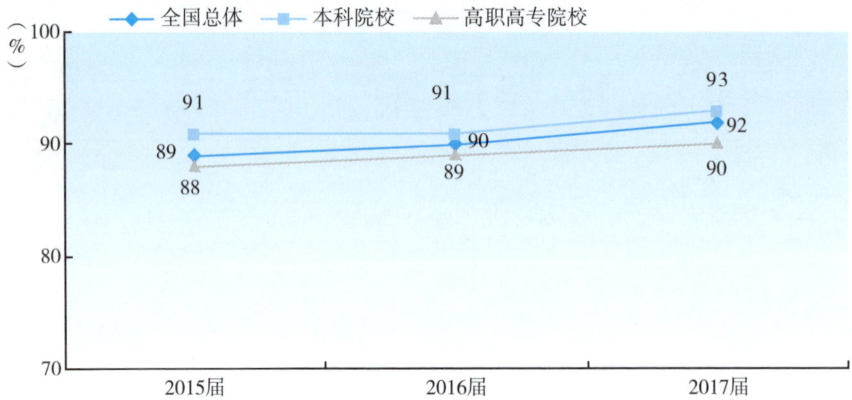

图3－1－1　2015～2017届大学毕业生对母校的总体满意度变化趋势

数据来源：麦可思－中国2015～2017届大学毕业生培养质量跟踪评价。

图3－1－2是2015～2017届本科毕业生对母校的总体满意度变化趋势。可以看出，“双一流”院校2017届毕业生对母校的总体满意度为94%，与2016届、2015届（均为93%）基本持平；非“双一流”本科院校2017届毕业生对母校的总体满意度为93%，比2016届（91%）高2个百分点，比2015届（90%）高3个百分点。

图3－1－3是各经济区域的2016届、2017届本科毕业生对母校的总体满意度。可以看出，泛长江三角洲区域经济体的2017届本科毕业生对母校的总体满意度最高（94%）。

学生工作满意度：由毕业生回答对母校的学生工作满意度，选项有“很满意”、“满意”、“不满意”、“很不满意”、“无法评估”共五项。其中，“满意”、“很满意”属于满意的范围，“不满意”、“很不满意”属于不满意的范围。学生工作满意度是回答满意范围的人数百分比，计算公式的分子是

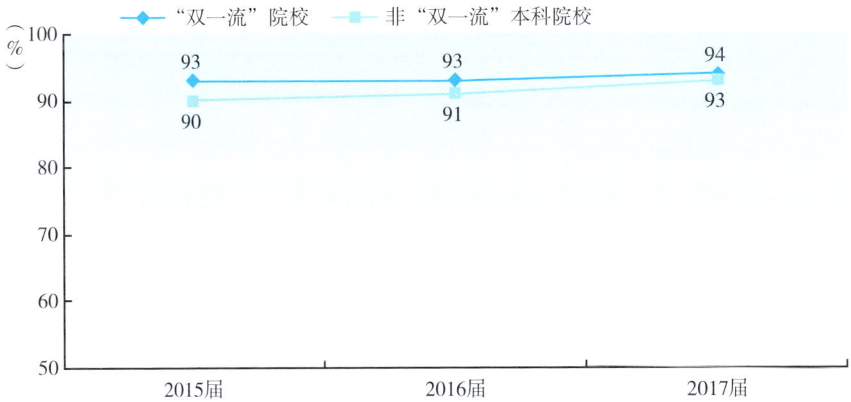

图 3－1－2　2015～2017 届本科毕业生对母校的总体满意度变化趋势

数据来源：麦可思－中国 2015～2017 届大学毕业生培养质量跟踪评价。

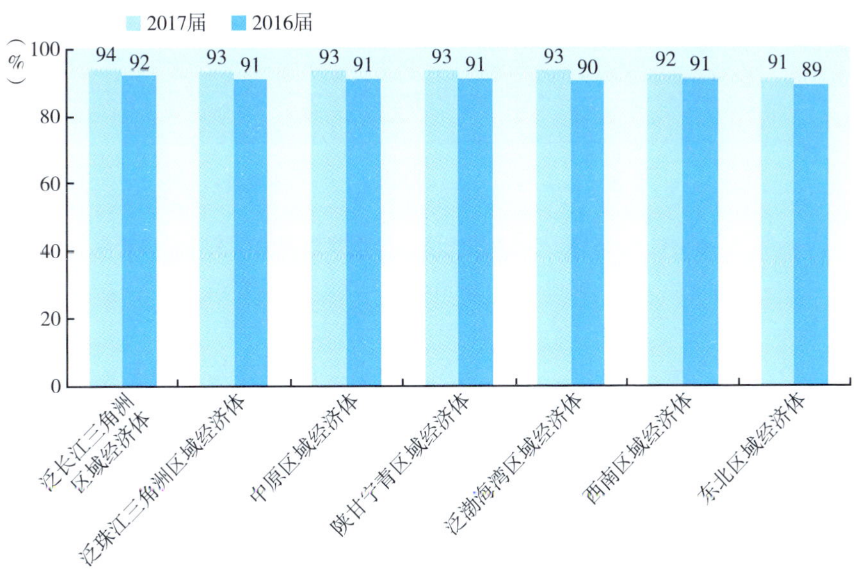

图 3－1－3　2016 届、2017 届各经济区域本科毕业生对母校的总体满意度*

＊西部生态经济区因为样本较少，没有包括在内。

数据来源：麦可思－中国 2016 届、2017 届大学毕业生培养质量跟踪评价。

回答满意范围的人数，分母是回答不满意范围和满意范围的总人数。

图 3-1-4 是 2016 届、2017 届大学毕业生对母校学生工作的满意度。可以看出，2017 届大学毕业生对母校学生工作的满意度为 86%，比 2016 届（84%）高 2 个百分点。其中，本科、高职高专院校 2017 届毕业生对母校学生工作的满意度均为 86%，比 2016 届（均为 84%）均高 2 个百分点。在本科院校中，"双一流" 院校、非 "双一流" 本科院校毕业生对母校的学生工作满意度均为 86%。

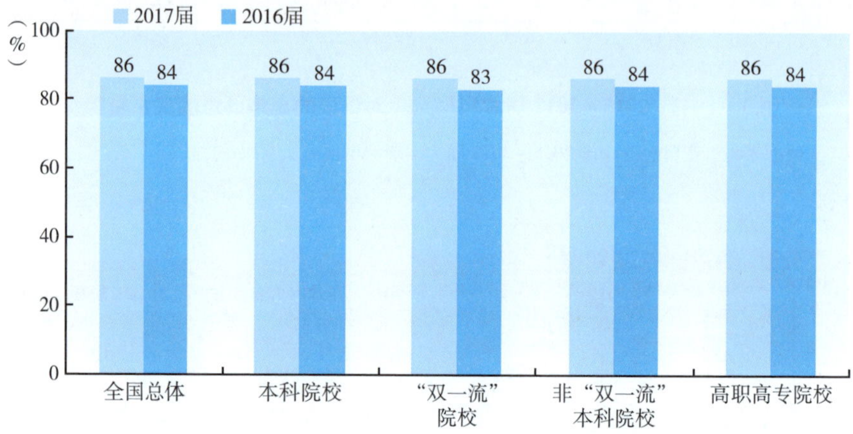

图 3-1-4　2016 届、2017 届大学毕业生对母校学生工作的满意度

数据来源：麦可思-中国 2016 届、2017 届大学毕业生培养质量跟踪评价。

图 3-1-5 是 2016 届、2017 届本科毕业生认为母校的学生工作需要改进的地方。可以看出，2017 届本科毕业生认为母校的学生工作需要改进的地方是 "与辅导员或班主任接触时间太少"（50%），其后是 "解决学生问题不及时"（37%）、"学生社团活动组织不够好"（33%）。

生活服务满意度： 由毕业生回答对母校的生活服务满意度，选项有 "很满意"、"满意"、"不满意"、"很不满意"、"无法评估" 共五项。其中，"满意"、"很满意" 属于满意的范围，"不满意"、"很不满意" 属于不满意的范围。生活服务满意度是回答满意范围的人数百分比，计算公式的分子是回答满意范围的人数，分母是回答不满意范围和满意范围的总人数。

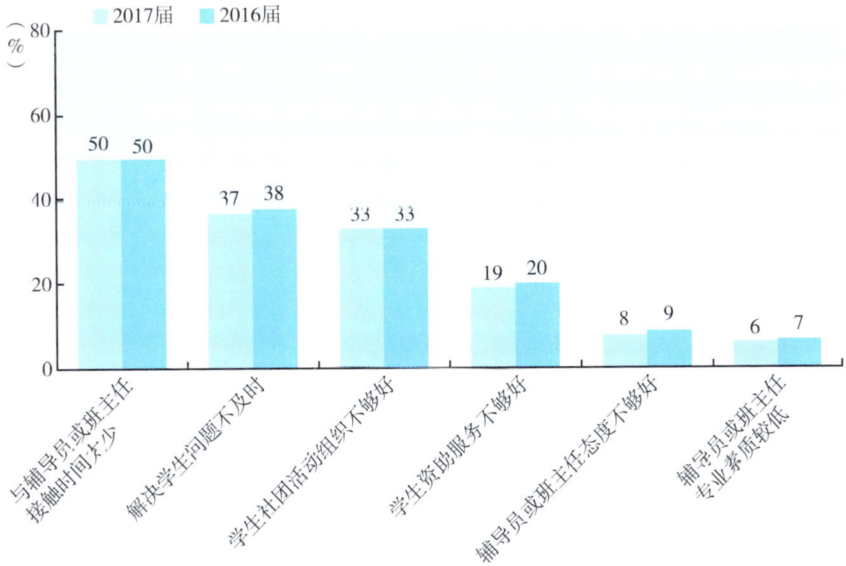

图 3－1－5　2016 届、2017 届本科毕业生认为母校的学生工作需要改进的地方（多选）

数据来源：麦可思－中国 2016 届、2017 届大学毕业生培养质量跟踪评价。

图 3－1－6 是 2016 届、2017 届大学毕业生对母校生活服务的满意度。可以看出，2017 届大学毕业生对母校生活服务的满意度为 87%，比 2016 届（85%）高 2 个百分点。其中，本科院校 2017 届毕业生对母校生活服务的满意度为 88%，比 2016 届（86%）高 2 个百分点；高职高专院校 2017 届毕业生对母校的生活服务满意度为 86%，比 2016 届（84%）高 2 个百分点。在本科院校中，“双一流”院校毕业生对母校的生活服务满意度为 87%，非“双一流”本科院校为 88%。

图 3－1－7 是 2016 届、2017 届本科毕业生认为母校的生活服务需要改进的地方。可以看出，2017 届本科毕业生认为母校的生活服务需要改进的地方是“食堂饭菜质量及服务不够好”（37%），其后是“学校医院或医务室服务不够好”（35%）、“宿舍服务不够好”（35%）、“学校洗浴服务不够好”（32%）。

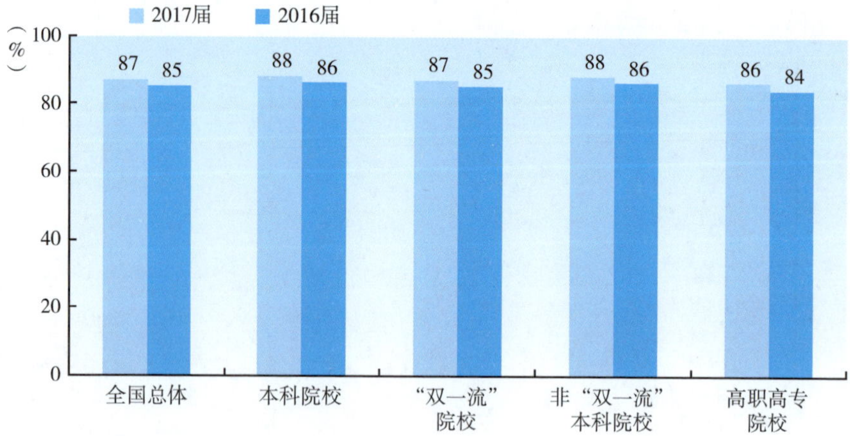

图3－1－6　2016届、2017届大学毕业生对母校生活服务的满意度

数据来源：麦可思－中国2016届、2017届大学毕业生培养质量跟踪评价。

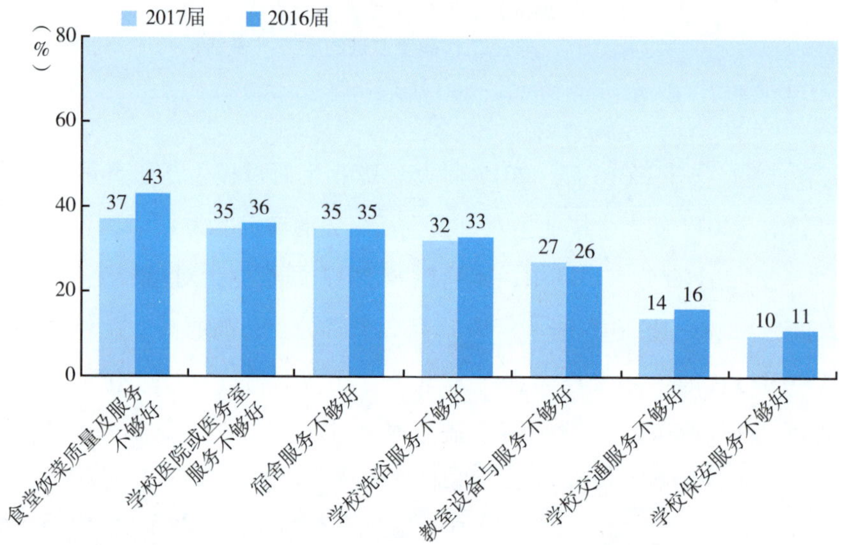

图3－1－7　2016届、2017届本科毕业生认为母校的生活服务需要改进的地方（多选）

数据来源：麦可思－中国2016届、2017届大学毕业生培养质量跟踪评价。

二 对母校的推荐度

对母校的推荐度：在同等分数、同类型学校条件下，大学毕业生是否愿意推荐母校给亲朋好友去就读的比例。推荐度计算公式的分子是回答“愿意推荐”的人数，分母是回答“愿意推荐”、“不愿意推荐”、“不确定”的总人数。

图 3-1-8 是 2015~2017 届大学毕业生对母校的推荐度变化趋势。可以看出，2017 届大学毕业生对母校的推荐度为 66%，与 2016 届、2015 届（分别为 66%、65%）基本持平。其中，本科院校毕业生对母校的推荐度为 69%，与 2016 届（68%）基本持平，比 2015 届（67%）高 2 个百分点；高职高专院校为 64%，与 2016 届、2015 届（分别为 64%、63%）基本持平。从近三届的趋势可以看出，大学毕业生对母校的推荐度保持基本稳定。

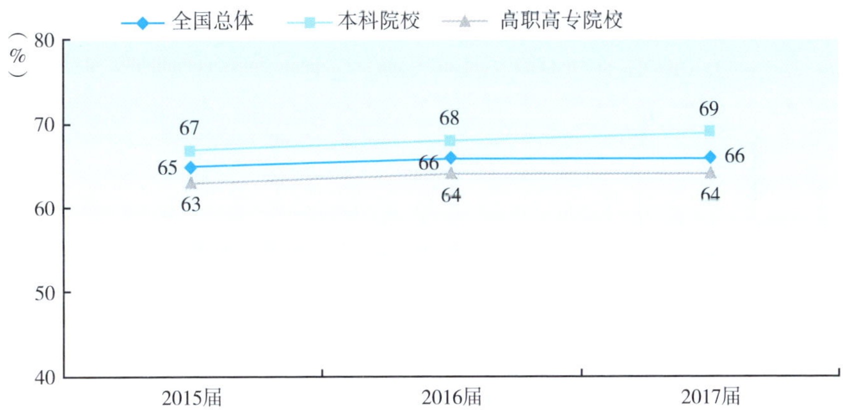

图 3-1-8 2015~2017 届大学毕业生对母校的推荐度变化趋势

数据来源：麦可思-中国 2015~2017 届大学毕业生培养质量跟踪评价。

图 3-1-9 是 2015~2017 届本科生毕业半年后对母校的推荐度变化趋势。可以看出，“双一流”院校 2017 届毕业生对母校的推荐度为 76%，与 2016 届、2015 届（均为 75%）基本持平；非“双一流”本科院校 2017 届

毕业生对母校的推荐度为67%，与2016届（66%）基本持平，比2015届（65%）高2个百分点，连续三届呈现上升趋势。

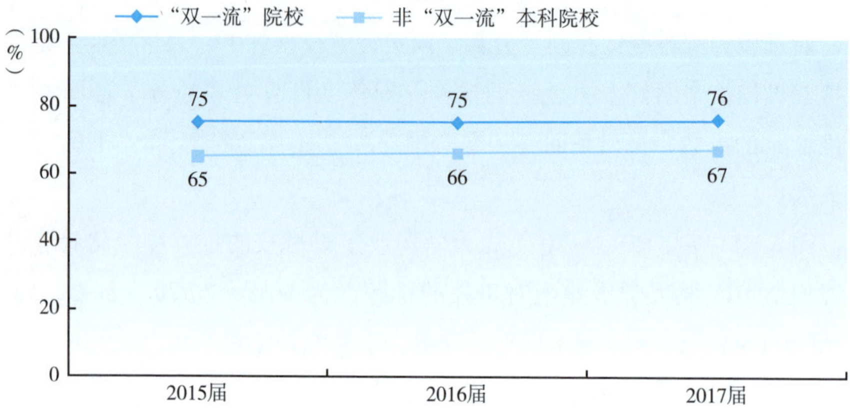

图3-1-9　2015~2017届本科生毕业半年后对母校的推荐度变化趋势

数据来源：麦可思-中国2015~2017届大学毕业生培养质量跟踪评价。

B.12
第二章 教学满意度

一 教学满意度

教学满意度：由毕业生回答对母校的教学满意度，选项有“很满意”、“满意”、“不满意”、“很不满意”、“无法评估”共五项。其中，“满意”、“很满意”属于满意的范围，“不满意”、“很不满意”属于不满意的范围。教学满意度是回答满意范围的人数百分比，计算公式的分子是回答满意范围的人数，分母是回答不满意范围和满意范围的总人数。

图 3-2-1 是 2016 届、2017 届大学毕业生对母校教学的满意度。可以看出，2017 届大学毕业生对母校教学的满意度为 89%，与 2016 届（88%）基本持平。其中，本科院校 2017 届毕业生对母校教学的满意度为 88%，与 2016 届（87%）基本持平；高职高专院校 2017 届毕业生对母校的教学满意度为 90%，与 2016 届（89%）基本持平。在本科院校中，“双一流”院校、非“双一流”本科院校毕业生对母校的教学满意度分别为 88%、89%。

二 教学需改进的方面

图 3-2-2 是 2016 届、2017 届本科毕业生认为母校的教学需要改进的地方。可以看出，2017 届本科毕业生认为母校的教学最需要改进的地方为“实习和实践环节不够”（64%），其次为“无法调动学生学习兴趣”（46%）。

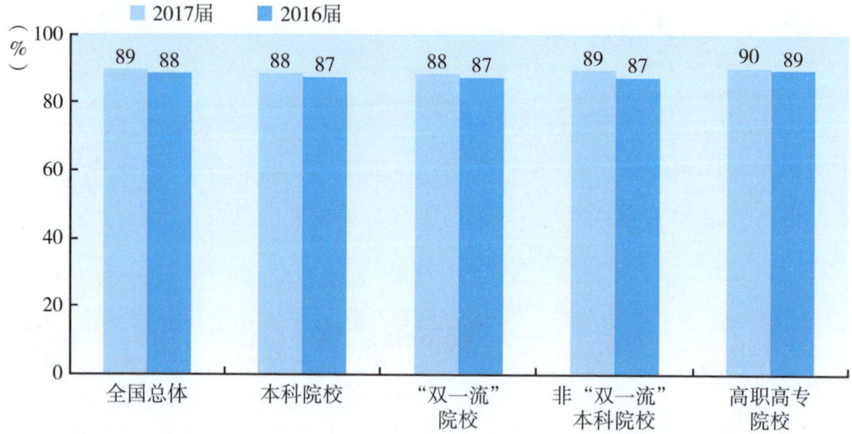

图 3-2-1　2016 届、2017 届大学毕业生对母校教学的满意度

数据来源：麦可思-中国 2016 届、2017 届大学毕业生培养质量跟踪评价。

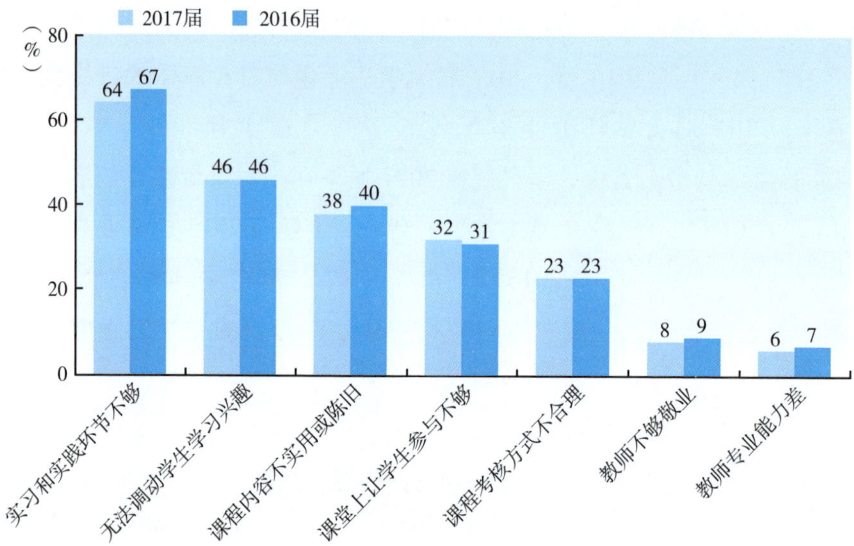

图 3-2-2　2016 届、2017 届本科毕业生认为母校的教学需要改进的地方（多选）

数据来源：麦可思-中国 2016 届、2017 届大学毕业生培养质量跟踪评价。

图3－2－3是2016届、2017届本科院校读研的毕业生认为母校本科学术准备需要改进的地方。可以看出，2017届本科毕业生中读研的人群认为母校本科学术准备最需要改进的地方是“研究方法”（53%），其后是“学术批判性思维能力”（52%）、“专业基础课程知识”（45%）、“文献检索与总结能力”（45%）。

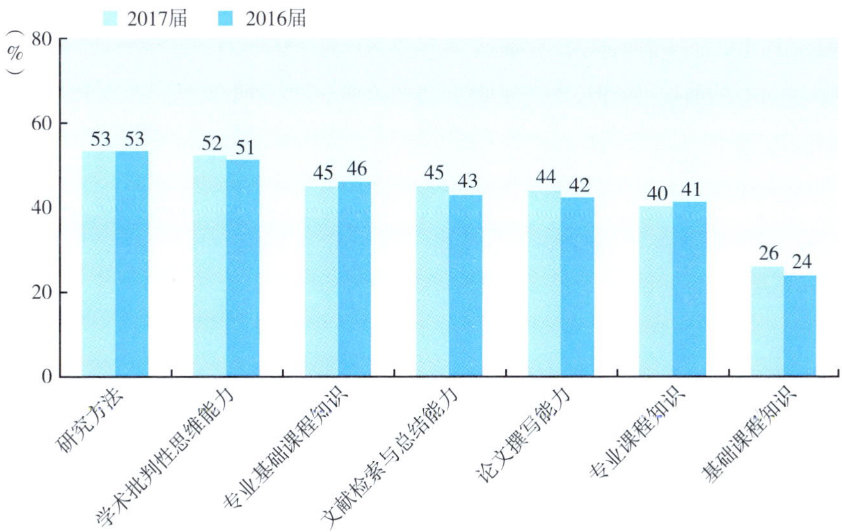

图3－2－3 2016届、2017届本科院校读研的毕业生认为母校本科学术准备需要改进的地方（多选）

数据来源：麦可思－中国2016届、2017届大学毕业生培养质量跟踪评价。

三 核心课程评价

课程的重要度：由就业和正在国内外读研的毕业生判定课程在自己的工作或学习中是否重要。毕业生认为课程对工作或学习的重要度评价分为“无法评估”、“不重要”、“有些重要”、“重要”、“非常重要”、“极其重要”，其中“有些重要”、“重要”、“非常重要”、“极其重要”属于重要的范围。

课程的满足度：回答了课程“有些重要”到“极其重要”的毕业生会被要求回答课程训练是否满足工作或学习要求，满足度指标是回答某课程能满足工作或学习的百分比。计算公式的分子是回答“满足”的人数，分母是回答“满足”和“不满足”的总人数。

图 3-2-4 和图 3-2-5 分别是 2017 届大学毕业生的核心课程重要度及满足度评价。可以看出，2017 届毕业生的核心课程重要度评价为 82%，其中，本科为 81%，高职高专为 82%。在本科院校中，“双一流”院校毕业生的核心课程重要度评价为 80%，非“双一流”本科院校为 81%。

2017 届毕业生的核心课程满足度评价为 74%，其中，本科为 73%，高职高专为 75%。在本科院校中，“双一流”院校和非“双一流”本科院校毕业生的核心课程满足度评价均为 73%。

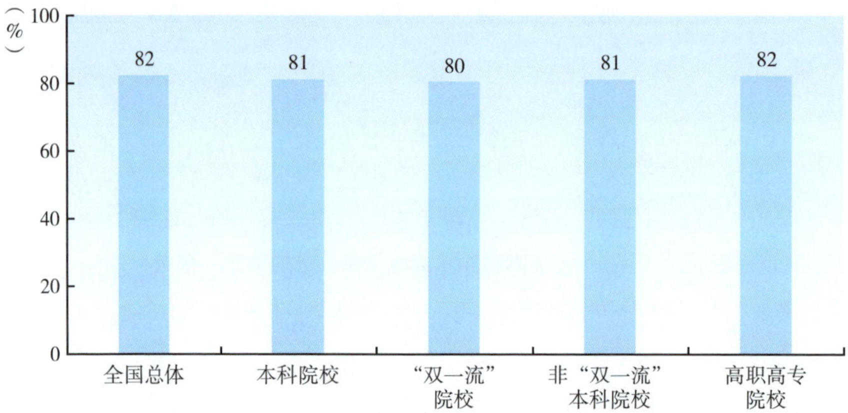

图 3-2-4　2017 届大学毕业生的核心课程重要度评价

数据来源：麦可思-中国 2017 届大学毕业生培养质量跟踪评价。

图 3-2-6 是 2017 届本科各学科门类毕业生的核心课程重要度和满足度评价。可以看出，在 2017 届本科各学科门类中，医学核心课程的重要度评价（94%）最高，其满足度为 75%。

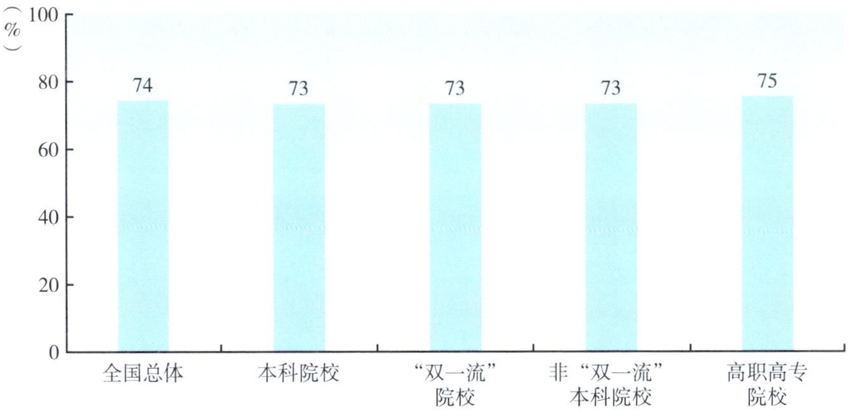

图 3－2－5 2017 届大学毕业生的核心课程满足度评价

数据来源：麦可思－中国 2017 届大学毕业生培养质量跟踪评价。

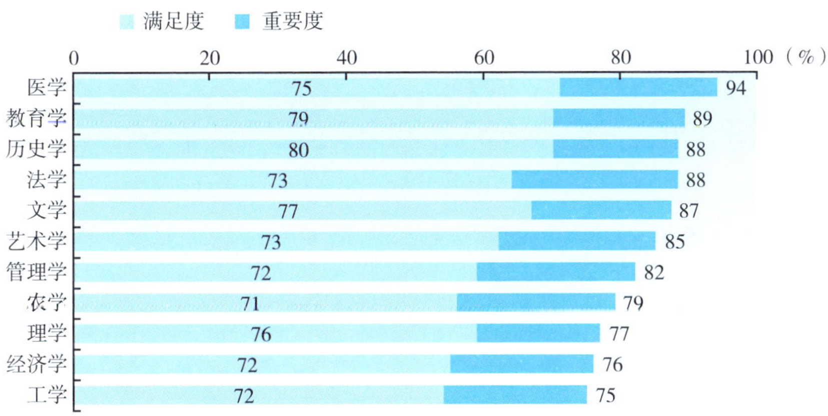

图 3－2－6 2017 届本科各学科门类的核心课程重要度和满足度评价*

* 个别学科门类因为样本较少，没有包括在内。

数据来源：麦可思－中国 2017 届大学毕业生培养质量跟踪评价。

四 师生交流频度

图 3－2－7 是 2017 届大学毕业生与任课教师课下交流程度。可以看出，2017 届有 53% 的毕业生与任课教师"每周至少一次"或"每月至少一次"

课下交流。其中，本科毕业生中有23%与任课教师“每周至少一次”课下交流，低于高职高专毕业生（35%）。在本科院校中，“双一流”院校这一比例（每周至少一次）为16%，非“双一流”本科院校为24%。

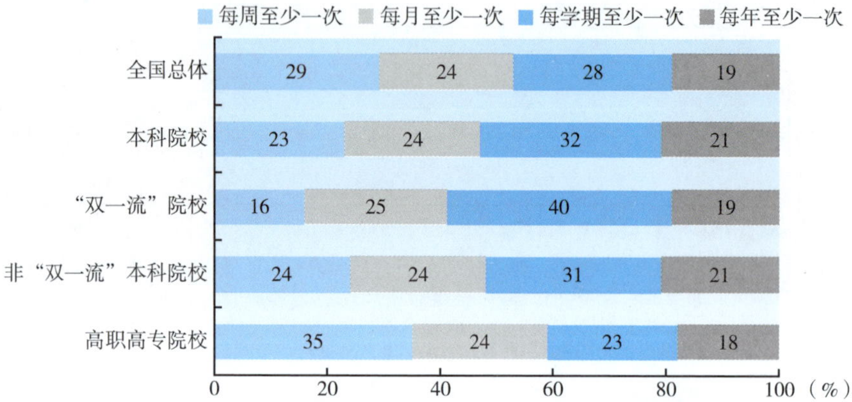

图3-2-7　2017届大学毕业生与任课教师课下交流程度

数据来源：麦可思-中国2017届大学毕业生培养质量跟踪评价。

图3-2-8是2017届本科各学科门类毕业生与任课教师课下交流程度。可以看出，在2017届本科各学科门类中，与任课教师“每周至少一次”或“每月至少一次”课下交流程度最高的是艺术学（67%），最低的是医学（31%）。

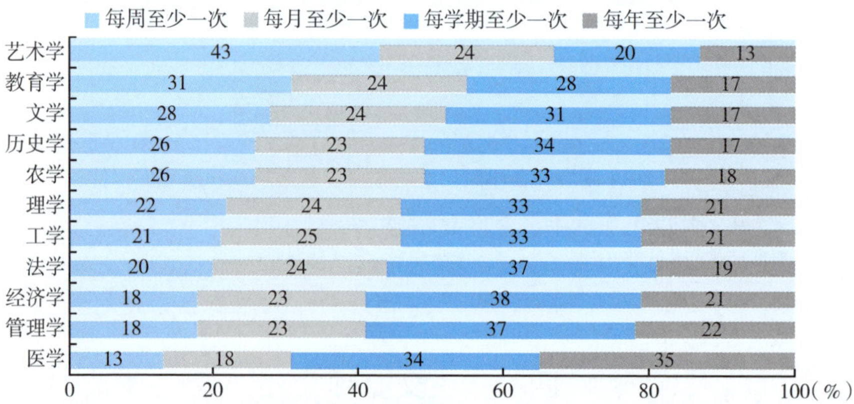

图3-2-8　2017届本科各学科门类毕业生与任课教师课下交流程度*

*个别学科门类因为样本较少，没有包括在内。

数据来源：麦可思-中国2017届大学毕业生培养质量跟踪评价。

B.13
第三章 教与学的行为分析

一 到课率

到课率 = 班级实到人数/班级应到人数。

图 3 -3 -1 是大学在校生到课率。可以看出，大学在校生到课率为 91% 。其中，本科院校、高职高专院校到课率持平（均为 91%）。在本科院校中，“双一流”院校到课率为 91%，非“双一流”本科院校到课率为 90%。

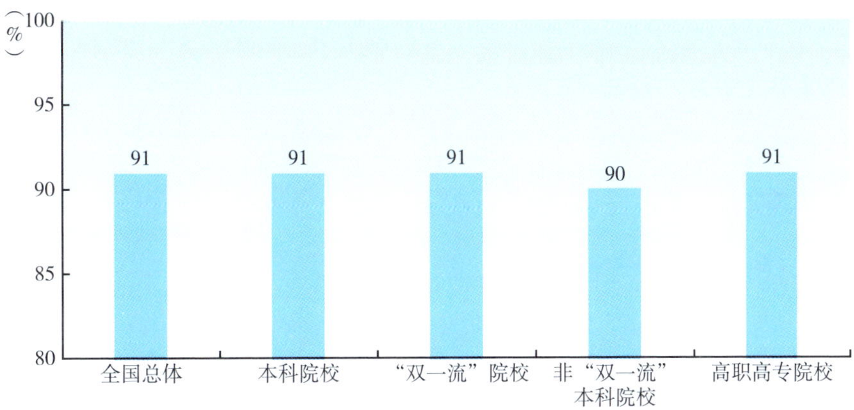

图 3 -3 -1 大学在校生到课率

数据来源：麦可思智能助教系统（Mita）。

图 3 -3 -2 是大学在校生周一至周五的到课率。可以看出，本科院校在校生周一的到课率最高（92%），其余四天均在 90% 左右；高职高专院校在校生周一至周五的到课率保持在 90% 或 91%。

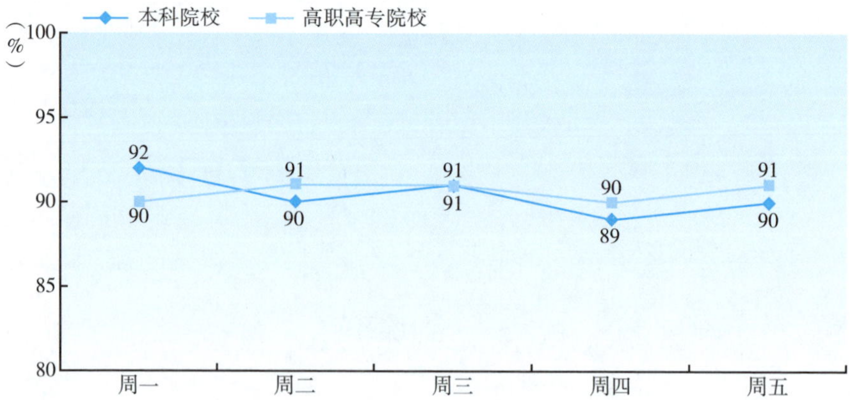

图 3－3－2　大学在校生周一至周五到课率

数据来源：麦可思智能助教系统（Mita）。

图 3－3－3 是本科在校生周一至周五的到课率。可以看出，“双一流”院校在校生周一、周三的到课率（均为 92%）最高，周五的到课率（88%）最低；非“双一流”本科院校在校生周一到课率（92%）最高，周四到课率（89%）最低。

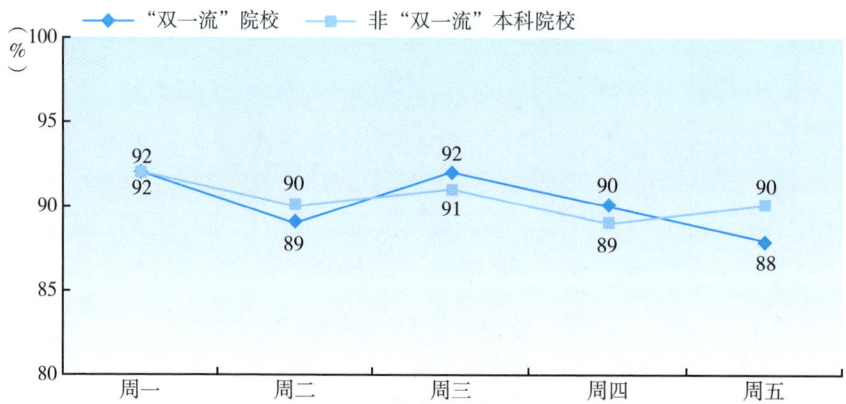

图 3－3－3　本科在校生周一至周五到课率

数据来源：麦可思智能助教系统（Mita）。

图 3－3－4 是大学在校生每日各时间段的到课率。可以看出，大学在校生早课到课率较高（本科 93%，高职高专 92%），晚课到课率较低（本科 84%，高职高专 88%）。

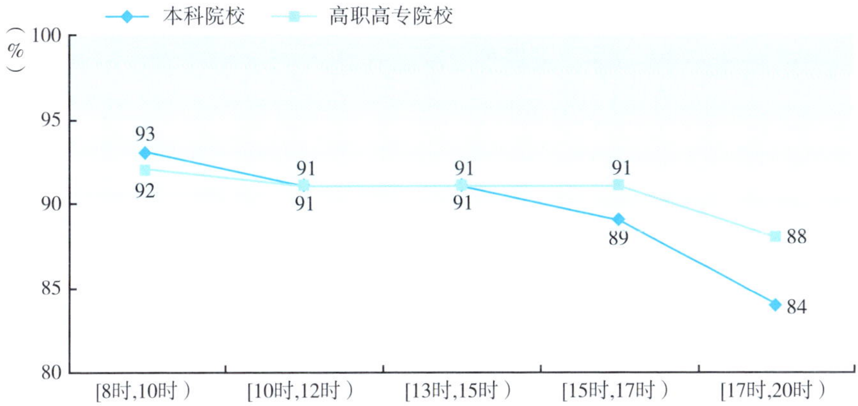

图 3－3－4　大学在校生每日各时间段到课率

数据来源：麦可思智能助教系统（Mita）。

图 3－3－5 是本科在校生每日各时间段的到课率。可以看出，“双一流”院校、非“双一流”本科院校在校生早课到课率均较高（分别为 94%、93%），晚课到课率均较低（分别为 87%、83%）。

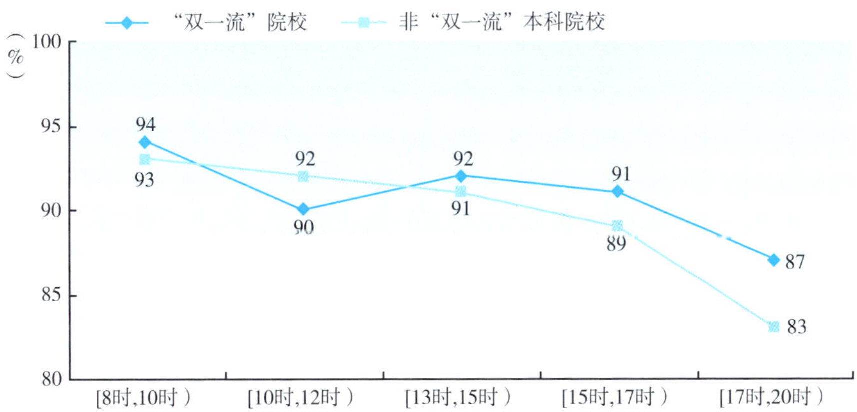

图 3－3－5　本科在校生每日各时间段到课率

数据来源：麦可思智能助教系统（Mita）。

二　课堂互动

教师提问频率 = 教师使用 Mita 提问次数/使用 Mita 上课次数。本研究将教师课堂提问的频率分为以下四种级别：

每次课都提问：即“用 Mita 提问次数”/“用 Mita 上课次数”的结果大于等于1。

经常提问：即“用 Mita 提问次数”/“用 Mita 上课次数”的结果大于等于0.5。

偶尔提问：即“用 Mita 提问次数”/“用 Mita 上课次数”的结果大于0，且小于0.5。

从不提问：即“用 Mita 提问次数”/“用 Mita 上课次数”的结果等于0。

图3-3-6是高校教师课堂上通过 Mita 提问的频率分布。可以看出，有32%的高校教师每次上课都提问，有11%的高校教师经常提问，有11%的高校教师偶尔提问，还有46%的高校教师从不提问；本科院校教师提问的频率低于高职高专院校教师。在本科院校中，“双一流”院校教师提问的频率略高于非“双一流”本科院校教师。

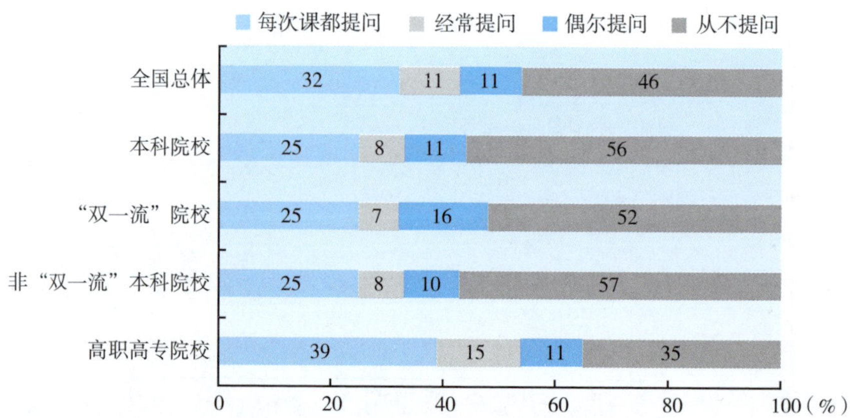

图3-3-6　教师课堂提问频率分布

数据来源：麦可思智能助教系统（Mita）。

课堂测验频率 = 教师使用 Mita 发起课堂测验次数/使用 Mita 上课次数。本研究将课堂测验的频率分为以下四种级别：

每次课都测验：即“用 Mita 测验次数”/“用 Mita 上课次数”的结果大于等于 1。

经常测验：即“用 Mita 测验次数”/“用 Mita 上课次数”的结果大于等于 0.5。

偶尔测验：即“用 Mita 测验次数”/“用 Mita 上课次数”的结果大于 0，且小于 0.5。

从不测验：即“用 Mita 测验次数”/“用 Mita 上课次数”的结果等于 0。

图 3－3－7 是高校教师课堂上通过 Mita 发起测验的频率分布。可以看出，有 7% 的高校教师每次上课都测验，有 9% 的高校教师经常测验，有 15% 的高校教师偶尔测验，还有 69% 的高校教师从不测验；本科院校教师课堂发起测验的频率与高职高专院校教师基本持平。在本科院校中，“双一流”院校教师课堂发起测验的频率低于非“双一流”本科院校教师。

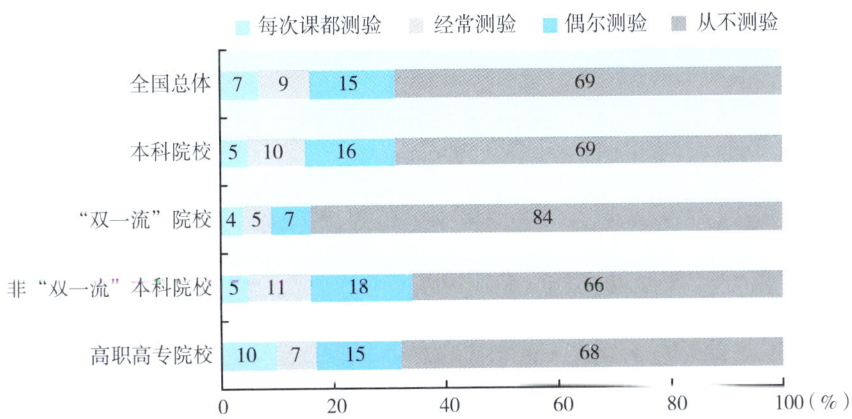

图 3－3－7　教师课堂测验频率分布

数据来源：麦可思智能助教系统（Mita）。

图 3 -3 -8 是大学在校生通过 Mita 参与课堂测验的比例及回答正确率。可以看出，课堂测验的参与率为 84%，答案的正确率为 67%；本科院校在校生的参与率和正确率均高于高职高专院校在校生。在本科院校中，“双一流”院校在校生课堂测验的参与率和正确率均高于非“双一流”本科院校在校生。

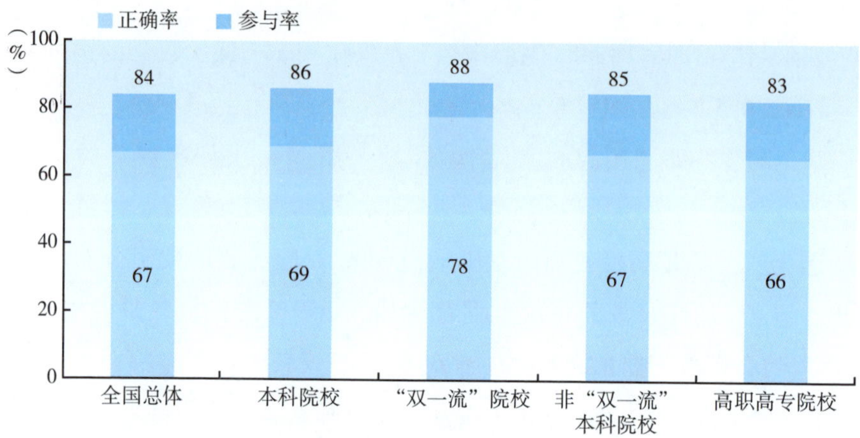

图 3 -3 -8　大学在校生参与课堂测验的比例及回答正确率

数据来源：麦可思智能助教系统（Mita）。

三　学习行为预警

教师可以用 Mita 设置预警，当学生旷课、不做测验、不交作业累积一定次数时，系统就会自动提醒学生。图 3 -3 -9 是大学在校生收到学习预警的比例。可以看出，有 3.4% 的大学在校生因为旷课收到预警（本科 3.4%，高职高专 3.3%），有 5.8% 的大学在校生因为不参与课堂测验收到预警（本科 4.8%，高职高专 6.7%），有 1.7% 的大学在校生因为不交作业收到预警（本科 1.3%，高职高专 2.1%）。

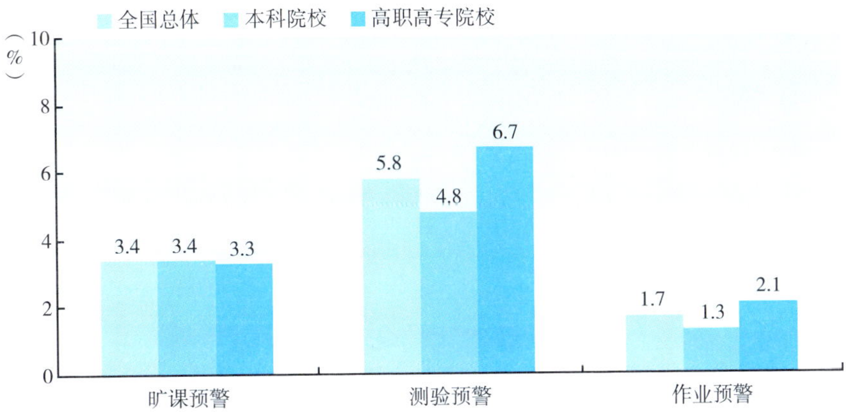

图 3-3-9　大学在校生收到学习预警的比例

数据来源：麦可思智能助教系统（Mita）。

B.14

第四章

能力、知识及素养提升

一 基本工作能力评价

（一）背景介绍

工作能力：从事某项职业工作必须具备的能力，分为职业工作能力和基本工作能力。职业工作能力是从事某一职业特殊需要的能力，基本工作能力是所有工作都必须具备的能力，麦可思参考美国 SCANS 标准，把基本工作能力分为 35 项。根据麦可思的工作能力分类，中国大学生可以从事的职业共 695 个，对应的职业能力近万条。

五大类基本工作能力：麦可思参考美国 SCANS 标准，35 项基本工作能力可划归为五大类型，分别是理解与交流能力、科学思维能力、管理能力、应用分析能力和动手能力（见图 3－4－1）。

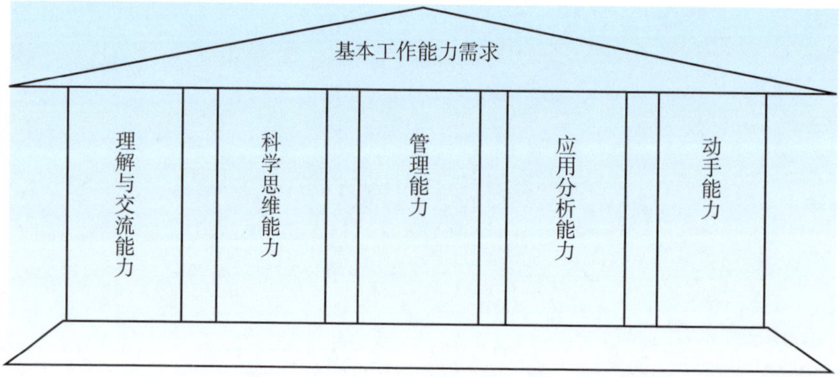

图 3－4－1　五大类基本工作能力

表 3-4-1 基本工作能力定义及序号

序号	五大类能力	名称	描述
1	理解与交流能力	理解性阅读	理解工作文件的句子和段落
2	理解与交流能力	积极聆听	理解对方讲话的要点，适当地提出问题
3	理解与交流能力	有效的口头沟通	交谈中有效果地传递信息
4	理解与交流能力	积极学习	理解信息中的启示，用于解决问题，帮助作出决定
5	理解与交流能力	学习方法	在训练和指导工作时选择方法与程序
6	理解与交流能力	理解他人	关注并理解他人的反应
7	理解与交流能力	服务他人	积极地寻找方法来帮助他人
8	科学性思维能力	针对性写作	根据读者需求有效果地传递信息
9	科学性思维能力	数学解法	用数学方法来解决问题
10	科学性思维能力	科学分析	用科学的原理和方法来解决问题
11	科学性思维能力	批判性思维	运用逻辑推理来判定解决问题的建议、结论和方法的优缺点
12	管理能力	绩效监督	监督和评估自己、他人或组织的绩效以采取改进行动
13	管理能力	协调安排	根据他人的需要调整工作安排
14	管理能力	说服他人	说服他人改变想法或者行为
15	管理能力	谈判技能	与他人沟通并且达成一致
16	管理能力	指导他人	指导他人怎样去做一件事
17	管理能力	解决复杂的问题	识别复杂问题并查阅信息以发现和评估解决方案
18	管理能力	判断和决策	考虑各方案的成本和收益，决定最合适的方案
19	管理能力	时间管理	管理自己和他人的时间
20	管理能力	财务管理	决定怎样花钱以完成工作，并为这些开支记账核算
21	管理能力	物资管理	如何按照工作的特定需要获得设备、厂房和材料，以及监督其合理使用
22	管理能力	人力资源管理	在工作中激发、指导人们的工作，寻找适合各项工作的人
23	应用分析能力	新产品构思	分析需求和生产的可能性以开发出新产品
24	应用分析能力	技术设计	按要求设计和修改设备与技术
25	应用分析能力	设备选择	决定使用哪一种工具和设备来做一项工作
26	应用分析能力	质量控制分析	对产品、服务或工作程序进行测试和检查以评价其质量和绩效
27	应用分析能力	操作监控	监视仪表、控制器和其他指示器以保证机器正常运行
28	应用分析能力	操作和控制	控制设备和系统的运行
29	应用分析能力	设备维护	对设备进行日常维护并决定什么时候进行何种维护
30	应用分析能力	疑难排解	判断出操作错误的产生原因并决定纠错对策
31	应用分析能力	系统分析	判定变化对一个系统运行结果的影响

续表

序号	五大类能力	名称	描述
32	应用分析能力	系统评估	识别系统绩效的评估方法或指标，根据系统目标制订行动来改进系统表现
33	动手能力	安装能力	按照特定要求来安装设备、机器、管线或程序
34	动手能力	电脑编程	为各种目的编写电脑程序
35	动手能力	维修机器和系统	使用必要的工具来修理机器和系统

基本工作能力的重要度：用于定义正在工作的大学毕业生所理解的35项基本工作能力在其岗位工作中的重要程度，分为“无法评估”、“不重要”、“有些重要”、“重要”、“非常重要”和“极其重要”六个层次，数据处理时把重要性处理为百分比，0代表“不重要”，25%代表“有些重要”，50%代表“重要”，75%代表“非常重要”，100%代表“极其重要”。

工作岗位要求的工作能力水平：用于定义正在工作的大学毕业生所理解的工作对35项基本工作能力的要求级别，从低到高分为一级到七级。一级代表该能力的最低水平，取值1/7；七级代表该能力的最高水平，取值1。为了帮助答题人自评级别，问卷在一到七级中分别举了三个例子，以帮助答题人理解能力差别。

毕业时掌握的基本工作能力水平：用于定义正在工作的大学毕业生所理解的对35项基本工作能力在刚毕业时实际掌握的级别，从低到高分为一级到七级。一级代表该能力的最低水平，取值1/7；七级代表该能力的最高水平，取值1。为了帮助答题人自评级别，问卷在一级到七级中分别举了三个例子，以帮助答题人理解能力差别。

基本工作能力的满足度：毕业时掌握的基本工作能力水平满足社会初始岗位的工作要求水平的百分比，100%为完全满足。满足度计算公式的分子是毕业时掌握的基本工作能力水平，分母是工作要求的水平。

（二）基本工作能力重要度和满足度

图3-4-2、图3-4-3和图3-4-4分别是2015~2017届大学毕业

生毕业时掌握的基本工作能力水平和工作岗位要求达到的水平，以及在此基础上计算出的基本工作能力满足度。可以看出，无论是本科毕业生还是高职高专毕业生，其毕业时对基本工作能力掌握的水平均低于工作岗位要求的水平。

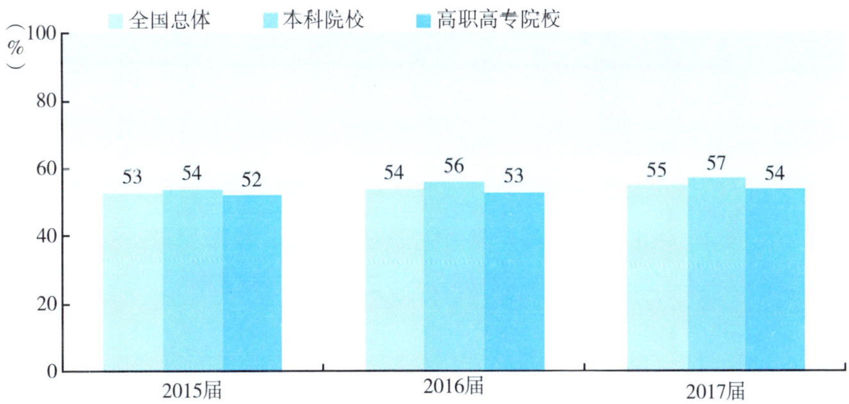

图 3-4-2 2015~2017 届大学毕业生毕业时掌握的基本工作能力水平

数据来源：麦可思-中国 2015~2017 届大学毕业生培养质量跟踪评价。

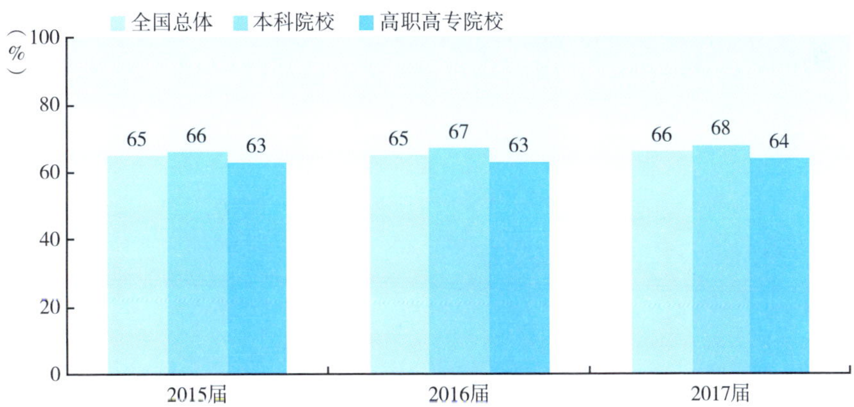

图 3-4-3 2015~2017 届大学毕业生工作岗位要求达到的基本工作能力水平

数据来源：麦可思-中国 2015~2017 届大学毕业生培养质量跟踪评价。

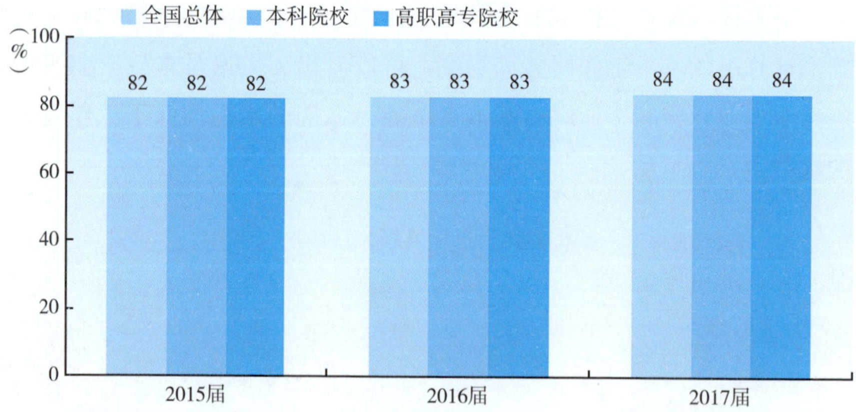

图 3－4－4　2015～2017 届大学毕业生的基本工作能力满足度

数据来源：麦可思－中国 2015～2017 届大学毕业生培养质量跟踪评价。

图 3－4－5 是 2017 届本科毕业生各项基本工作能力的重要度和满足度。可以看出，2017 届本科毕业生在理解交流能力中最重要的是积极聆听、积极学习（重要度均为 72%），其满足度分别为 88%、85%；科学思维能力中最重要的是科学分析能力（重要度为 68%），其满足度为 83%；管理能力中最重要的是谈判技能（重要度为 74%），其满足度为 81%；应用分析能力中最重要的是疑难排解能力（重要度为 73%），其满足度为 80%；动手能力中最重要的是电脑编程能力（重要度为 80%），其满足度为 70%。

二　核心知识评价

（一）背景介绍

核心知识：从事某项职业工作必须具备的知识。麦可思参考美国 SCANS 标准，将核心知识分为 28 项。根据麦可思的核心知识分类，中国大学生可以从事的职业共 695 个，对应的职业知识近万条。大学毕业生在校期间所掌握的 28 项知识见表 3－4－2。

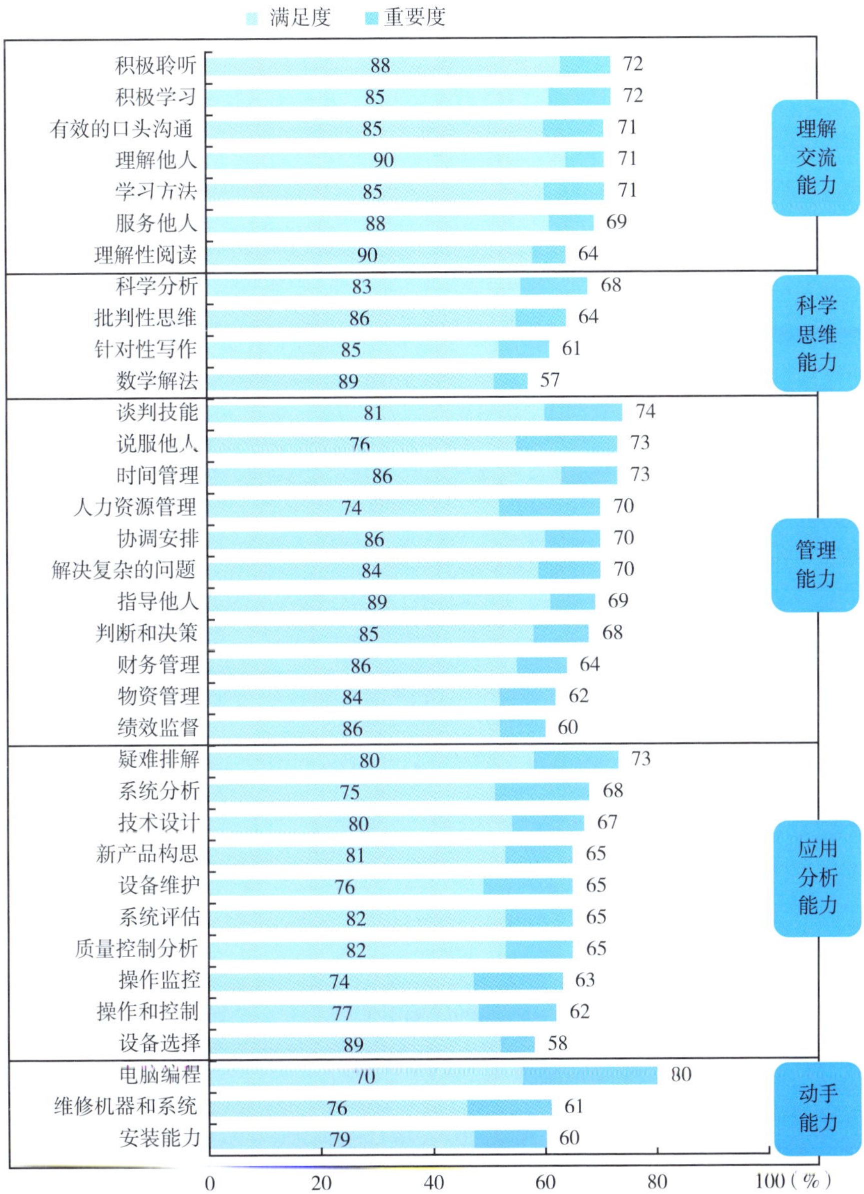

图 3－4－5　2017 届本科毕业生的各项基本工作能力的重要度和满足度

数据来源：麦可思－中国 2017 届大学毕业生培养质量跟踪评价。

表 3-4-2　核心知识定义及序号

序号	名称	描述
1	行政与管理	关于战略规划、资源分配、人力资源、领导技巧、生产方法、人员与资源协调的商业管理原理
2	生物学	关于动植物有机体的组织、细胞、功能的知识,包括生物体的相互作用及其与环境的依赖和相互作用
3	化学	关于物质的化学组成、结构、性质、化学反应及变化的知识,包括掌握化学物品的危险特征、制备方法以及安全处理方法
4	文秘	关于行政和文书记录程序和系统的知识,例如:文字处理、文件记录归档、速记和誊写、表格设计等,还要掌握其他一些办公程序和专门用语
5	传播与媒体	关于传媒制作、交流、传播技术和方法的知识,包括通过书面、口头和可视媒体等方式来传达信息或娱乐受众
6	计算机与电子学	关于线路板、处理器、芯片、电子设备和电脑软硬件的知识,包括关于应用软件和编程方面的知识
7	消费者服务与个人服务	关于向顾客、个人提供服务的原理及过程的知识,这包括评估顾客需求以达到服务质量标准,并确定顾客的满意程度
8	设计	关于在精密技术方案、蓝图、绘图和模型中所涉及的设计技术、工具和原理的知识
9	经济学与会计	关于经济学和会计学的原理与实践,涉及金融市场、银行业以及对金融数据进行分析和报告的知识
10	教育与培训	关于课程设置和培训的原理和方法,教授和指导个人及团体,以及评估培训效果的知识
11	工程与技术	关于工程科技的实际应用的知识,包括应用原理、技术、程序、设计、生产多种产品和服务所用的设备
12	中文语言	关于汉语语言结构和内容的知识,包括词的意义和书写、构成规则和语法
13	美术	关于音乐、舞蹈、视觉艺术、戏剧和雕塑等艺术作品的创作、制作和表现中所涉及的理论和技术知识
14	外国语	关于一门外语语言结构和内容的知识,包括单词的意义和拼写、构成规则、语法和发音
15	地理学	关于描述陆地、海洋、大气特征的原理和方法的知识,包括其物理特征、位置、相互关系,以及关于植物、动物和人类分布的知识
16	历史学与考古学	关于历史事件及其起因、标志,以及对文明和文化的影响的知识
17	法律与政府	关于法律、法规、法庭程序、判例、政府规定、行政指令、机构规则和民主政治进程的知识
18	数学	关于算术、代数、几何、微积分、统计及其应用的知识

续表

序号	名称	描述
19	机械	关于机械和工具的知识,包括其设计、使用、修理和保养
20	人事与人力资源	关于招聘、选拔、培训、薪酬福利、劳动关系和谈判、人事信息系统的知识
21	哲学	关于不同哲学系统和宗教流派的知识,包括基本原理、价值观、道德观、思考方式、习俗、惯例及其对人类文化的影响
22	物理学	关于物质世界的原理、定理和物质相互作用的知识和预测,以及通过实验手段去了解的关于物质、大气运动、机械、电子、原子和亚原子结构与过程的知识
23	生产与加工	关于原材料、生产过程、质量控制、成本和其他知识,并使有限物资有效和最大限度地应用到制造和分配货物中
24	心理学	关于人类行为和表现,能力、个性和兴趣的个体差异,学习与动机,心理研究方法,以及对行为和情感紊乱的评价和治疗的知识
25	销售与营销	关于展示、促销产品及服务的原则和方法的知识,包括营销策略、产品展示、销售技巧及销售控制体系
26	社会学和人类学	关于群体行为和动力学、社会趋势和影响、人类迁徙,以及种族、文化及其历史和起源的知识
27	电信学	关于电信体系中传输、播报、转换、控制和运营的知识
28	治疗与保健咨询	关于身体和精神功能紊乱的诊断、治疗、复健,以及职业咨询与指导的原则、方法和程序的知识

核心知识的重要度：用于定义正在工作的大学毕业生所理解的各项知识在其岗位工作中的重要程度，分为“无法评估”、“不重要”、“有些重要”、“重要”、“非常重要”和“极其重要”六个层次，数据处理时把重要性处理为百分比，0代表“不重要”，25%代表“有些重要”，50%代表“重要”，75%代表“非常重要”，100%代表“极其重要”。

工作要求的核心知识水平：用于定义正在工作的大学毕业生所理解的工作对各项知识的要求级别，从低到高分为一级到七级。一级代表该知识的最低水平，取值1/7；七级代表该知识的最高水平，取值1。为了帮助答题人自评级别，问卷在一到七级中分别举了三个例子，以帮助答题人理解知识水平差别。

毕业时掌握的核心知识水平： 用于定义正在工作的大学毕业生所理解的对各项知识在刚毕业时实际掌握的级别，从低到高分为一级到七级。一级代表该知识的最低水平，取值 1/7；七级代表该知识的最高水平，取值 1。为了帮助答题人自评级别，问卷在一级到七级中分别举了三个例子，以帮助答题人理解知识水平差别。

核心知识的满足度： 毕业时掌握的核心知识水平满足社会初始岗位的工作要求水平的百分比，100% 为完全满足。满足度计算公式的分子是毕业时掌握的核心知识水平，分母是工作要求的核心知识水平。

（二）核心知识重要度和满足度

图 3-4-6、图 3-4-7 和图 3-4-8 分别是 2015~2017 届大学毕业生毕业时掌握的核心知识水平和工作岗位要求达到的水平，以及在此基础上计算出的核心知识满足度。可以看出，无论是本科毕业生还是高职高专毕业生，其毕业时对核心知识掌握的水平均低于工作岗位要求的水平。

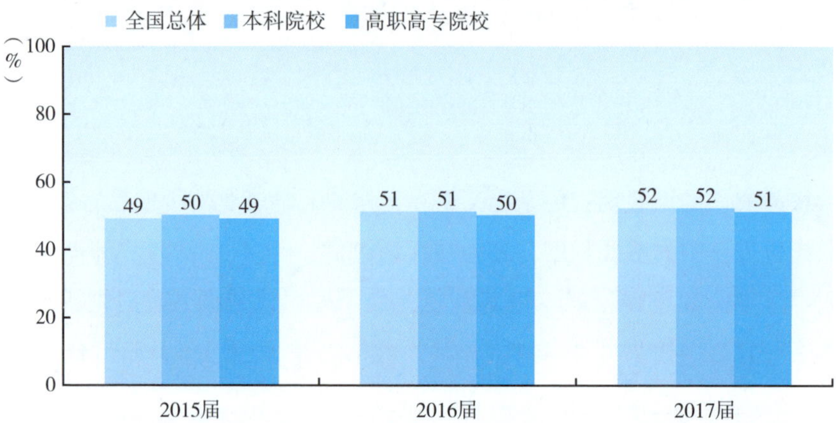

图 3-4-6　2015~2017 届大学毕业生毕业时掌握的核心知识水平

数据来源：麦可思－中国 2015~2017 届大学毕业生培养质量跟踪评价。

图 3-4-9 是 2017 届本科毕业生的各项核心知识的重要度和满足度。可以看出，2017 届本科毕业生最重要的核心知识是心理学知识（重要度为 63%），其满足度为 84%。

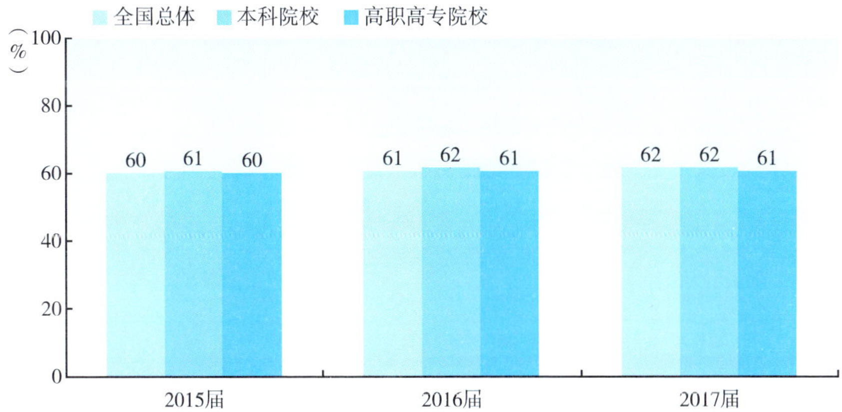

图 3－4－7　2015～2017 届大学毕业生工作岗位要求的核心知识水平

数据来源：麦可思－中国 2015～2017 届大学毕业生培养质量跟踪评价。

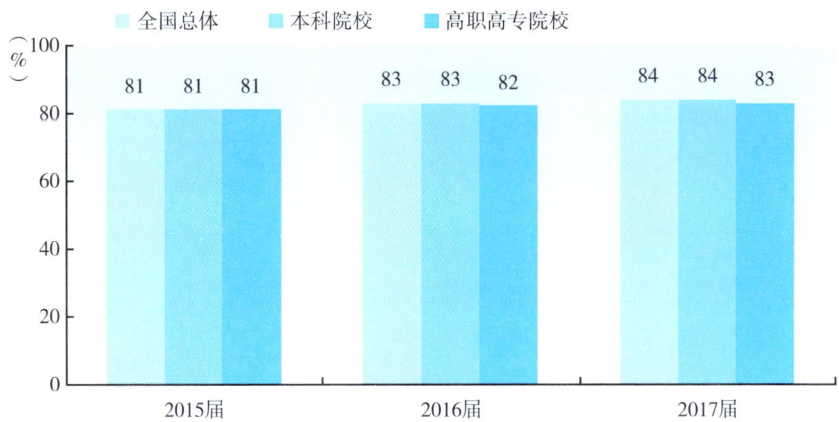

图 3－4－8　2015～2017 届大学毕业生的核心知识满足度

数据来源：麦可思－中国 2015～2017 届大学毕业生培养质量跟踪评价。

二　社团活动评价

社团活动：指毕业生在大学期间参加过的社团活动。社团活动包括："学术科技类（如：统计协会、哲学社、英语角等）"、"社会实践类（如：创

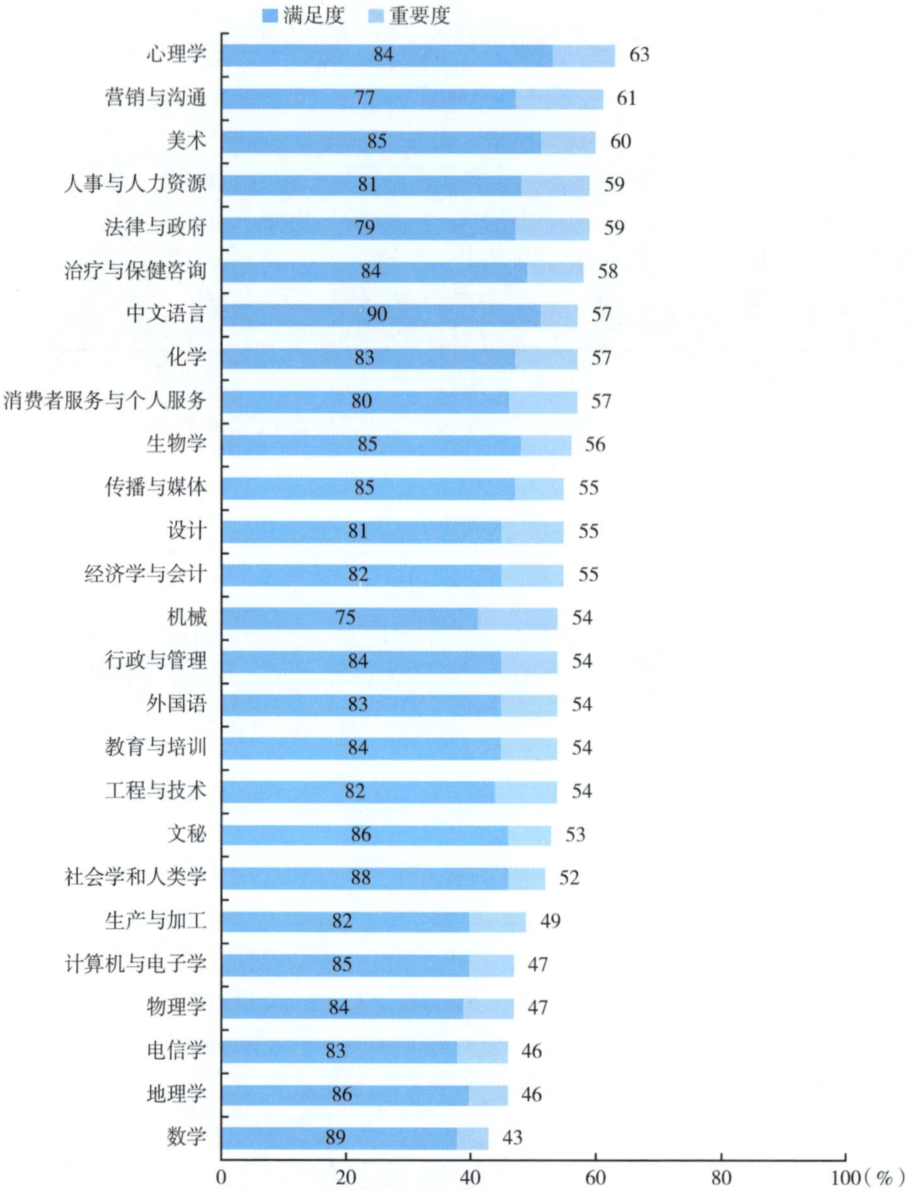

图 3-4-9 2017 届本科毕业生的各项核心知识的重要度和满足度*

*历史学与考古学、哲学知识由于样本较少，没有包括在内。

数据来源：麦可思-中国 2017 届大学毕业生培养质量跟踪评价。

业协会等)”、“公益类（如：志愿者协会等)”、“社交联谊类”、“文化艺术类（如：文学社、书画协会等)”、“表演艺术类（如：演讲与口才、歌舞戏剧、声乐器乐协会等)”、“体育户外类”，一个毕业生可以选择参加多类社团活动，也可以选择“没参加任何社团活动”。

社团活动满意度：毕业生选择了参加某类社团活动后，会再评价该类社团活动是否满意。社团活动满意度 = 参加过该类社团活动并表示满意的人数/参加过该类社团活动的人数。

图 3 - 4 - 10 是 2017 届本科毕业生参加社团活动的比例及满意度。可以看出，2017 届本科毕业生在校期间参与度最高的社团活动为“公益类”(32%)，其次为“体育户外类”（19%)；有 21% 的本科毕业生没有参加任何社团活动。在对参加的各类社团活动进行评价时，2017 届本科毕业生满意度最高的活动为“公益类”(88%)。

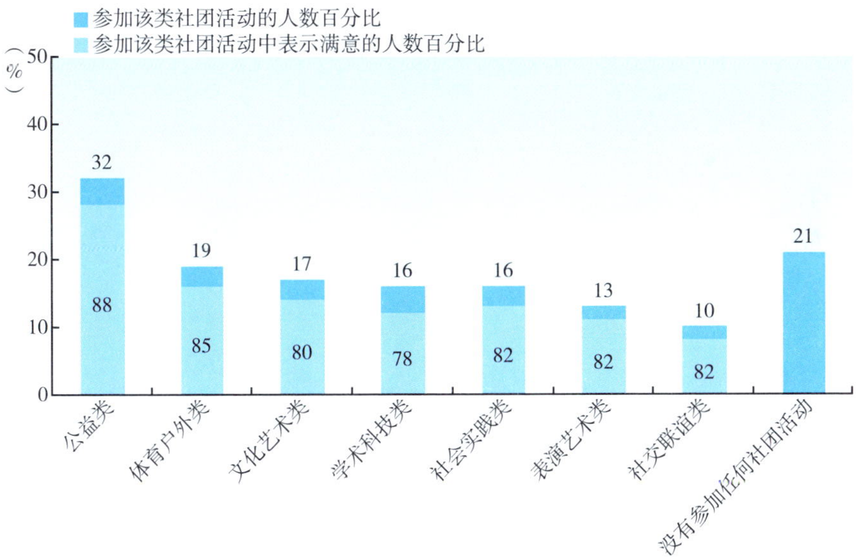

图 3 - 4 - 10　2017 届本科毕业生参加社团活动的比例及满意度（多选）

数据来源：麦可思 - 中国 2017 届大学毕业生培养质量跟踪评价。

四 在校素养提升

素养提升： 由毕业生选择，大学帮助自己在哪些方面素养得到明显提升。一个毕业生可选择多项，也可选择“没有任何帮助”。工程类、艺术类、医学类专业在素养培养上有各自的特点，故这里的素养选项有所不同，具体描述见表3－4－3。

表3－4－3 不同类型专业素养提升选项

<table>
<tr><th>专业类型</th><th>素养提升选项</th><th>专业类型</th><th>素养提升选项</th></tr>
<tr><td rowspan="10">工程类</td><td>诚实守信</td><td rowspan="10">医学类</td><td>包容精神</td></tr>
<tr><td>工程安全</td><td>诚实守信</td></tr>
<tr><td>关注社会</td><td>关注社会</td></tr>
<tr><td>环境意识</td><td>积极努力、追求上进</td></tr>
<tr><td>积极努力、追求上进</td><td>健康卫生</td></tr>
<tr><td>开拓创新</td><td>科学态度</td></tr>
<tr><td>乐于助人</td><td>乐于助人</td></tr>
<tr><td>人生的乐观态度</td><td>人生的乐观态度</td></tr>
<tr><td>团队合作</td><td>职业道德</td></tr>
<tr><td>遵纪守法</td><td>遵纪守法</td></tr>
<tr><td rowspan="10">艺术类</td><td>包容精神</td><td rowspan="10">其他类</td><td>包容精神</td></tr>
<tr><td>诚实守信</td><td>诚实守信</td></tr>
<tr><td>创新精神</td><td>关注社会</td></tr>
<tr><td>关注社会</td><td>环境意识</td></tr>
<tr><td>环境意识</td><td>积极努力、追求上进</td></tr>
<tr><td>积极努力、追求上进</td><td>乐于助人</td></tr>
<tr><td>乐于助人</td><td>勤俭朴素</td></tr>
<tr><td>人生的乐观态度</td><td>人生的乐观态度</td></tr>
<tr><td>艺术修养</td><td>人文美学</td></tr>
<tr><td>遵纪守法</td><td>遵纪守法</td></tr>
</table>

图3－4－11是2017届本科工程类专业毕业生大学期间的素养提升。可以看出，2017届本科工程类专业毕业生认为在校期间大学对自己素养提升

较高的方面为“团队合作”（66%）、“人生的乐观态度”（64%）、“积极努力、追求上进”（64%）；此外，还有3%的本科工程类专业毕业生认为大学对素养的提升没有任何帮助。

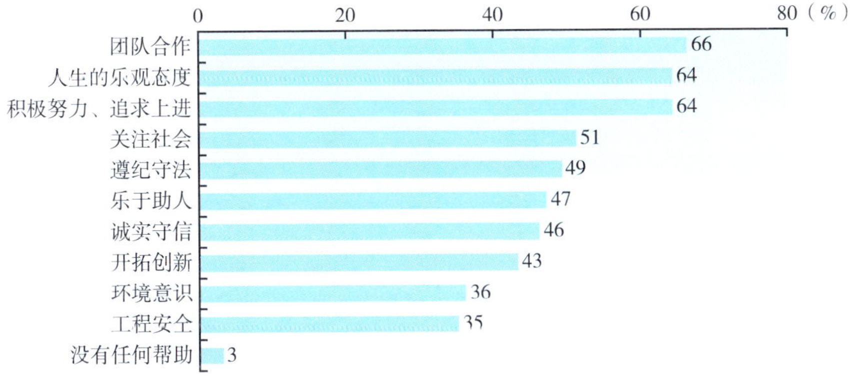

图3－4－11　2017届本科工程类专业毕业生大学期间的素养提升（多选）

数据来源：麦可思－中国2017届大学毕业生培养质量跟踪评价。

图3－4－12是2017届本科艺术类专业毕业生大学期间的素养提升。可以看出，2017届本科艺术类专业毕业生认为在校期间大学对自己素养提升较高的方面为“艺术修养”（78%）、“人生的乐观态度”（61%）、“积极努力、追求上进”（60%）；此外，还有3%的本科艺术类专业毕业生认为大学对素养的提升没有任何帮助。

图3－4－13是2017届本科医学类专业毕业生大学期间的素养提升。可以看出，2017届本科医学类专业毕业生认为在校期间大学对自己素养提升较高的方面为“积极努力、追求上进”（65%）、“人生的乐观态度”（62%）、“职业道德”（58%）；此外，还有2%的本科医学类专业毕业生认为大学对素养的提升没有任何帮助。

图3－4－14是2017届本科其他类专业毕业生大学期间的素养提升。可以看出，2017届本科其他类专业毕业生认为在校期间大学对自己素养提升较高的方面为“积极努力、追求上进”（64%）、“人生的乐观态度”（63%）、“包容精神”（55%）、“关注社会”（51%）；此外，还有3%的本科其他类专业毕业生认为大学对素养的提升没有任何帮助。

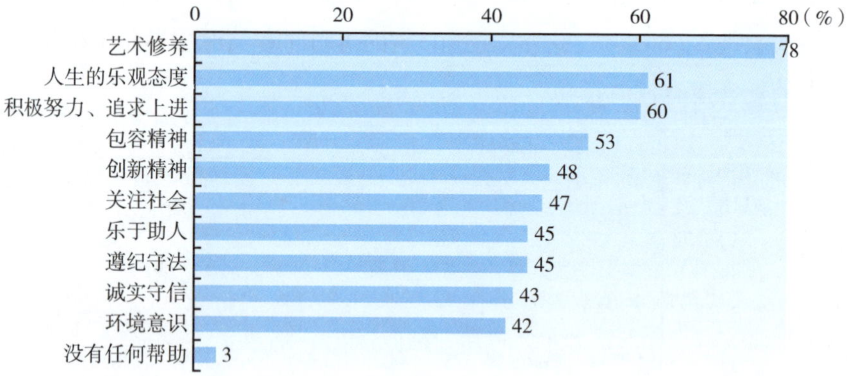

图3－4－12　2017届本科艺术类专业毕业生大学期间的素养提升（多选）

数据来源：麦可思－中国2017届大学毕业生培养质量跟踪评价。

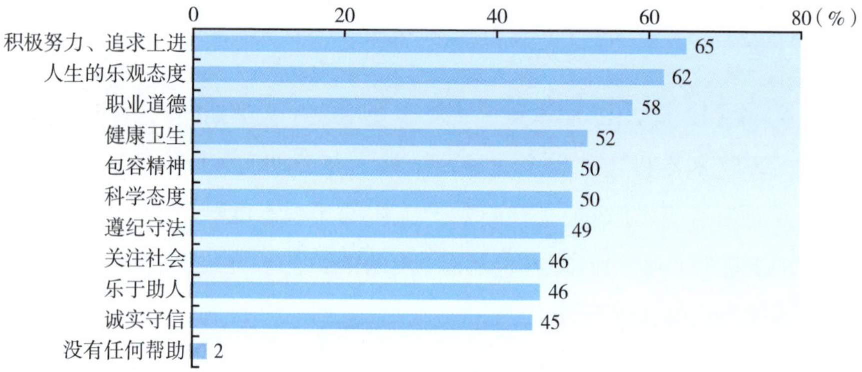

图3－4－13　2017届本科医学类专业毕业生大学期间的素养提升（多选）

数据来源：麦可思－中国2017届大学毕业生培养质量跟踪评价。

五　职业能力评价

职业能力：由已经工作的毕业生（毕业三年后、十年后）选择自己工作中重要的职业能力。一个毕业生可选择多项。各项职业能力描述见表3－4－4。

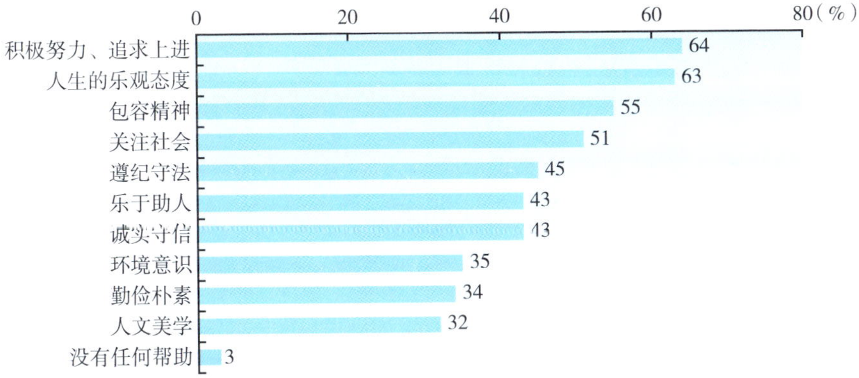

图3－4－14　2017届本科其他类专业毕业生大学期间的素养提升（多选）*

＊此处其他类专业是指本科除工程类、艺术类、医学类之外的专业。

数据来源：麦可思－中国2017届大学毕业生培养质量跟踪评价。

表3－4－4　职业能力描述

职业能力	描述
自我定位能力	客观分析评估个人各项知识和技能的能力
职业规划能力	对职业生涯进行持续的系统计划的能力
工作搜寻能力	全面系统的搜索工作机会的能力
自我行销能力	通过有效的方法和手段将自己推销出去的能力
持续学习能力	持续接受并学习新知识和技能的能力
资源掌控能力	个体构建和使用社会资源的能力

图3－4－15、图3－4－16是毕业生三年后、十年后认为各项职业能力的重要程度。可以看出，2014届本科生毕业三年后认为职场中持续学习能力最重要（89%）；另外2006届、2007届大学毕业生十年后认为最重要的职业能力依然是持续学习能力（83%）。可见持续学习能力对毕业生职场发展的重要程度较高。

六　职业素养评价

职业素养：由已经工作的毕业生（毕业三年后、十年后）选择自己工作中重要的职业素养。一个毕业生可选择多项。各项职业素养描述见表3－4－6。

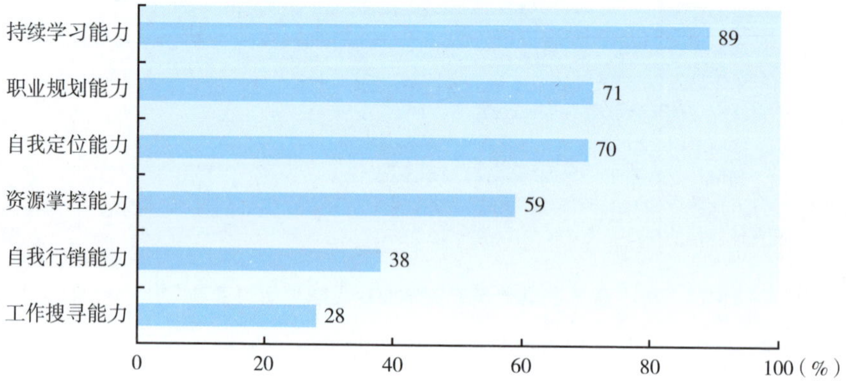

图3－4－15　2014届本科生毕业三年后认为各项职业能力的重要程度

数据来源：麦可思－中国2014届大学毕业生三年后职业发展跟踪评价。

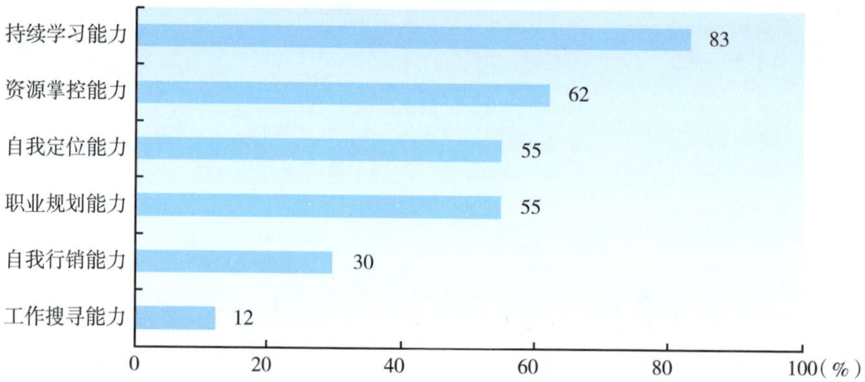

图3－4－16　2006届、2007届大学生毕业十年后认为各项职业能力的重要程度

数据来源：麦可思－中国2006届、2007届大学毕业生十年后职业发展跟踪评价。

图3－4－17、图3－4－18是毕业生三年后、十年后认为各项职业素养的重要程度。可以看出，2014届本科生毕业三年后认为职场中压力承受能力、环境适应能力最重要（均为80%），其后是协作解决问题能力（79%）、信息获取和选择能力（73%）；另外2006届、2007届大学毕业生

表 3-4-5　2014 届本科生毕业三年后从事的主要职业类最重要的三项职业能力*

本科职业类名称	第一重要的职业能力	第二重要的职业能力	第三重要的职业能力
保险	持续学习能力	职业规划能力	自我定位能力
表演艺术/影视	持续学习能力	自我定位能力	职业规划能力
财务/审计/税务/统计	持续学习能力	职业规划能力	自我定位能力
餐饮/娱乐	持续学习能力	自我定位能力	职业规划能力
测绘	持续学习能力	自我定位能力	职业规划能力
电力/能源	持续学习能力	自我定位能力	职业规划能力
电气/电子（不包括计算机）	持续学习能力	职业规划能力	自我定位能力
翻译	持续学习能力	自我定位能力	职业规划能力
房地产经营	持续学习能力	职业规划能力	自我定位能力
高等教育/职业培训	持续学习能力	职业规划能力	自我定位能力
工业安全与质量	持续学习能力	职业规划能力	自我定位能力
公安/检察/法院/经济执法	持续学习能力	自我定位能力	职业规划能力
公共关系	持续学习能力	自我定位能力	职业规划能力
行政/后勤	持续学习能力	自我定位能力	职业规划能力
航空机械/电子	持续学习能力	自我定位能力	职业规划能力
互联网开发及应用	持续学习能力	职业规划能力	自我定位能力
环境保护	持续学习能力	自我定位能力	职业规划能力
机动车机械/电子	持续学习能力	职业规划能力	自我定位能力
机械/仪器仪表	持续学习能力	职业规划能力	自我定位能力
计算机与数据处理	持续学习能力	职业规划能力	自我定位能力
建筑工程	持续学习能力	职业规划能力	自我定位能力
交通运输/邮电	持续学习能力	自我定位能力	职业规划能力
金融（银行/基金/证券/期货/理财）	持续学习能力	职业规划能力	自我定位能力
经营管理	持续学习能力	资源掌控能力	自我定位能力
酒店/旅游/会展	持续学习能力	自我定位能力	资源掌控能力
矿山/石油	持续学习能力	自我定位能力	职业规划能力
律师/律政调查员	持续学习能力	职业规划能力	自我定位能力
媒体/出版	持续学习能力	职业规划能力	自我定位能力

续表

本科职业类名称	第一重要的职业能力	第二重要的职业能力	第三重要的职业能力
美术/设计/创意	持续学习能力	职业规划能力	自我定位能力
农/林/牧/渔类	持续学习能力	自我定位能力	职业规划能力
人力资源	持续学习能力	职业规划能力	自我定位能力
社区工作者	持续学习能力	自我定位能力	职业规划能力
生产/运营	持续学习能力	职业规划能力	自我定位能力
生物/化工	持续学习能力	自我定位能力	职业规划能力
文化/体育	持续学习能力	自我定位能力	职业规划能力
物流/采购	持续学习能力	职业规划能力	自我定位能力
销售	持续学习能力	职业规划能力	自我定位能力
研究人员	持续学习能力	职业规划能力	自我定位能力
医疗保健/紧急救助	持续学习能力	职业规划能力	自我定位能力
幼儿与学前教育	持续学习能力	自我定位能力	职业规划能力
中小学教育	持续学习能力	职业规划能力	自我定位能力

*个别职业类因为样本较少，没有包括在内。

数据来源：麦可思－中国2014届大学毕业生三年后职业发展跟踪评价。

表3－4－6　职业素养描述

职业素养	描述
压力承受能力	对工作中逆境引起的心理压力和负性情绪的承受与调节的能力
环境适应能力	根据工作环境条件改变自身习惯，调节自身与环境的关系的能力
洞察力	深入了解工作中遇到的各项事物或问题的能力
信息获取和选择能力	为解决工作中遇到的问题而利用一定的信息技术获取信息的能力
策略谋划能力	制定工作中的短、中、长目标并将其付诸实施的能力
责任约束感	自觉履行被赋予的工作义务的态度
忠诚度认识	对所属用人单位所表现出来的心理归属和奉献程度
协作解决问题能力	与他人合作，共同解决问题的能力

十年后认为最重要的职业素养是协作解决问题能力（67%）。可见随着职业生涯的发展，协作解决问题能力的重要程度进一步显现。

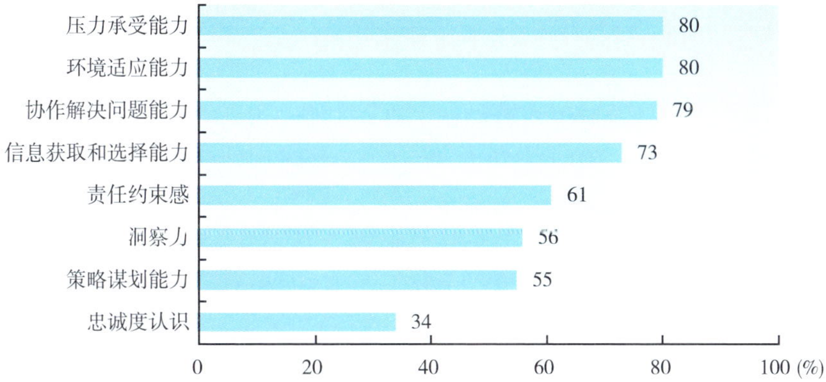

图 3-4-17　2014 届本科生毕业三年后认为各项职业素养的重要程度

数据来源：麦可思-中国 2014 届大学毕业生三年后职业发展跟踪评价。

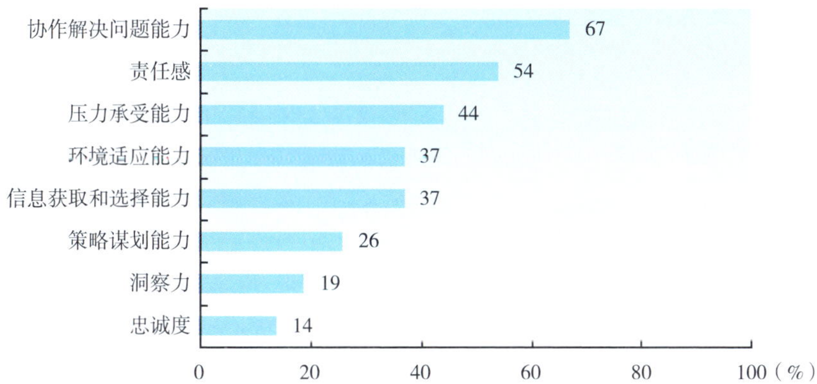

图 3-4-18　2006 届、2007 届大学生毕业十年后认为各项职业素养的重要程度

数据来源：麦可思-中国 2006 届、2007 届大学毕业生十年后职业发展跟踪评价。

表 3-4-7　2014 届本科生毕业三年后从事的主要职业类最重要的三项职业素养*

本科职业类名称	第一重要的职业素养	第二重要的职业素养	第三重要的职业素养
保险	压力承受能力	环境适应能力	协作解决问题能力
表演艺术/影视	协作解决问题能力	环境适应能力	压力承受能力
财务/审计/税务/统计	压力承受能力	环境适应能力	协作解决问题能力
餐饮/娱乐	压力承受能力	协作解决问题能力	环境适应能力
测绘	压力承受能力	环境适应能力	协作解决问题能力
电力/能源	环境适应能力	压力承受能力	协作解决问题能力

续表

本科职业类名称	第一重要的职业素养	第二重要的职业素养	第三重要的职业素养
电气/电子（不包括计算机）	协作解决问题能力	压力承受能力	环境适应能力
翻译	协作解决问题能力	信息获取和选择能力	压力承受能力
房地产经营	压力承受能力	环境适应能力	协作解决问题能力
高等教育/职业培训	环境适应能力	协作解决问题能力	压力承受能力
工业安全与质量	环境适应能力	压力承受能力	协作解决问题能力
公安/检察/法院/经济执法	环境适应能力	压力承受能力	协作解决问题能力
公共关系	压力承受能力	环境适应能力	信息获取和选择能力
行政/后勤	压力承受能力	环境适应能力	协作解决问题能力
航空机械/电子	压力承受能力	环境适应能力	协作解决问题能力
互联网开发及应用	协作解决问题能力	压力承受能力	环境适应能力
环境保护	环境适应能力	压力承受能力	协作解决问题能力
机动车机械/电子	协作解决问题能力	压力承受能力	环境适应能力
机械/仪器仪表	协作解决问题能力	压力承受能力	环境适应能力
计算机与数据处理	协作解决问题能力	信息获取和选择能力	压力承受能力
建筑工程	压力承受能力	环境适应能力	协作解决问题能力
交通运输/邮电	压力承受能力	环境适应能力	协作解决问题能力
金融（银行/基金/证券/期货/理财）	压力承受能力	环境适应能力	信息获取和选择能力
经营管理	压力承受能力	协作解决问题能力	环境适应能力
酒店/旅游/会展	环境适应能力	压力承受能力	协作解决问题能力
矿山/石油	环境适应能力	压力承受能力	信息获取和选择能力
律师/律政调查员	压力承受能力	信息获取和选择能力	环境适应能力
媒体/出版	压力承受能力	协作解决问题能力	信息获取和选择能力
美术/设计/创意	压力承受能力	协作解决问题能力	环境适应能力
农/林/牧/渔类	环境适应能力	协作解决问题能力	压力承受能力
人力资源	协作解决问题能力	压力承受能力	环境适应能力
社区工作者	环境适应能力	压力承受能力	协作解决问题能力
生产/运营	协作解决问题能力	压力承受能力	环境适应能力
生物/化工	环境适应能力	压力承受能力	协作解决问题能力
文化/体育	环境适应能力	协作解决问题能力	压力承受能力
物流/采购	压力承受能力	协作解决问题能力	环境适应能力
销售	压力承受能力	环境适应能力	协作解决问题能力
研究人员	环境适应能力	压力承受能力	信息获取和选择能力
医疗保健/紧急救助	环境适应能力	压力承受能力	协作解决问题能力
幼儿与学前教育	协作解决问题能力	压力承受能力	环境适应能力
中小学教育	环境适应能力	协作解决问题能力	压力承受能力

*个别职业类因为样本较少，没有包括在内。

数据来源：麦可思－中国2014届大学毕业生三年后职业发展跟踪评价。

专题分析

B.15 专题一 工科毕业生专业相关度与在校培养因果分析

当前，国家实施创新驱动发展，深入推进"中国制造2025"、"互联网+"等重大战略，以新技术、新业态、新模式、新产业为代表的新经济蓬勃发展，这也对工科人才提出了更高要求。本专题基于OBE理念（Outcomes - Based Education，成果导向教育），以2013～2017届毕业生就业结果数据为依据，挖掘工科专业人才培养过程中的问题，探索工科人才培养改进的关键因素，为高校完善工科专业的培养环节、推进新工科的建设与发展提供参考。

一 工科毕业生工作与专业相关度下滑

从近五年本科毕业生的数据来看（见图4－1－1），工科毕业生的工作与专业相关度呈现下降趋势，从 2013 届的 73% 下降了到 2017 届的 71%；而非工科毕业生的工作与专业相关度连续五年持续上升，从 2013 届的 65% 上升到了 2017 届的 70%，工科毕业生的优势逐渐减小，这在一定程度上反映出工科专业人才培养与产业发展要求相比依然存在不匹配的地方。为了更好地适应产业发展要求，工科毕业生的专业相关度需要提高。

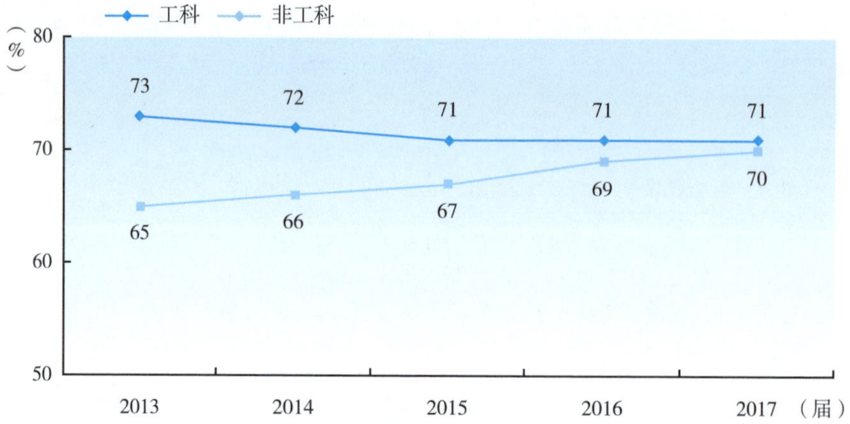

图 4－1－1　2013～2017 届工科与非工科本科毕业生的工作与专业相关度变化趋势

数据来源：麦可思－中国 2013～2017 届大学毕业生培养质量跟踪评价。

二　影响工科毕业生专业相关度的因素

毕业生的就业质量是在校期间培养效果的综合体现，为了提升工科毕业生的专业相关度，需要了解在校期间各个培养环节对专业相关度的影响程度，从而为提高专业相关度指引改进方向。通过因果分析发现，在校期间的教学培养和就业服务质量对毕业生的工作与专业相关度具有显著性影响①。

其中培养方面，影响工作与专业相关度的关键因素是专业实习和课程培

① 是否有专业相关实习、课程满足度、能力/知识满足度、是否通过学校获取工作、求职服务有效性对专业相关度有显著性影响（$p<0.01$）。

养效果。具体来看，有相关实习经历的工科毕业生从事专业相关工作的比例比无相关实习经历的高18个百分点（见图4-1-2）；认为课程满足度较高的工科毕业生从事专业相关工作的比例比认为课程满足度较低的高18个百分点（见图4-1-3）。与非工科专业相比，课程培养对工科毕业生专业相关度的影响程度更大。

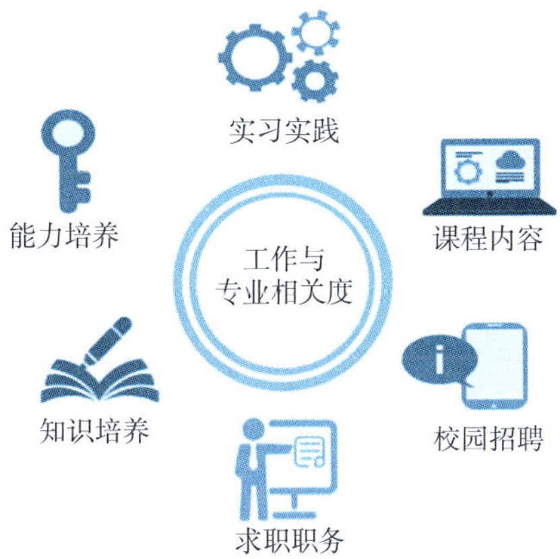

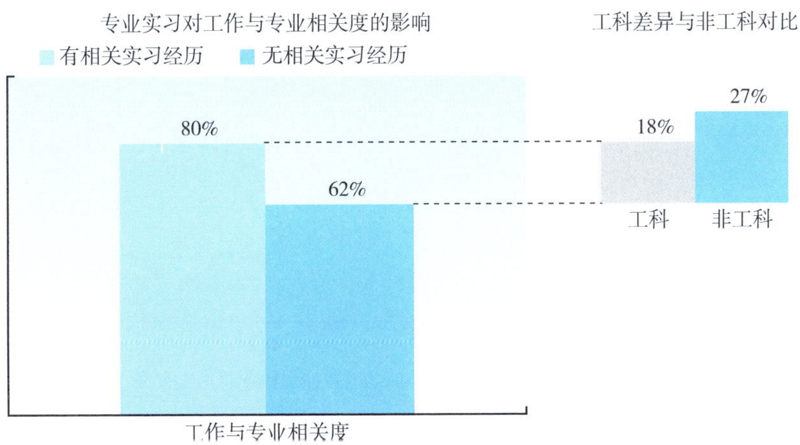

图4-1-2　专业实习对工科毕业生工作与专业相关度的影响

数据来源：麦可思-中国2017届大学毕业生培养质量跟踪评价。

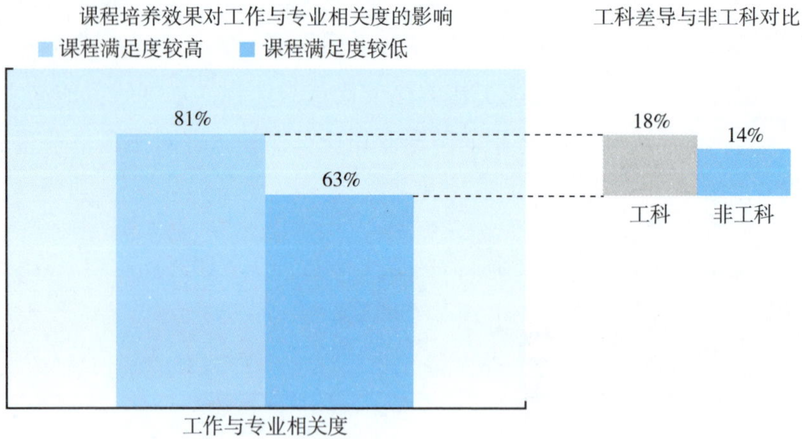

图4－1－3　课程培养对工科毕业生工作与专业相关度的影响

数据来源：麦可思－中国2017届大学毕业生培养质量跟踪评价。

三　院校差异分析

工科毕业生的专业相关度在不同类型院校中显现差异：一流理工科院校[①]工科毕业生的工作与专业相关度（2017届76%）高于其他本科院校的工科毕业生（2017届69%）（见图4－1－4）。追溯其培养过程可以发现，两类高校的培养环节存在一定差异。下面将从课程教学、实习实践等主要影响因素探寻两类高校培养过程差异的来源。

（一）课程教学方面

一流理工科院校工科毕业生的课程满足度（73%）明显高于其他本科院校（69%），而影响课程教学效果的因素包括课程教学内容和教师教学行为。具体分析如下。

① 一流理工科院校：指“软科中国最好大学排名”中前100位高校中的理工科院校。

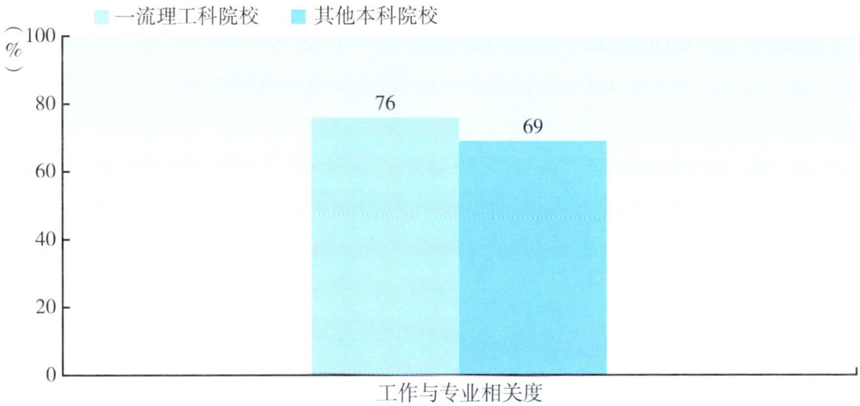

图 4－1－4　2017 届一流理工科院校和其他本科院校工科毕业生的工作与专业相关度

数据来源：麦可思－中国 2017 届大学毕业生培养质量跟踪评价。

1. 一流理工科院校课程教学内容的实用性更强

麦可思从课程教学内容的基础性、实用性和广深性[①]三大类别 7 个方面来调研在校大学生对课程教学内容的评价。

从总体评价结果来看，其他本科院校工科学生对课程教学内容评价较好的比例（以“非常符合”和“符合”的比例衡量，下同）与一流理工科院校较为接近，然而一流理工科院校工科学生认为“非常符合”的比例明显更高（见图 4－1－5），这说明其他本科院校工科课程内容设置合理性与一流理工科院校相比依然存在差距。

进一步深入来看，一流理工科院校的工科课程在实用性方面具有明显优势，在校大学生认为课程内容实用性较强的比例比其他本科院校高 5 个百分点（见图 4－1－6），尤其是在重视实践与理论相结合、注重动手能力培养方面，一流理工科院校的课程内容表现得更为突出（见图4－1－7）。

① 课程教学内容基础性评价主要是了解课程内容是否充实、是否注重公共基础知识教育，实用性评价主要是了解课程是否注重学科之间的交叉融合、实践与理论相结合的效果以及动手能力的培养效果，广深性评价主要了解课程是否介绍了专业发展动向、是否能拓宽知识面。

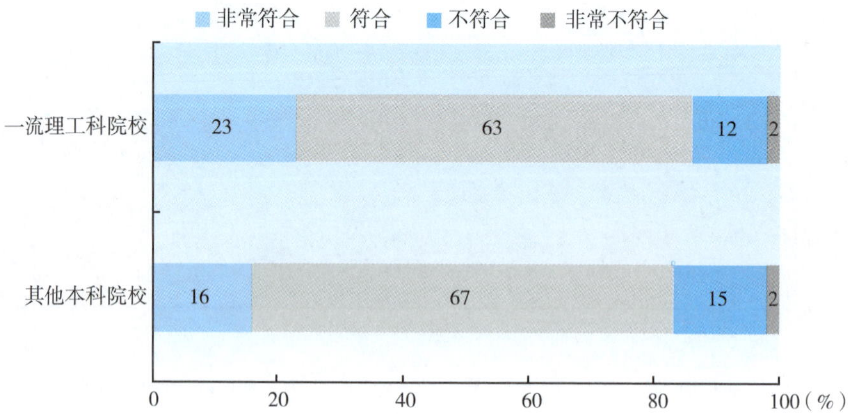

图4－1－5　工科本科在校大学生对课程教学内容的整体评价

数据来源：麦可思2016～2017学年学生成长评价。

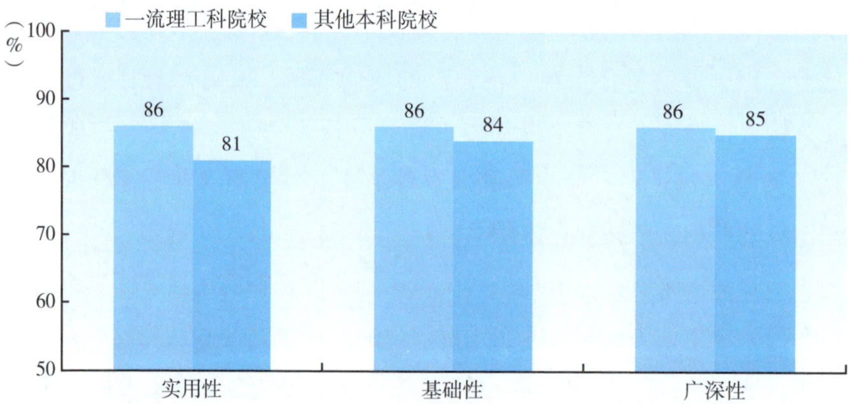

图4－1－6　工科本科在校大学生对课程教学内容三方面评价

数据来源：麦可思2016～2017学年学生成长评价。

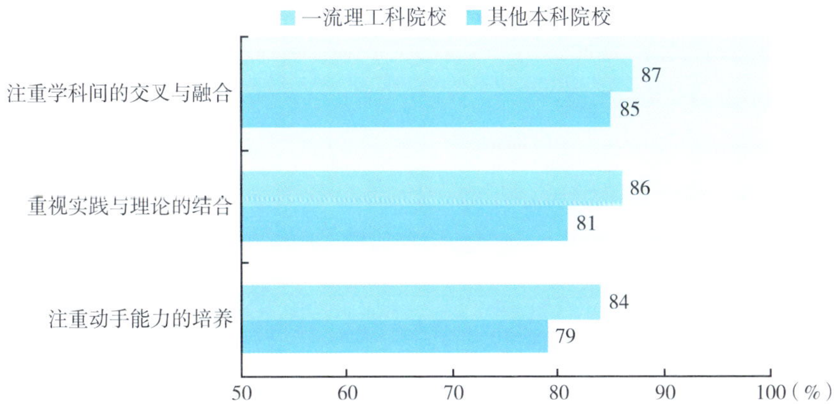

图4－1－7　工科本科在校大学生对课程教学内容实用性评价较好的方面

数据来源：麦可思2016～2017学年学生成长评价。

2. 一流理工科院校教师基础性教学行为更突出

麦可思从基础性、研究性和拓展性[①]三大类教学角度15项具体教学行为来调研在校大学生对教师教学行为的评价。

从总体评价结果来看，其他本科院校工科学生对教师教学行为评价较好的比例（以"总是"和"经常"的比例衡量，下同）与一流理工科院校基本持平，然而同课程内容一样，一流理工科院校工科学生评价"总是"的比例更高（见图4－1－8），这说明其他本科院校工科教师的教学能力与一流理工科院校相比依然存在差距。

深入来看，一流理工科院校的工科教师在基础性教学方面表现明显更好，学生认为基础性教学行为较好的比例（87%）高于其他本科院校（85%）（见图4－1－9）。

进一步从具体的基础性教学行为来看，在课程目标和课后提供辅导答疑

① 教师教学行为中，基础性教学主要了解教师是否能在课上清晰传达培养目标并有计划地组织课堂教学、课后是否有充足的反馈和答疑；研究性教学主要了解教学过程中是否有相适应的研究性能力培养活动；拓展性教学主要是了解教师的教学技巧，如增加互动和案例提高课程吸引力。

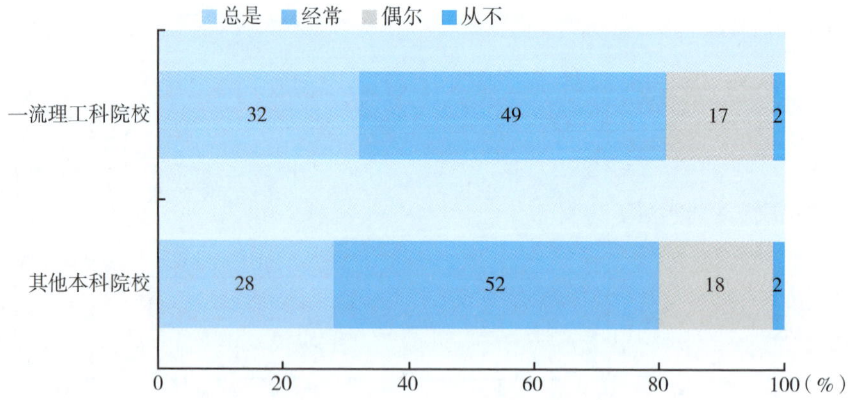

图 4-1-8　工科本科在校大学生对教师教学行为的整体评价

数据来源：麦可思 2016～2017 学年学生成长评价。

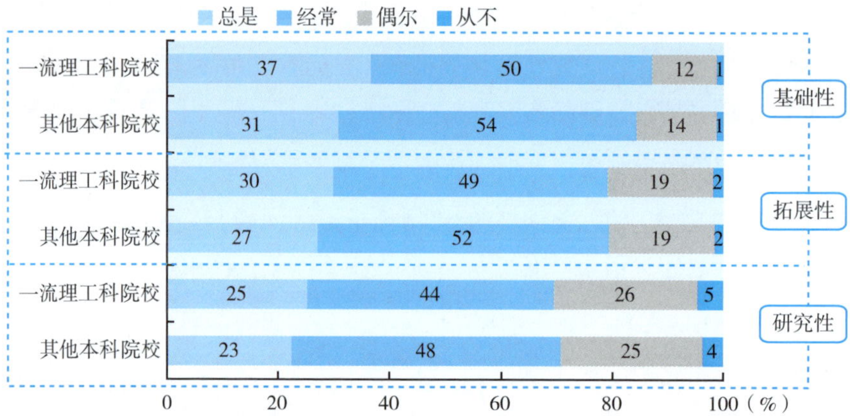

图 4-1-9　工科本科在校大学生对教师教学行为的评价

数据来源：麦可思 2016～2017 学年学生成长评价。

方面，一流理工科院校工科教师表现更为突出（见图 4-1-10）。其他本科院校教师在提高教学技巧的同时，也需适当回归基础，注重加强教学目标讲解、课后辅导答疑等基础性教学行为。

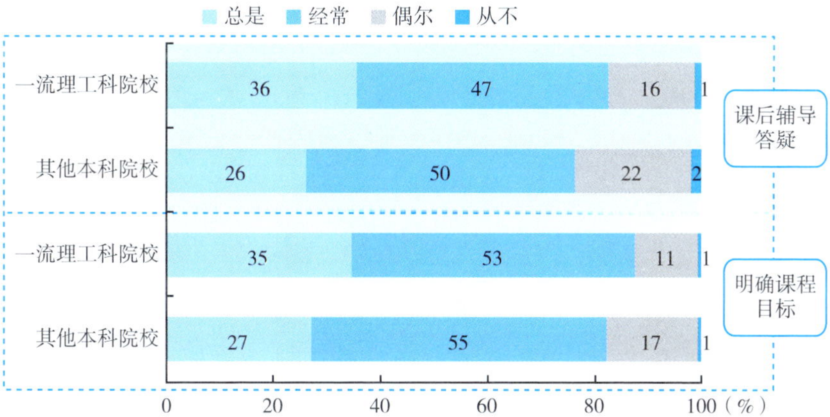

图 4-1-10　一流理工科院校教师教学行为明显优势方面

数据来源：麦可思 2016～2017 学年学生成长评价。

（二）实践教学方面，一流理工科院校更关注实习效果

如前所述，专业实习对毕业生获取专业相关工作具有明显的促进作用，而其他本科院校工科毕业生对实习实践环节的改进需求（63%）明显高于一流理工科院校（56%）。从实习参与情况来看，其他本科院校工科毕业生有过相关实习经历的比例（63%）并不低于一流理工科院校（60%），对此实习实践的开展效果需要给予重点关注。

从具体的各项实习实践内容来看，其他本科院校工科毕业生对“校内工程实习、训练基地”和“课程实验”的改进需求明显更高（见图 4-1-12）。

另外从雇主的角度来看，用人单位和一流理工科院校开展校企合作的比例（28%）更高（见图 4-1-13）。从开展校企合作的意向模式来看，用人单位愿意与一流理工科院校全方位合作的比例更高（见图 4-1-14），尤其在为学生提供实习机会方面，一流理工科院校（67%）高于其他本科院校（62%）较多，这也反映出一流理工科院校在产学合作方面更具有优势。

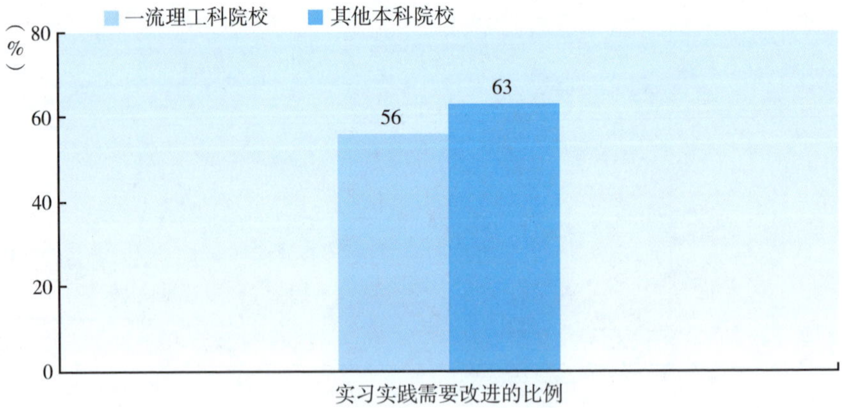

图4-1-11　2017届工科本科毕业生认为实习实践环节需要改进的比例

数据来源：麦可思-中国2017届大学毕业生培养质量跟踪评价。

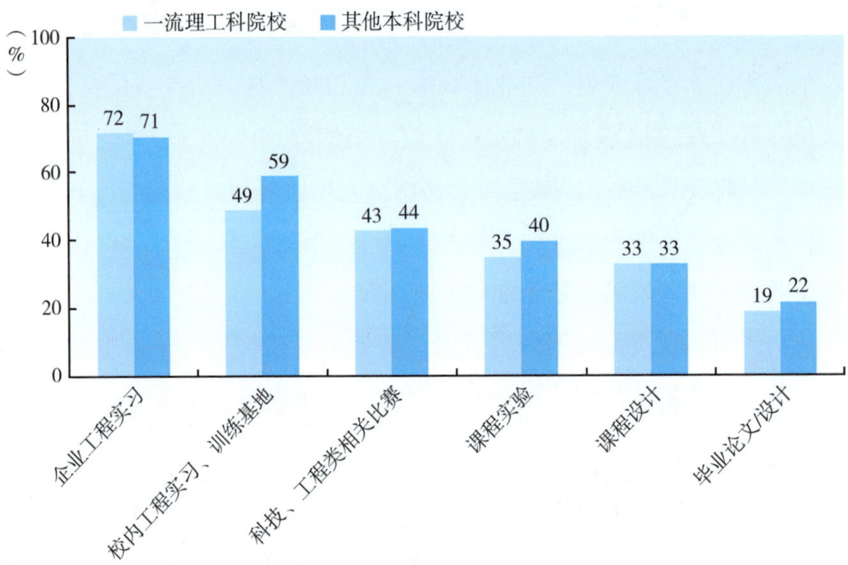

图4-1-12　2017届工科本科毕业生认为需要改进的实习实践环节

数据来源：麦可思-中国2017届大学毕业生培养质量跟踪评价。

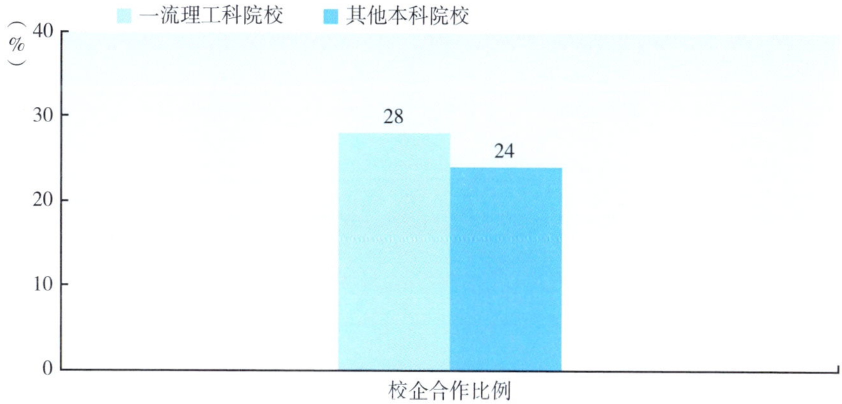

图 4－1－13　用人单位与学校有过校企合作的比例

数据来源：麦可思 2016～2018 年用人单位跟踪评价。

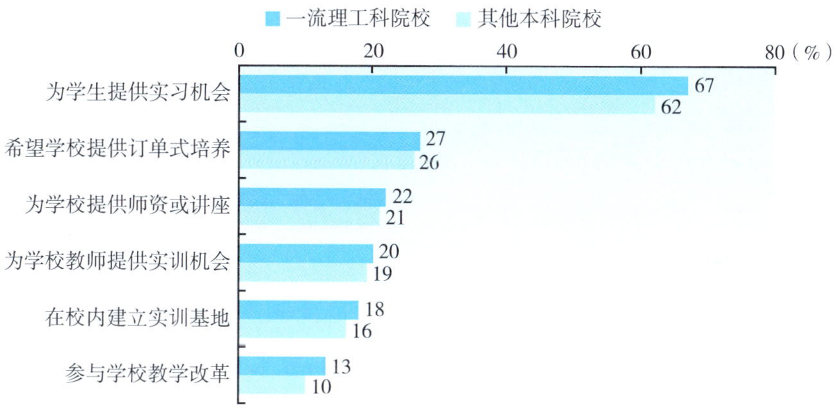

图 4－1－14　用人单位愿意与学校校企合作的主要方式（多选）

数据来源：麦可思 2016～2018 年用人单位跟踪评价。

四　结语

针对工科专业相关度持续下降的现象，通过本文分析，发现学生在校期间的课程培养和实习实践效果是其关键影响因素。从院校差异来看，其他本科院校改进空间较大，集中体现在课程教学内容实用性、教师基础性教学行为、实习开展效果以及实践资源方面。

B.16
专题二
医学毕业生就业满意度与在校培养因果分析

《“健康中国2030”规划纲要》的推进实施将卫生与健康事业发展摆在了经济社会发展全局的重要位置。面对全面两孩政策实施、社会老龄化进程加速以及城镇化率不断提高等因素给卫生与健康事业发展带来的挑战，医学人才培养需要持续完善以适应行业发展要求。本专题根据医学的专业培养与职业发展特点，以2012~2014届毕业生三年后职业发展数据为依据，挖掘医学专业人才培养过程中的问题，为医学教育的改革创新提供参考。

一 医学本科生毕业三年后的就业满意度偏低

2014届医学专业毕业生毕业三年后的就业满意度为65%，比非医学专业三年后（68%）低3个百分点。从三届趋势来看，医学专业毕业生毕业三年后的就业满意度与非医学专业平均水平的差距逐年扩大（见图4-2-1）。

根据麦可思的数据显示，随着工作时间的增长，毕业生对就业的满意程度会增加。麦可思对2014届毕业生进行持续跟踪，发现2014届非医学专业毕业生毕业三年后的就业满意度比半年后增长了6个百分点，而医学专业只增长了4个百分点（见图4-2-2），在所有学科门类中增长幅度最少，且其三年后就业满意度排名相对靠后。毕业生对工作的满意和认可有利于提升其工作积极性与服务质量，因此提高从业者的就业满意度对于卫生与健康事业发展具有积极的促进作用。

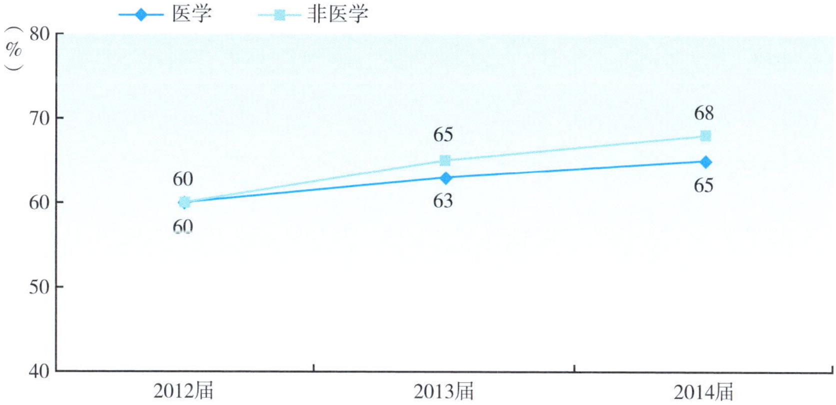

图 4－2－1　2012～2014 届医学本科生毕业三年后的就业满意度变化趋势

数据来源：麦可思－中国 2012～2014 届大学毕业生三年后职业发展跟踪评价。

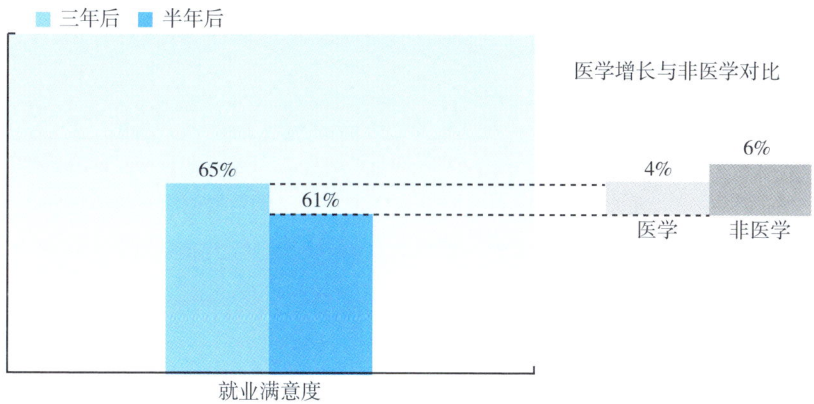

图 4－2－2　2014 届医学本科生毕业三年后的就业满意度与半年后对比

数据来源：麦可思－中国 2014 届大学毕业生三年后职业发展跟踪评价，2014 届大学毕业生半年后培养质量跟踪评价。

二　影响医学毕业生就业满意度的主要因素

以下将探寻在校期间培养环节对就业满意度的影响程度，从而为提高医学毕业生的就业满意度指引改进方向。通过因果分析发现，学生在校期间职业目标和规划的清晰程度以及职业素养的提升程度对于毕业三年后的就业满意度具有显著性影响。

职业目标和规划清晰的毕业生三年后就业满意度（75%）明显高于不清晰的毕业生（57%）（见图4－2－3）；此外，职业素养提升较多的毕业生三年后就业满意度（67%）高于职业素养提升较少的毕业生（62%）（见图4－2－4）。

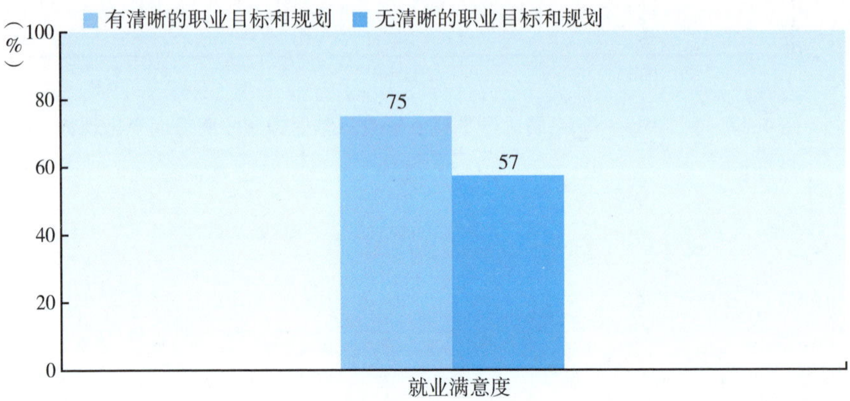

图4－2－3　职业目标和规划对医学本科生毕业三年后就业满意度的影响

数据来源：麦可思－中国2014届大学毕业生三年后职业发展跟踪评价。

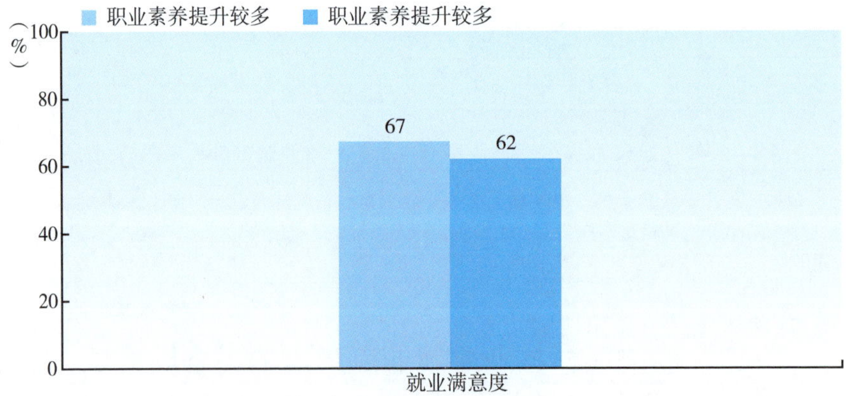

图4－2－4　职业素养提升对医学本科生毕业三年后就业满意度的影响

数据来源：麦可思－中国2014届大学毕业生三年后职业发展跟踪评价。

毕业生职业目标和规划清晰与否较大程度受职业成熟度[①]的影响。在校期间职业成熟度越高，对职业发展路径越清晰，工作后的满意度会越高；同时，良好的职业素养可以帮助缓解工作矛盾与压力、促进职业发展，从而促进就业满意度的提升。因此提高医学专业学生的职业成熟度与职业素养对提升其毕业三年后的就业满意度具有重要作用。

三　提高医学学生职业成熟度的主要方式

麦可思在校大学生成长评价数据分析结果显示，在校学生对专业的认知和认同情况、学习行为、实习实践参与效果、课程教学内容、教师教学行为等方面均对职业成熟度存在影响。其中，高影响因素见表4－2－1。

针对医学专业学生，影响职业成熟度的关键因素是对所学专业的认知和认同以及学校职业规划指导的有效性，加强这几方面的工作可较大程度提升医学学生的职业成熟度。具体来看：了解专业未来就业及发展情况的医学学生职业成熟度比不了解的高27个百分点（见图4－2－5）；认为适合在本专业学习的学生比认为不适合的高23个百分点（见图4－2－6）；认为职业规划指

① 指学生在职业生涯发展任务上的心理准备程度，从学生的职业规划和目标、职业自信等方面来衡量。

表 4-2-1 职业成熟度高影响因素*

影响因素			对职业成熟度的显著性影响检验
学习投入	专业认知	了解专业的就业及发展	√
		了解专业的专业技能要求	√
		了解专业的职业素养要求	√
	学习活动	总结所学知识	√
		搜集/阅读参考资料	√
		与老师讨论问题	√
	专业认同	关注与本专业相关的行业热点和前沿动态	√
		认为适合在本专业学习	√
		对本专业的未来发展有信心	√
		如果重新选择专业，仍会选择本专业	√
	实习实践	有实习背景	√
学习环境	教师教学行为	提供案例或事例讨论	√
	课程教学内容	教学内容有利于拓宽知识面	√
	就业指导	对就业指导满意	√

*“√”表示在1%的显著性水平下有显著差异。

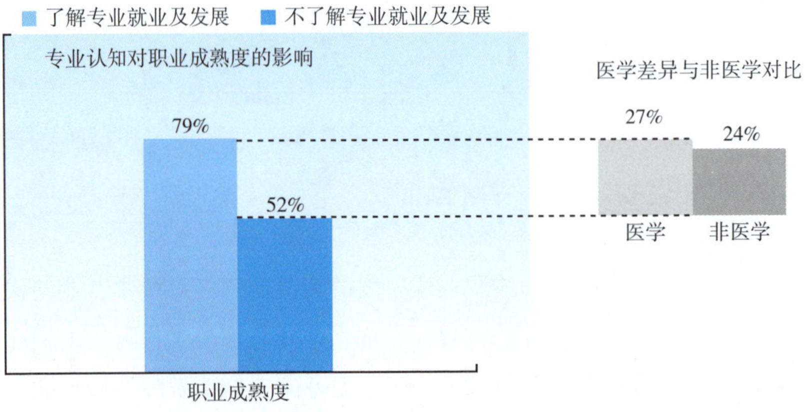

图 4-2-5 专业认知对医学本科学生职业成熟度的影响

数据来源：麦可思 2016～2017 学年学生成长评价。

导效果较好的学生比认为职业规划指导效果较差的高 14 个百分点（见图 4-2-7）。相比非医学专业，专业认知、专业认同对医学专业的影响更为显著。

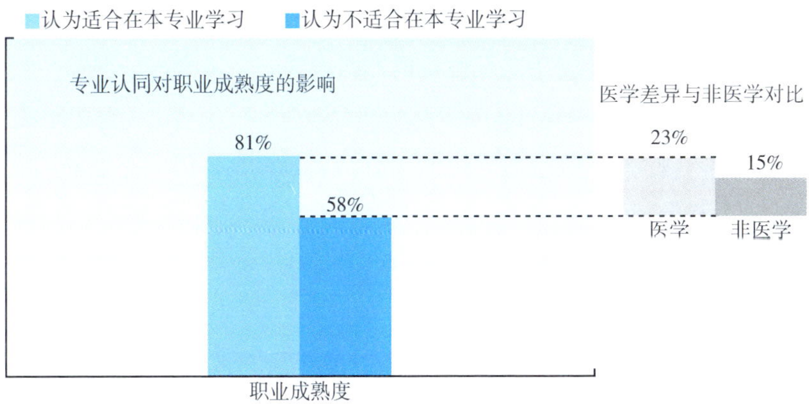

图 4－2－6　专业认同对医学本科学生职业成熟度的影响

数据来源：麦可思 2016～2017 学年学生成长评价。

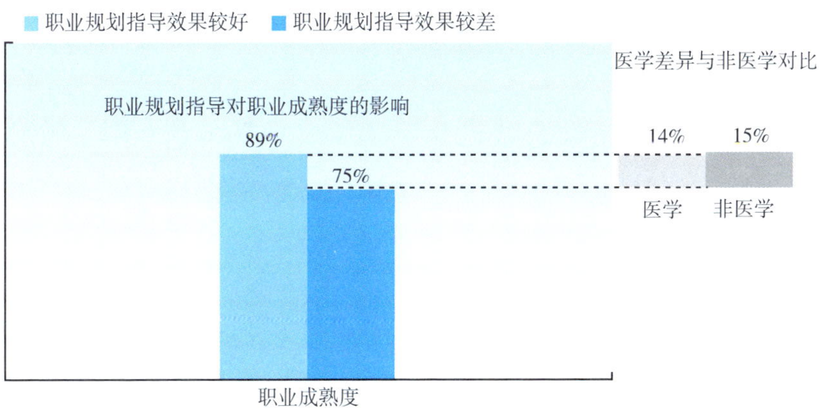

图 4－2－7　职业规划指导对医学本科学生职业成熟度的影响

数据来源：麦可思 2016～2017 学年学生成长评价。

四　提升医学毕业生职业素养的主要方式

（一）需重点提升持续学习观念和沟通意识

培养医学学生的职业素养应有所侧重。麦可思毕业生数据显示，医学专业毕业生认为学习观念、沟通意识对实际工作的重要程度较高（重要度分别为80%、78%），但认为学校对这两方面培养的满足度相对较低（分别为80%、78%）（见图4-2-8）。从麦可思对毕业生三年后、十年后的跟踪评价来看，学习观念和沟通意识的重要度评价持续较高。因此完善学习观念和沟通意识的培养显得至关重要。

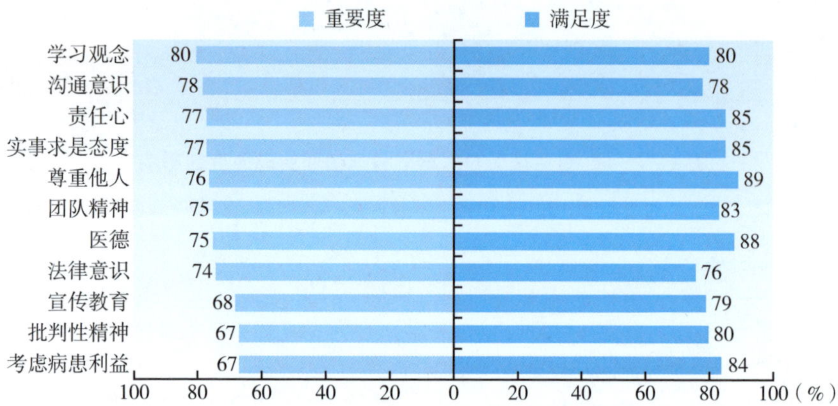

图4-2-8　医学本科生对职业素养的重要度和满足度评价

数据来源：麦可思-中国2017届大学毕业生培养质量跟踪评价。

（二）良好的临床实习效果有助于职业素养提升

学生职业素养的提升需关注高影响的培养环节。麦可思毕业生数据显示，职业素养的提升与临床实习的效果具有相关性，对临床实习满意人群的职业素养满足度（84%）明显高于对临床实习不满意的人群（77%）（见图4-2-9）。学生在临床实习过程中可通过实践训练、接触病患等方式进一步强化职业素养，因此临床实习开展过程中可重点关注上述方面的效果，从而更好地促进学生职业素养的提升。

此外根据麦可思毕业生数据可知，加强师生互动、鼓励学生积极参与社团活动也是提升职业素养的有效方式，可有针对性地关注和强化。

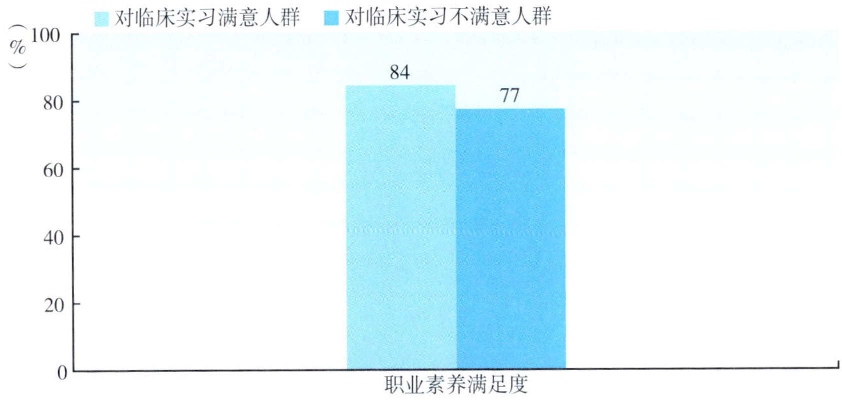

图4－2－9　临床实习满意度对毕业生职业素养满足度的影响

数据来源：麦可思－中国2017届大学毕业生培养质量跟踪评价。

五　不同群体差异分析

进一步分析发现，不同级别医院、不同医学专业类本科生毕业三年后的就业满意度存在一定差异，具体分析如下。

（ ）不同级别医院

医学本科生毕业三年后主要在公办性质医院就业，其中在三级医院就业的毕业生就业满意度为70%，明显高于在一、二级医院就业的毕业生（57%）（见图4－2－10）。

从影响就业满意度的主要因素来看，在三级医院就业毕业生的职业目标和规划更清晰，毕业生有清晰职业目标和规划的比例（75%）比就业于一、二级医院的毕业生（69%）高6个百分点（见图4－2－11）。

与此同时，在三级医院就业的毕业生认为职业素养满足工作需求的程度更高，毕业生职业素养满足度（84%）比在一、二级医院就业的毕业生（78%）高6个百分点（见图4－2－12）。

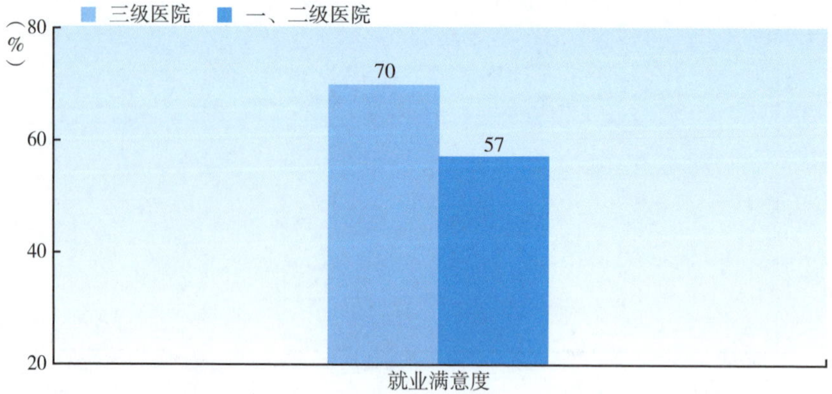

图 4-2-10　不同级别医院就业医学本科生毕业三年后的就业满意度

数据来源：麦可思－中国 2014 届大学毕业生三年后职业发展跟踪评价。

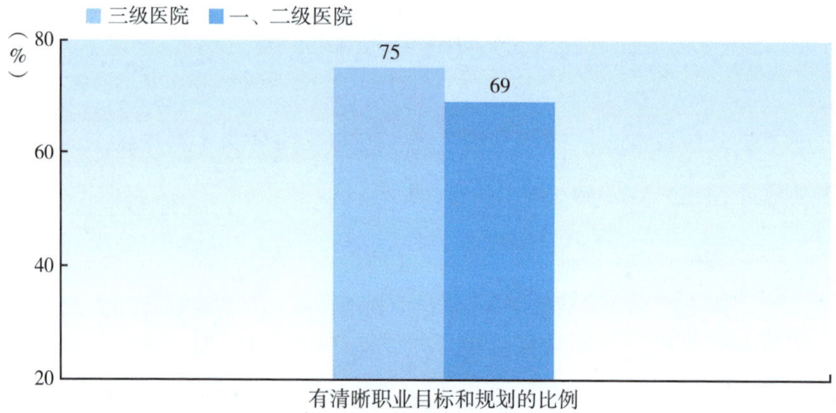

图 4-2-11　不同级别医院就业医学本科毕业生有清晰职业目标和规划的比例

数据来源：麦可思－中国 2014 届大学毕业生三年后职业发展跟踪评价。

（二）不同专业

医学类专业中，护理学类和临床医学类专业均有较高比例在医院就业，然而两类专业的就业满意度存在一定差异。2014 届临床医学类专业毕业生毕业三年后的就业满意度为 68%，低于护理学类专业毕业生（73%）。同

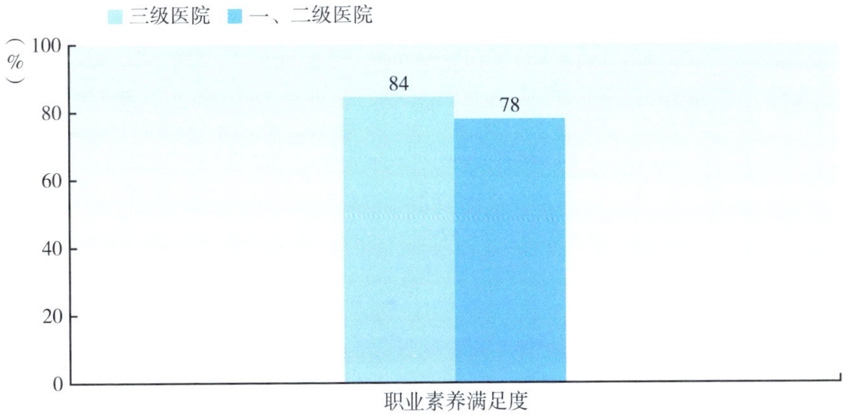

图 4-2-12　不同级别医院就业医学本科生的职业素养满足度

数据来源：麦可思-中国 2017 届大学毕业生培养质量跟踪评价。

时，临床医学类专业毕业生毕业三年后的就业满意度较半年后仅增长了 2 个百分点，明显低于护理学类（增长了 8 个百分点）（见图 4-2-13），临床医学类毕业生的就业满意度需给予重点关注。

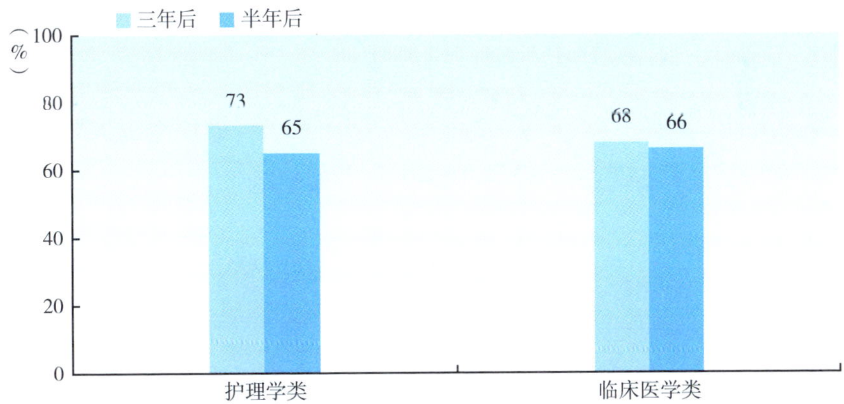

图 4-2-13　2014 届不同专业类毕业三年后的就业满意度与半年后对比

数据来源：麦可思-中国 2014 届大学毕业生三年后职业发展跟踪评价，2014 届大学毕业生半年后培养质量跟踪评价。

麦可思在校学生成长数据显示，护理学类专业学生在校期间的职业成熟度为87%，高于临床医学类（80%），护理类专业有更高比例的学生在校期间就能够了解未来工作的状况（见图4-2-14），而临床医学类偏低。

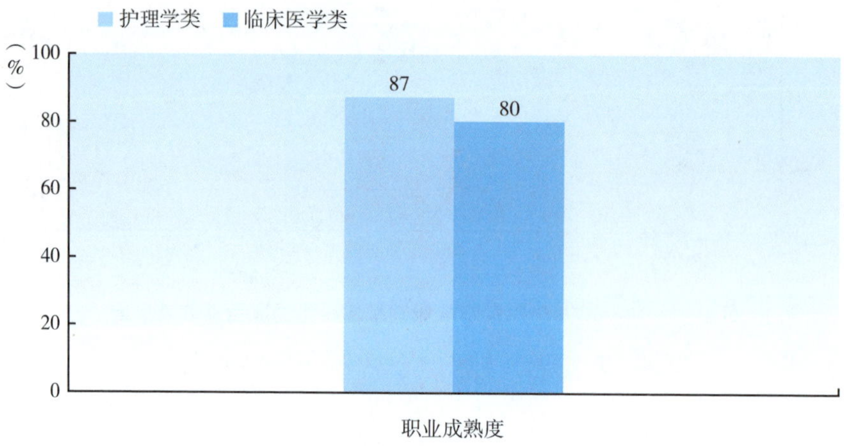

图4-2-14　不同专业类学生的职业成熟度

数据来源：麦可思2016~2017学年学生成长评价。

结合影响职业成熟度的因素来看，护理学类专业学生了解专业就业及发展的比例（96%）以及职业规划指导有效性（80%）均高于临床医学类（分别为85%、76%）（见图4-2-15、图4-2-16）。临床医学类专业在培养过程中需进一步关注专业认知教育和职业规划指导。

六　结语

针对医学专业毕业生毕业三年后就业满意度偏低的现象，通过本文分析，发现学生在校期间的职业成熟度和职业素养提升情况是其关键影响因素。从不同类型的就业医院来看，就业于非三级公办医院的毕业生更需要加强职业前瞻教育，提高对职业的认知程度，提升职业素养。从专业差异来看，临床医学类专业学生的专业认知教育和职业规划指导更应加强。

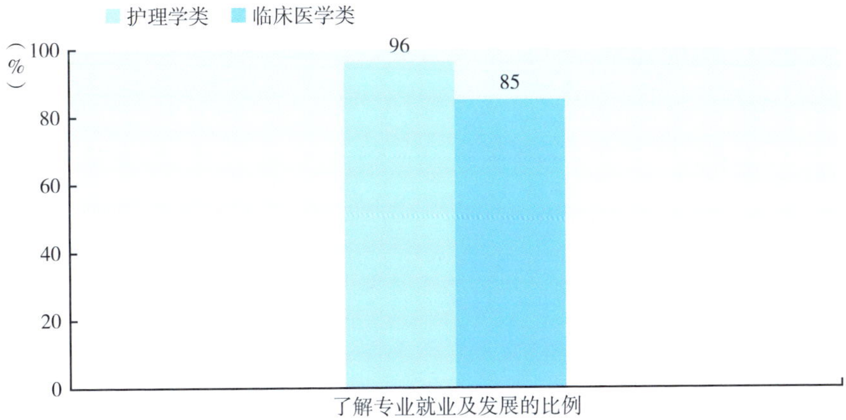

图 4－2－15 不同专业类了解专业就业及发展的比例

数据来源：麦可思 2016～2017 学年学生成长评价。

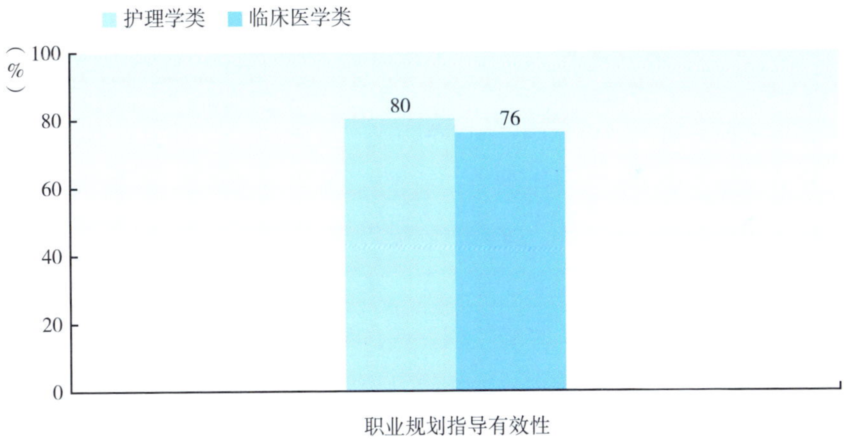

图 4－2－16 不同专业类的职业规划指导有效性

数据来源：麦可思 2016～2017 学年学生成长评价。

B.17
附　录
名词解释

以下名词按照首字拼音字母的顺序排列。

B

毕业半年后： 2017 届毕业生毕业第二年（即 2018 年）的 1 月左右。麦可思在此时展开跟踪评价，收集数据。此时毕业生的就业状况趋于稳定，有工作经历的毕业生也能够评估工作对自己知识、能力的要求水平。

毕业半年后的平均月收入： 指毕业生毕业半年后实际每月工作收入的平均值。

毕业去向分布： 麦可思将中国本科毕业生的毕业状况分为十类：受雇全职工作；受雇半职工作；自主创业；毕业后入伍；正在国内读研；正在港澳台地区及国外读研；无工作，准备国内读研；无工作，准备到港澳台地区及国外读研；无工作，继续寻找工作；无工作，其他。同理将中国高职高专毕业生的毕业状况分为七类：受雇全职工作；受雇半职工作；自主创业；毕业后入伍；毕业后读本科；无工作，继续寻找工作；无工作，其他。其中，受雇全职工作指平均每周工作 32 小时或以上。受雇半职工作指平均每周工作 20 小时到 31 小时。

毕业三年后： 麦可思于 2017 年对 2014 届大学毕业生进行了三年后跟踪评价（曾于 2015 年初对这批大学毕业生进行过半年后跟踪评价），本报告涉及的三年内的变化分析即使用两次对同一批大学生的跟踪评价数据。

毕业十年后： 麦可思于 2017 年底对 2006 届、2007 届大学毕业生进行了十年后跟踪评价（曾于 2007 年、2008 年初对这批大学毕业生进行过半年后跟踪评价，2009 年、2010 年底对同批大学毕业生进行过三年后跟踪评价），本报告涉及的十年后变化分析即使用三次对同一批大学生的跟踪评价数据。

毕业时掌握的核心知识水平：用于定义正在工作的大学毕业生所理解的对各项知识在刚毕业时实际掌握的级别，从低到高分为一级到七级。一级代表该知识的最低水平，取值 1/7；七级代表该知识的最高水平，取值 1。为了帮助答题人自评级别，问卷在一级到七级中分别举了三个例子，以帮助答题人理解知识水平差别。

毕业时掌握的基本工作能力水平：用于定义正在工作的大学毕业生所理解的对 35 项基本工作能力在刚毕业时实际掌握的级别，从低到高分为一级到七级。一级代表该能力的最低水平，取值 1/7；七级代表该能力的最高水平，取值 1。为了帮助答题人自评级别，问卷在一级到七级中分别举了三个例子，以帮助答题人理解能力差别。

C

城市类型：本研究按行政级别把中国内地城市分为以下三种类型。

a. 直辖市：包括北京、上海、天津、重庆。

b. 副省级城市：包括哈尔滨、长春、沈阳、大连、济南、青岛、南京、杭州、宁波、厦门、广州、深圳、武汉、成都、西安 15 个城市。部分省会城市不属于副省级城市。

c. 地级城市及以下：如绵阳、保定、苏州等，也包括省会城市如福州、银川等以及地级市下属的县、乡等。

创新能力：35 项基本工作能力中与创新能力相关的几项能力，包括科学分析、批判性思维、积极学习、新产品构思四项能力。

创新创业教育：指毕业生在大学期间参加过的创新创业教育。包括："创业辅导活动"、"创业教学课程"、"创业竞赛活动"、"创业实践活动"、"其他"，一个毕业生可以选择参加多类教育。

创新创业教育有效性： 毕业生选择了参加某类创新创业教育后，会再评价该类教育对其工作或学习是否有帮助。创新创业教育有效性 = 参加过该类教育并表示有帮助的人数/参加过该类教育的人数。

D

大学毕业生： 本科院校、高职高专院校的毕业生。

待定族： 指跟踪评价时处于失业状态且不打算求职和求学的大学毕业生。

对母校的总体满意度： 由毕业生回答对母校的总体满意度，选项有"很满意"、"满意"、"不满意"、"很不满意"、"无法评估"共五项。其中，"满意"、"很满意"属于满意的范围，"不满意"、"很不满意"属于不满意的范围。对母校的总体满意度是回答满意范围的人数百分比，计算公式的分子是回答满意范围的人数，分母是回答不满意范围和满意范围的总人数。

对母校的推荐度： 在同等分数、同类型学校条件下，大学毕业生是否愿意推荐母校给亲朋好友去就读的比例。推荐度计算公式的分子是回答"愿意推荐"的人数，分母是回答"愿意推荐"、"不愿意推荐"、"不确定"的总人数。

到课率 = 班级实到人数/班级应到人数。

F

非失业率： 非失业率是以全体大学毕业生为计算基数，把就业和正在国内外读研的人群都算为非失业，主要可以用来评估"双一流"院校的毕业生状况。就业率的计算对"双一流"院校不科学，因为计算就业率时分子分母同时剔除读研人数，造成读研的毕业生越多，就业率就越低。所以非失业率才是评估"双一流"院校的科学指标。非失业率 = （已就业毕业生数 + 正在读研与留学毕业生数）/毕业生总数。

G

各学科门类读研比例＝各学科门类国内读研的毕业生人数/该学科门类毕业生总人数。

各学科门类读研转换专业比例＝各学科门类国内读研的毕业生转换专业的人数/该学科门类读研毕业生总人数。

工作岗位要求的工作能力水平：用于定义正在工作的大学毕业生所理解的工作对35项基本工作能力的要求级别，从低到高分为一级到七级。一级代表该能力的最低水平，取值1/7；七级代表该能力的最高水平，取值1。为了帮助答题人自评级别，问卷在一到七级中分别举了三个例子，以帮助答题人理解能力差别。

工作能力：从事某项职业工作必须具备的能力，分为职业工作能力和基本工作能力。职业工作能力是从事某一职业特殊需要的能力，基本工作能力是所有工作都必须具备的能力，麦可思参考美国SCANS标准，把基本工作能力分为35项。根据麦可思的工作能力分类，中国大学生可以从事的职业共695个，对应的职业能力近万条。

工作要求的核心知识水平：用于定义正在工作的大学毕业生所理解的工作对各项知识的要求级别，从低到高分为一级到七级。一级代表该知识的最低水平，取值1/7；七级代表该知识的最高水平，取值1。为了帮助答题人自评级别，问卷在一到七级中分别举了三个例子，以帮助答题人理解知识水平差别。

工作与专业相关度＝受雇全职工作并且与专业相关的毕业生人数/受雇全职工作的毕业生人数。

雇主数：指毕业生从第一份工作到三年后的跟踪评价时点，一共为多少个雇主工作过。雇主数越多，则工作转换得越频繁；雇主数可以代表毕业生工作稳定的程度。

H

行业：根据麦可思中国行业分类体系，本次跟踪评价覆盖了本科毕业生就业的327个行业。

行业转换率：行业转换是指毕业生在毕业半年后就业于某行业（小类），而毕业三年后进入不同的行业就业。行业转换率是指有多大比例的毕业生在毕业三年内转换了行业。其计算方法为：分母是毕业半年后有工作的毕业生数，分子是毕业三年后所在行业与半年后所在行业不同的毕业生数。

核心知识：从事某项职业工作必须具备的知识。麦可思参考美国SCANS标准，将核心知识分为28项。根据麦可思的核心知识分类，中国大学生可以从事的职业共695个，对应的职业知识近万条。

核心知识的重要度：用于定义正在工作的大学毕业生所理解的各项知识在其岗位工作中的重要程度，分为“无法评估”、“不重要”、“有些重要”、“重要”、“非常重要”和“极其重要”六个层次，数据处理时把重要性处理为百分比，0代表“不重要”，25%代表“有些重要”，50%代表“重要”，75%代表“非常重要”，100%代表“极其重要”。

核心知识的满足度：毕业时掌握的核心知识水平满足社会初始岗位的工作要求水平的百分比，100%为完全满足。满足度计算公式的分子是毕业时掌握的核心知识水平，分母是工作要求的核心知识水平。

红牌专业：失业量较大，就业率、月收入和就业满意度综合较低的专业，为高失业风险型专业。

黄牌专业：除红牌专业外，失业量较大，就业率、月收入和就业满意度综合较低的专业。

J

基本工作能力的重要度：用于定义正在工作的大学毕业生所理解的35

项基本工作能力在其岗位工作中的重要程度，分为“无法评估”、“不重要”、“有些重要”、“重要”、“非常重要”和“极其重要”六个层次，数据处理时把重要性处理为百分比，0 代表“不重要”，25% 代表“有些重要”，50% 代表“重要”，75% 代表“非常重要”，100% 代表“极其重要”。

基本工作能力的满足度：毕业时掌握的基本工作能力水平满足社会初始岗位的工作要求水平的百分比，100% 为完全满足。满足度计算公式的分子是毕业时掌握的基本工作能力水平，分母是工作要求的水平。

经济区域：本研究把中国内地 31 个省、自治区和直辖市分为八个经济体系区域。

a. 东北区域经济体：包括黑龙江、吉林、辽宁；

b. 泛渤海湾区域经济体：包括北京、天津、山东、河北、内蒙古、山西；

c. 陕甘宁青区域经济体：包括陕西、甘肃、宁夏、青海；

d. 中原区域经济体：包括河南、湖北、湖南；

e. 泛长江三角洲区域经济体：包括上海、江苏、浙江、江西、安徽；

f. 泛珠江三角洲区域经济体：包括广东、广西、福建、海南；

g. 西南区域经济体：包括重庆、四川、贵州、云南；

h. 西部生态经济区：包括西藏、新疆。

就业地：指大学毕业生的就业所在地区。

就业经济区域自主创业比例 = 在本经济区域自主创业的毕业生人数/在本经济区域就业的毕业生人数。

就业率：本科毕业生的就业率 = 已就业本科毕业生数/需就业的总本科毕业生数；需要注意的是，按劳动经济学的就业率定义，已就业人数不包括国内外读研人数，需就业的总毕业生数也不包括国内外读研的人数；政府教育机构统计的就业率通常包括国内外读研人数，也就是本报告中的非失业率。

高职高专毕业生的就业率 = 已就业高职高专毕业生数/需就业的总高职高专毕业生数；其中，已就业人数不包括读本科人数，需就业的总毕业生数也不包括读本科人数。

就业满意度：由就业的毕业生对自己目前的就业现状进行主观判断，选项有“很满意”、“满意”、“不满意”、“很不满意”、“无法评估”共五项。其中，选择“满意”或“很满意”的人属于对就业现状满意，选择“不满意”或“很不满意”的人属于对就业现状不满意。

教学满意度：由毕业生回答对母校的教学满意度，选项有“很满意”、“满意”、“不满意”、“很不满意”、“无法评估”共五项。其中，“满意”、“很满意”属于满意的范围，“不满意”、“很不满意”属于不满意的范围。教学满意度是回答满意范围的人数百分比，计算公式的分子是回答满意范围的人数，分母是回答不满意范围和满意范围的总人数。

教师提问频率＝教师使用 Mita 提问次数/使用 Mita 上课次数。本研究将教师课堂提问的频率分为以下四种级别：

每次课都提问：即“用 Mita 提问次数”/“用 Mita 上课次数”的结果大于等于 1。

经常提问：即“用 Mita 提问次数”/“用 Mita 上课次数”的结果大于等于 0.5。

偶尔提问：即“用 Mita 提问次数”/“用 Mita 上课次数”的结果大于 0，且小于 0.5。

从不提问：即“用 Mita 提问次数”/“用 Mita 上课次数”的结果等于 0。

K

课程的重要度：由就业和正在国内外读研的毕业生判定课程在自己的工作或学习中是否重要。毕业生认为课程对工作或学习的重要度评价分为“无法评估”、“不重要”、“有些重要”、“重要”、“非常重要”、“极其重要”，其中“有些重要”、“重要”、“非常重要”、“极其重要”属于重要的范围。

课程的满足度：回答了课程“有些重要”到“极其重要”的毕业生会被要求回答课程训练是否满足工作或学习要求，满足度指标是回答某课程能满足工作或学习的百分比。计算公式的分子是回答“满足”的人数，分母是回答“满足”和“不满足”的总人数。

课堂测验频率 = 教师使用 Mita 发起课堂测验次数/使用 Mita 上课次数。本研究将课堂测验的频率分为以下四种级别：

每次课都测验：即“用 Mita 测验次数”/“用 Mita 上课次数”的结果大于等于 1。

经常测验：即“用 Mita 测验次数”/“用 Mita 上课次数”的结果大于等于 0.5。

偶尔测验：即“用 Mita 测验次数”/“用 Mita 上课次数”的结果大于 0，且小于 0.5。

从不测验：即“用 Mita 测验次数”/“用 Mita 上课次数”的结果等于 0。

L

离职类型：分为主动离职（辞职）、被雇主解职、两者均有（离职两次以上可能会出现）三类情形。

离职率：有过工作经历的毕业生（从毕业时到 2017 年 12 月 31 日）有多大百分比发生过离职。离职率 = 曾经发生离职行为的毕业生人数/现在工作或曾经工作过的毕业生人数。

绿牌专业：失业量较小，就业率、月收入和就业满意度综合较高的专业，为需求增长型专业。

S

素养提升：由毕业生选择，大学帮助自己在哪些方面素养得到明显提升。一个毕业生可选择多项，也可选择“没有任何帮助”。工程类、艺术类、医学类专业在素养培养上有各自的特点，故这里的素养选项有所不同。

社团活动：指毕业生在大学期间参加过的社团活动。社团活动包括：

“学术科技类（如：统计协会、哲学社、英语角等）”、“社会实践类（如：创业协会等）”、“公益类（如：志愿者协会等）”、“社交联谊类”、“文化艺术类（如：文学社、书画协会等）”、“表演艺术类（如：演讲与口才、歌舞戏剧、声乐器乐协会等）”、“体育户外类”，一个毕业生可以选择参加多类社团活动，也可以选择“没参加任何社团活动”。

社团活动满意度：毕业生选择了参加某类社团活动后，会再评价该类社团活动是否满意。社团活动满意度 = 参加过该类社团活动并表示满意的人数/参加过该类社团活动的人数。

生活服务满意度：由毕业生回答对母校的生活服务满意度，选项有“很满意”、“满意”、“不满意”、“很不满意”、“无法评估”共五项。其中，“满意”、“很满意”属于满意的范围，“不满意”、“很不满意”属于不满意的范围。生活服务满意度是回答满意范围的人数百分比，计算公式的分子是回答满意范围的人数，分母是回答不满意范围和满意范围的总人数。

失业率 = 未就业毕业生数/需就业的总毕业生数，需就业的总毕业生数不包括国内外读研（本科毕业生）、读本科（高职高专毕业生）的人数。

W

未就业：本研究将应届毕业生在毕业半年后跟踪评价时没有全职或者半职雇用工作，也没有创业、入伍或升学的状态，视为未就业。这包括准备考研、准备出国读研、还在找工作和“待定族”四种情况。

五大类基本工作能力：麦可思参考美国 SCANS 标准，35 项基本工作能力可划归为五大类型，分别是理解与交流能力、科学思维能力、管理能力、应用分析能力和动手能力。

X

学科门类：按照教育部的专业目录以及学校新增的专业，本次跟踪评价覆盖了本科院校所开设的学科门类 12 个。

学生工作满意度：由毕业生回答对母校的学生工作满意度，选项有“很满意”、“满意”、“不满意”、“很不满意”、“无法评估”共五项。其中，“满意”、“很满意”属于满意的范围，“不满意”、“很不满意”属于不满意的范围。学生工作满意度是回答满意范围的人数百分比，计算公式的分子是回答满意范围的人数，分母是回答不满意范围和满意范围的总人数。

Y

已就业人群：包括“受雇全职工作”、“受雇半职工作”、“自主创业”、“毕业后入伍”四类人群。

院校类型：本报告分析中，本科院校类型划分为“双一流”院校和非“双一流”本科院校。其中“双一流”院校包含一流大学建设高校 42 所、一流学科建设高校 95 所，非“双一流”本科院校包含除“双一流”院校以外的其他本科院校。

月收入：指工资、奖金、业绩提成、现金福利补贴等所有的月度现金收入。

月收入的“增长率”＝（2017 届毕业生的平均月收入－2016 届毕业生的平均月收入）/2016 届毕业生的平均月收入。月收入增长的幅度可能会受到基数的影响。

月收入增长＝毕业三年后的月收入－毕业半年后的月收入。

月收入涨幅＝月收入增长/毕业半年后的月收入。

Z

职位晋升：由已经工作的毕业生回答是否获得职位晋升以及获得晋升的次数。职位晋升是指享有比前一个职位更多的职权并承担更多的责任，由毕业生主观判断。这既包括不换雇主的内部提升，也包括通过更换雇主实现的晋升。

职位晋升次数：由毕业生回答获得职位晋升的次数，计算公式的分子是三年内毕业生获得的职位晋升次数，没有获得职位晋升的人记为0次，分母是三年内就业和就业过的毕业生数。

职业：根据麦可思中国职业分类体系，本次跟踪评价覆盖了本科毕业生能够从事的622个职业。

职业能力：由已经工作的毕业生（毕业三年后、十年后）选择自己工作中重要的职业能力。一个毕业生可选择多项。

职业素养：由已经工作的毕业生（毕业三年后、十年后）选择自己工作中重要的职业素养。一个毕业生可选择多项。

职业期待吻合度：毕业生的工作与职业期待吻合的人数百分比。

职业转换：职业转换是指毕业生在毕业半年后从事某种职业，毕业三年后由原职业转换到不同的职业。转换职业通常在工作单位内部完成的并不代表离职；反过来讲，更换雇主可能也不代表转换职业。

职业转换率：职业转换率是指有多大比例的毕业生在毕业三年内转换了职业。其计算方法为：分母是毕业半年后有工作的毕业生数，分子是毕业三年后从事的职业与半年后从事的职业不同的毕业生数。

专业：按照教育部的专业目录以及学校新增的专业，本次跟踪评价覆盖了本科院校所开设的专业365个。

专业类：按照教育部的专业目录以及学校新增的专业，本次跟踪评价覆盖了本科院校所开设的专业类91个。

自主创业集中的行业类比例：自主创业人群中有多大比例毕业生在该行业类就业，分子是自主创业人群中在该行业类就业的毕业生人数，分母是毕业生自主创业的总人数。

自主创业集中的职业类比例：自主创业人群中有多大比例的毕业生从事该职业类。分子是自主创业人群中从事该职业类的毕业生人数，分母是毕业生自主创业的总人数。

B.18
主要参考文献

[1] E. Grady Bogue, Kimberly Bingham Hall. *Quality and accountability in higher education* [M]. Greenwood Publishing Group, Inc, 2003.

[2] James D. Fearon. 2002. Selection Effects and Deterrence. International Interaction. 28: 5-29.

[3] 麦可思研究院编著《2015年中国本科生就业报告》，社会科学文献出版社，2015。

[4] 麦可思研究院编著《2016年中国本科生就业报告》，社会科学文献出版社，2016。

[5] 麦可思研究院编著《2017年中国本科生就业报告》，社会科学文献出版社，2017。

[6]《中华人民共和国职业分类大典》，中国劳动社会保障出版社，1999。

[7]《中华人民共和国职业分类大典》（2005增补本），中国劳动社会保障出版社，2005。

皮书起源

“皮书”起源于十七、十八世纪的英国，主要指官方或社会组织正式发表的重要文件或报告，多以“白皮书”命名。在中国，“皮书”这一概念被社会广泛接受，并被成功运作、发展成为一种全新的出版形态，则源于中国社会科学院社会科学文献出版社。

皮书定义

皮书是对中国与世界发展状况和热点问题进行年度监测，以专业的角度、专家的视野和实证研究方法，针对某一领域或区域现状与发展态势展开分析和预测，具备原创性、实证性、专业性、连续性、前沿性、时效性等特点的公开出版物，由一系列权威研究报告组成。

皮书作者

皮书系列的作者以中国社会科学院、著名高校、地方社会科学院的研究人员为主，多为国内一流研究机构的权威专家学者，他们的看法和观点代表了学界对中国与世界的现实和未来最高水平的解读与分析。

皮书荣誉

皮书系列已成为社会科学文献出版社的著名图书品牌和中国社会科学院的知名学术品牌。2016 年，皮书系列正式列入“十三五”国家重点出版规划项目；2013~2018 年，重点皮书列入中国社会科学院承担的国家哲学社会科学创新工程项目；2018 年，59 种院外皮书使用“中国社会科学院创新工程学术出版项目”标识。

中国皮书网

（网址：www.pishu.cn）

发布皮书研创资讯，传播皮书精彩内容

引领皮书出版潮流，打造皮书服务平台

栏目设置

关于皮书：何谓皮书、皮书分类、皮书大事记、皮书荣誉、皮书出版第一人、皮书编辑部

最新资讯：通知公告、新闻动态、媒体聚焦、网站专题、视频直播、下载专区

皮书研创：皮书规范、皮书选题、皮书出版、皮书研究、研创团队

皮书评奖评价：指标体系、皮书评价、皮书评奖

互动专区：皮书说、社科数托邦、皮书微博、留言板

所获荣誉

2008 年、2011 年，中国皮书网均在全国新闻出版业网站荣誉评选中获得“最具商业价值网站”称号；

2012 年，获得“出版业网站百强”称号。

网库合一

2014 年，中国皮书网与皮书数据库端口合一，实现资源共享。

S 基本子库
UB DATABASE

中国社会发展数据库（下设 12 个子库）

全面整合国内外中国社会发展研究成果，汇聚独家统计数据、深度分析报告，涉及社会、人口、政治、教育、法律等 12 个领域，为了解中国社会发展动态、跟踪社会核心热点、分析社会发展趋势提供一站式资源搜索和数据分析与挖掘服务。

中国经济发展数据库（下设 12 个子库）

基于"皮书系列"中涉及中国经济发展的研究资料构建，内容涵盖宏观经济、农业经济、工业经济、产业经济等 12 个重点经济领域，为实时掌控经济运行态势、把握经济发展规律、洞察经济形势、进行经济决策提供参考和依据。

中国行业发展数据库（下设 17 个子库）

以中国国民经济行业分类为依据，覆盖金融业、旅游、医疗卫生、交通运输、能源矿产等 100 多个行业，跟踪分析国民经济相关行业市场运行状况和政策导向，汇集行业发展前沿资讯，为投资、从业及各种经济决策提供理论基础和实践指导。

中国区域发展数据库（下设 6 个子库）

对中国特定区域内的经济、社会、文化等领域现状与发展情况进行深度分析和预测，研究层级至县及县以下行政区，涉及地区、区域经济体、城市、农村等不同维度。为地方经济社会宏观态势研究、发展经验研究、案例分析提供数据服务。

中国文化传媒数据库（下设 18 个子库）

汇聚文化传媒领域专家观点、热点资讯，梳理国内外中国文化发展相关学术研究成果、一手统计数据，涵盖文化产业、新闻传播、电影娱乐、文学艺术、群众文化等 18 个重点研究领域。为文化传媒研究提供相关数据、研究报告和综合分析服务。

世界经济与国际关系数据库（下设 6 个子库）

立足"皮书系列"世界经济、国际关系相关学术资源，整合世界经济、国际政治、世界文化与科技、全球性问题、国际组织与国际法、区域研究 6 大领域研究成果，为世界经济与国际关系研究提供全方位数据分析，为决策和形势研判提供参考。

法律声明